HEYNE
BÜCHER

MICHAEL IGNATIEFF

DAS RUSSISCHE ALBUM

Die Geschichte einer Familie

WILHELM HEYNE VERLAG
MÜNCHEN

HEYNE ALLGEMEINE REIHE
Nr. 01/8272

Titel der Originalausgabe
THE RUSSIAN ALBUM
Aus dem Englischen übersetzt
von Angelika Hildebrandt-Essig

Wilhelm Heyne Verlag GmbH & Co. KG, München
Printed in Germany 1991
Umschlaggestaltung: Atelier Ingrid Schütz, München
Gesamtherstellung: Elsnerdruck, Berlin

ISBN 3-453-04883-0

INHALT

FÜR THEO UND SEINEN GROSSVATER

... welche Form besaß es, als wir es zum ersten Mal wahrnahmen – jenes ungestillte, durch unser Erbe Übernommene, das durch die Hohlräume des Marks eindrang...?

AMY CLAMPITT, *What the Light Was Like*

Ich danke der Leverhulme Foundation für die Großzügigkeit, mit der sie die Forschungsarbeiten für dieses Buch unterstützte, sowie dem Institut für amerikanische und kanadische Studien in Moskau, das mir auf zwei Reisen in die Sowjetunion 1983 und 1986 seine Unterstützung gewährte.
Carmen Callil, Andrew Motion, Elisabeth Sifton, Cynthia Good und Anthony Sheil, meinen Herausgebern und Literaturagenten, danke ich für Rat, Kritik und Unterstützung, die weit über das Maß ihrer Pflichten hinausgingen. Meine Onkel Vladimir, Alec und Lionel Ignatieff sowie meine Tanten Florence Hargreaves Ignatieff, Marjorie Adams Ignatieff und Helen Fraser Ignatieff halfen mir uneingeschränkt bei der Suche nach Fotografien, Manuskripten und fehlenden Fakten. Meine Frau, Susan Barrowclough, las das Manuskript in all seinen Stadien und tat wie üblich ihr Bestes, um mich vor mir selbst zu bewahren. Dieses Buch ist meinem Vater gewidmet, dem es gelang, objektiv und hilfreich zugleich zu sein, und meinem Sohn, der – gesegnet sei er – sich nicht weniger darum hätte scheren können.
Ich danke den Inhabern der folgenden Copyrights für die Erlaubnis zum Abdruck von

QUELLEN

Die diesem Buch zugrunde liegenden Memoiren von Graf Paul und Gräfin Natascha Ignatieff bewahrt das Public Archives of Canada in Ottawa auf.

ANMERKUNGEN

Meine Großmutter wurde sowohl Natalie als auch Natascha genannt. Ich wählte für dieses Buch die russische Form Natascha.

Wenn nicht anders angegeben, erscheinen die Vornamen der Familienangehörigen in der im Exil angenommenen englischen Form. Der Familienname – in der deutschen Transliteration Ignatjew – wird in der im Exil übernommenen Form Ignatieff transliteriert.

I
DER UNTERBROCHENE WEG

Verstricke dich in die Vergangenheit,
und du verlierst ein Auge,
weise sie von dir, und du verlierst beide.

ALTES RUSSISCHES SPRICHWORT

Keiner meiner Bekannten lebt noch in dem Haus, in dem er aufwuchs, oder auch nur in der Stadt oder dem Dorf seiner Kindheit. Die meisten meiner Freunde leben nicht mit ihren Eltern zusammen. Viele wohnen heute in einem Land, in dem sie nicht geboren wurden. Andere leben im Exil und entwickeln ihre Gedanken in einer zweiten Sprache. Ich habe Freunde, deren Familiengeschichte im Konzentrationslager ausgelöscht wurde. Sie sind Waisen ihrer Zeit. Unser Jahrhundert hat Flucht, Vertreibung und Exil zur Norm gemacht und die Verwurzelung zur Ausnahme. Wer wie ich aus einer russischen Familie von Anhängern der Weißen stammt, die emigrieren mußten und in eine schottisch-kanadische Familie einheirateten, muß sich glücklich schätzen – weil wir überlebten – und weil unser Fall zugleich typisch ist.

Da Emigration, Exil und Vertreibung heute zur normalen Daseinsform geworden sind, ist es fast unmöglich, die richtigen Worte für Verwurzelung und Zugehörigkeit zu finden. Unser Verlangen nach Heimat ist geprägt von der Sprache des Verlusts. Wer es verspürt, muß schon heimatlos sein.

Zugehörigkeit ist heute eher rückwärtsgerichtet als gegenwartsbezogen, eher Erinnerung als Erfahrung, eher vorgestellt als empfunden. Unsere Zeit ist so schnellebig, daß einige von uns das Gefühl haben, früher ganz andere Menschen gewesen zu sein. Wenn nun schon die Kontinuität unseres eigenen Selbst fragwürdig geworden ist, so ist es die Beziehung zu unseren Vorfahren um so mehr. Aus den Seiten unseres Familienalbums blicken unsere Großeltern auf uns, fest eingebunden in eine vergangene Epoche, die Lippen geöffnet, als wollten sie uns etwas mitteilen, das wir nicht hören können.

Für viele Familien sind Fotografien oft die einzigen wertvollen Erinnerungsstücke, die den Weg durch das Exil, die Flucht oder das Pfandhaus überstanden haben. In einer säkularen Kultur bleiben sie die einzigen Ikonen eines Haushalts, die einzigen Gegenstände, deren religiöse Funktion es ist, die Lebenden mit den Toten zu verbinden und die zeitliche Identität der Lebenden zu sichern. Ich habe immer das Gefühl, meine Freunde nicht wirklich zu kennen, solange ich nicht ihre Eltern kennengelernt oder wenigstens eine Fotografie von ihnen gesehen habe, und da das nur selten geschieht, frage ich mich oft, ob ich überhaupt jemanden sehr gut kenne. Wenn wir selbst für unsere Freunde Fremde sind, dann deshalb, weil wir uns in einer zeitlichen Dimension wahrnehmen, die in der Kultur meiner Großeltern als unvorstellbar oberflächlich gegolten hätte. Vor nur einem Jahrhundert kannte man sich in der Welt der Armen wie der Reichen als Sohn eines Vaters, als Enkel einer Großmutter und so fort. In der russischen Form der Namensgebung, die sich zusammensetzt aus Vorname und Vatersname, kommt dieses Sich-Kennen zum Ausdruck: eben in der Art, wie ich einen Freund oder Bekannten anrede. Für einen Russen bin ich Michail Georgewitsch, der Sohn Georgis, ein in der Familiengeschichte verwurzeltes Selbst. In der nichtrussischen Welt, in der ich lebe, kennt man mich als jemand, der eine bestimmte Art zu sein und zu handeln hat, und nicht als jemand, der eine bestimmte Vergangenheit verkörpert. Der Blick in das Familienalbum eines Menschen ist ein Weg zu einem tieferen, in der Zeit verwurzelten Verständnis von ihm. Heute aber muß eine hohe Schwelle der Intimität überschritten sein, bevor man diese Fotografien auch nur seinen Freunden zeigt. Innerhalb der Familie selbst sind Fotografien keine Ikonen mehr, keine an der Wand schwebende Präsenz. Heute entscheidet jeder selbst über sein Erbe; wir sind frei, unsere Vergangenheit anzunehmen oder abzulehnen. Kinder haben ebenso das Recht, das Interesse an diesen Ikonen zu verweigern, wie sie ein Recht auf ihre eigene Meinung haben. Doch je übertragbarer, je fiktiver die Vergangenheit wird, desto stärker wird ihr Einfluß, desto zentraler wird ihre Fiktion für die Kunst, ein Selbst herauszubilden. Schließlich fahren die meisten von uns an einem freien Wochenende nach Hause, um aus der untersten Schublade die alte Schuhschachtel herauszuziehen und die Bilder um uns herum auf dem Boden auszubreiten.

Vater hat seinen Arm um Tereze gelegt(?)
Sie blinzelt. Mein Daumen
steckt in meinem Mund: mein fünfter Herbst.
Im Schatten der Rotbuche
döst der Spaniel.
Keiner von uns, der seine Augen nicht abwendet.
(Louise Gluck, *Still Life*)

Schon in den Anfängen der Fotografie erkannte man, daß sie eine neue Quelle des Wissens um die Geschichte einer Familie sein kann. So schrieb 1877 ein Mitarbeiter von *Macmil-*

lan's Magazine: »Jeder, der weiß, welchen Wert die unteren Schichten auf Familiensinn legen, und der die Sammlung von kleinen Porträtaufnahmen über dem Kamin eines Arbeiters gesehen hat ... könnte zu der Ansicht gelangen, daß die Sixpenny-Fotografie, indem sie den sozialen und industriellen Tendenzen entgegenwirkt, die Tag für Tag den gesunden Familiensinn auslaugen, mehr für die Armen tut als alle Philanthropen der Welt.« Die Sixpenny-Fotografie demokratisierte das Privileg einer Galerie von Familienporträts, und dafür gebührt ihr ein Platz in der Sozialgeschichte des modernen Individualismus. Die Entwicklung der Fotografie bescherte den Familien der Armen ein neues Erbe, Erinnerungsstücke zu Sixpence, in denen das Vermächtnis ihrer Abstammung kodiert war. Wenn die Armen schon kein Vermögen hinterlassen konnten, so doch die Vererbungsgeschichte der Linie einer Lippe, der Form einer Stirn oder eines Kinns. Die Fotografie verleiht seit jeher früheren Generationen eine stumme Präsenz und verbreitet diese Präsenz durch die gesamte Kultur hindurch. So trägt sie dazu bei, die Frage der persönlichen Identität in den Mittelpunkt des kulturellen Interesses zu stellen. Das Bewußtsein davon, daß wir uns selbst gestalten und in einen Zusammenhang einordnen müssen, war einst das Privileg einer gebildeten Elite und ist heute ein kulturübergreifendes Merkmal. Denn die Fotografie hilft nicht allein, eine zeitliche Identität herauszubilden, sondern sie stellt auch die Frage nach der Freiheit des Selbst, seine eigene Gegenwart zu erschaffen. Wer eine alte Fotografie anschaut und dabei entdeckt, daß die Form seiner Augen von einem seiner Vorfahren herstammt, wem seine Eltern sagen, daß er ein bestimmtes Temperament geerbt hat, der findet seinen Ort in der Zeit, und er spürt zugleich aber auch ein wachsendes Gefühl des Gefangenseins. Die Begeisterung für die Ahnenforschung – Familiengeschichte als Hobby breiter Schichten – unterschlägt das Gefühl des Erstickens, das Familienfotografien hervorrufen können. Das ist ein Grund, warum die Bilder in der alten Schuhschachtel ganz hinten in der Schublade verwahrt werden. Wir brauchen sie, aber sie sollen uns nicht vereinnahmen. Weil Fotografien uns mit einem unabweisbaren Erbe konfrontieren, werfen sie die Frage der Freiheit auf. Sie scheinen die Grenzen zu setzen, in denen das Selbst sich gestalten kann.

Die Fotografien eines Familienalbums bringen uns die Vergangenheit näher, und doch erinnert uns ihre unmittelbare Greifbarkeit an die trotz allem unüberbrückbare Distanz. Insofern haben sie dazu beigetragen, das erst in der heutigen Zeit entstandene Gefühl von der Vergangenheit als einem verlorenen Land zu erzeugen. Dieses Gefühl hatte ich zum ersten Mal, als ich noch sehr jung war. Ich sah im Fernsehen ein Interview mit einem alten farbigen Amerikaner, der als der letzte noch lebende ehemalige Sklave galt. Im Flüsterton erzählte er von seiner Geburt im heutigen Liberia und davon, wie er auf ein Schiff gelockt worden war, mit Versprechungen von Maisküchlein, die auf den Bäumen eines Landes wuchsen, in dem man niemals zu arbeiten brauchte. Ich weiß noch, wie ich dachte, daß mir mit dem Tod dieses zerbrechlichen alten Mannes mit der schwachen Stimme und der papierenen Haut die Geschichte der Sklaverei, der Ketten und Gesänge entgleiten würde, wie ein Fels, der im Meer versinkt. Selbst heute noch kann ich mich nicht von dem Aberglauben befreien, daß die einzige wahre Vergangenheit, die einzige, die überhaupt existiert, im Gedächtnis der Lebenden enthalten ist. Sterben sie, so stirbt mit ihnen auch die Vergangenheit, die sie in ihrem Gedächtnis bewahrten, und wir Nachgeborenen können ihre Erfahrung nicht erben, sondern nur den Mythos ihrer Existenz bewahren. Wir können die Stelle markieren, an der der Fels vom Meer hinweggespült wurde, doch die Wunde, die die Wellen rissen, können wir nicht schließen.

Noch zu meinen Lebzeiten werden die letzten Menschen sterben, die vor der Russischen Revolution geboren wurden. Mein Vater ist einer der letzten dieser Generation. Im Februar 1917 war er vier Jahre alt, gerade alt genug, um sich daran zu erinnern, wie er eines Morgens aus einem Fenster des Hauses in Petrograd Soldaten erblickte, die mit spiegelnden Bajonetten die Duma stürmten, weil sie von Hunger und Krieg genug hatten. Seine Erinnerung überbrückt diese Kluft, die alles teilt in Erinnerungen vor und Erinnerungen nach der Revolution. Ich wiederum gehöre zur letzten Generation, die diese Generation noch kennt, ihre Erinnerung ausloten, die Präsenz ihrer Vergangenheit im Timbre ihrer Stimme und in ihrem Blick noch spüren kann. Schon jetzt bin ich so weit entfernt von den Ereignissen, so sehr Kanadier meiner Zeit und keiner anderen, daß ich meine Versenkung in die schwindende Erfahrung einer anderen Generation als Betrug empfinde. Doch heutzutage ist die Zeit so flüchtig, daß ohne meine Erinnerungsarbeit bald nur noch Fotografien dasein werden, und Fotografien dokumentieren nur die Entfernung, die die Zeit zurückgelegt hat; sie können Vergangenheit und Gegenwart nicht sinnvoll verbinden.

Ich bin Historiker, und Historiker glauben gemeinhin, sie könnten in der Zeit zurückschreiten, um Erfahrungen ins Gedächtnis zu rufen, die durch den Tod früherer Generationen verwischt wurden. Selbst in der exaktesten Wissenschaftsgeschichte schwingt eine Auferstehungshoffnung mit, der Glaube daran, daß Phantasie und Einfühlungsvermögen die Kluft der Zeit zu überbrücken vermögen. Um überhaupt ihre Arbeit tun zu können, müssen Historiker daran glauben, daß Verlangen durch Wissen befriedigt werden kann – daß durch unser eintöniges und geduldiges Eintauchen in die Aufzeichnungen der Vergangenheit schließlich unser Wunsch erfüllt wird, Macht über die verlorene Zeit zu gewinnen. Die Vorstellungswelt des Historikers geht aus Verlust, Enteignung und Beschränkung hervor, denselben Erfahrungen, die auch das Exil und die Flucht kennzeichnen. Sie entsteht, wenn die Vergangenheit nicht mehr ohne weiteres als erfahrene Tradition gelten kann oder wenn sie zu einer Last geworden ist, von der sich die Gegenwart befreien will. Das Gefühl eines Bruchs oder des Gefangenseins lassen den Historiker auf die Archive, die auf Tonband aufgezeichneten Stimmen zurückgreifen. Und doch steckt diese Beziehung zwischen Verlust und Phantasie voller Ironie. Geschichte hat weniger Autorität als die Erinnerung, weniger Legitimität als die Überlieferung. Die Geschichte kann niemals mit der einen Stimme sprechen, die unser Verlangen nach Zugehörigkeit fordert. Sie kann den Schmerz des Verlusts nicht lindern. Unser Wissen über die Vergangenheit kann unsere Sehnsucht nach Vergangenheit nicht befriedigen. Was wir über die Vergangenheit wissen können und was wir von ihr wollen, ist zweierlei.

Fotografien unserer Vorfahren scheinen genau diese Ironie einzufangen. Im Familienalbum ist mein Großvater Paul fast leibhaftig gegenwärtig, ganz so, als wolle er gleich zu mir sprechen. Und doch kennzeichnen ihn seine Kleidung, sein Waffenrock, die Hände an den Nähten seiner Hofuniform als ein unabänderlich weit entferntes historisches Wesen. Je greifbarer die Fotografie seine Gegenwart erscheinen läßt, desto deutlicher wird für mich, daß die Kluft zwischen uns meine und seine Sterblichkeit einbezieht.

Daß es hier also um *meinen* Tod geht und nicht nur um seinen, wird deutlich, wenn wir Fotografien von uns selbst anschauen. Sie rufen ein Gefühl des Verlusts hervor, weil sie den integrativen Funktionen des Vergessens entgegenwirken. Fotografien sind Momentaufnahmen, die uns daran erinnern, wie vergänglich unser Leben in Wirklichkeit ist. Ein integriertes Selbst besteht aus einem dichten Geflecht von Vergessen und selektivem Erinnern. Das Vergessen ermöglicht uns ein zeitweiliges Aussetzen des Wissens um unseren Tod und gewährt uns damit Zeit, an das Leben zu glauben. Gegen Ende seines Lebens sprach der französische Schriftsteller Roland Barthes einmal vor einem Publikum, das sehr viel jünger war als er selbst, und er dachte laut über die Hoffnung – und die Liebe zum Leben – nach, die uns das Vergessen ermöglicht: »Um leben zu können, muß ich vergessen, daß mein Körper eine Geschichte hat. Ich muß mich der Illusion hingeben, daß er ein Zeitgenosse der jungen Körper hier vor mir ist, und nicht ein von der Vergangenheit gebeugter Körper. Anders gesagt, ich muß von Zeit zu Zeit wiedergeboren werden, mich jünger machen, als ich bin. Und ich lasse mich dabei von der Kraft des lebendigen Lebens mitreißen – vom Vergessen.« *Nouvel Observateur*, 31. März 1980.

Fotografien unterstützen nicht immer den Prozeß des Vergessens und Erinnerns, durch den wir ein überdauerndes, integriertes und stabiles Selbst entwickeln. Nicht immer beschwört das Familienalbum den Strom der heilenden Erinnerung herauf, der das gegenwärtige Selbst mit seiner Vergangenheit verbindet. Häufiger zerstören Fotografien die Kontinuität, die das Gedächtnis aus der Erfahrung webt. Sie halten die Zeit an und bringen sie in zusammenhanglosen Fragmenten zurück. Erinnerung integriert das Sichtbare in ein mythologisches Gewebe. Diese Verknüpfung von Vergangenheit und Gegenwart durch die Erinnerung ist mythologisch, weil das Selbst sich immer wieder aus dem phantasiert, gestaltet und erfindet, was es erinnern will. Die Fotografie verhält sich zum Selbst wie ein grell ausgeleuchteter Spiegel, wie der Historiker, der mit der Wunscherfüllung des nationalistischen Mythos oder der politischen Lüge konfrontiert ist. Man braucht sich nur ein Bild von sich selbst im Alter von vier oder fünf Jahren anzusehen und sich ehrlich zu fragen, ob man das Gefühl hat, man sei immer noch jenes in die Kamera blinzelnde zarte Selbst. Die Kamera registriert, was wir vergessen, und verstärkt so die charakteristische Skepsis unserer Zeit den Selbsttäuschungsmechanismen unseres Bewußtseins gegenüber. Erinnerung heilt die Wunden der Zeit. Fotografie dokumentiert sie.

Nicht nur unsere toten Vorfahren scheinen daher so weit entfernt wie die Sterne, sondern auch die jüngeren Versionen von uns selbst, die im Familienalbum unsere Stelle einnehmen. Dieser doppelte Verlust – der ihre wie der unsere – soll im Ringen um eine schriftliche Fixierung aufgehoben werden.

Seine Verfolgungsjagd war eine Form der Flucht.
Je mehr er aufzudecken suchte
desto mehr mußte verborgen bleiben
und desto weniger verstand er. Sollte er fortfahren
würde er alles verlieren.
Das wußte er
und so erinnerte er sich an alles, was er konnte –
immer aus der Distanz,
auf der andern Seite des Sees

oder des Rasens,
immer unsichtbarer werdend, immer vorhanden.
(Mark Strand, »The Untelling«)

Nun ist das Gefühl des Verlusts nur eines der Gefühle, die durch Exil und Enteignung hervorgerufen werden. Zugleich entwickelt sich das »synkopische Vergnügen«, die Freisetzung gespeicherter Energien, wie sie von Vladimir Nabokov in *Sprich, Erinnerung, sprich* als eines der am wenigsten erwarteten Geschenke des Exils beschrieben wurde. Das Exil machte Nabokov zum Schriftsteller, das Exil verwandelte die bis dahin selbstverständliche Vergangenheit in ein sagenhaftes Land, das der Schriftsteller durch seine Kunst Zentimeter um Zentimeter zurückerobern mußte. So wie ein Flüchtling bei seinem Aufbruch die Schätze zusammenpakken muß, die auf dem Weg ins Exil seine ganze Habe darstellen werden, so muß er entscheiden, welche Vergangenheit er mit sich nehmen, welche Version er weitererzählen und glauben will. Damit wird die Vergangenheit von einem unreflektiert übernommenen Erbe zu seiner Erfindung, seiner Geschichte.

Ist diese Geschichte dann von der ersten an die zweite Generation weitergegeben, wird die Familiengeschichte von einem Fatum immer mehr zu einer fiktionalen Selbstfindung. Für jemand wie mich, in der zweiten Generation einer Emigrantentradition, wird die Vergangenheit zur Geschichte, die wir schreiben, um der Zufälligkeit und Unerklärbarkeit unseres Lebens eine bestimmte Bedeutung und Ausrichtung zu geben. Zwar können wir unsere Vergangenheit nicht aus dem Nichts erschaffen – da gibt es Fotos und Erinnerungen und Erzählungen, und manchmal besteht unsere eigene Erfindung hauptsächlich darin, daß wir unser Erbe ablehnen. Doch selbst in unserer Zurückweisung erfinden wir eine Vergangenheit. Das Problem des Fiktiven ist die Authentizität. In der zweiten Generation sind wir frei, unsere Vergangenheit zu wählen, doch diese Vergangenheit kann niemals so wirklich, so authentisch erscheinen wie die der ersten Generation.

Ich selbst besitze zwei Vergangenheiten. Die Familie meiner Mutter, die Grants und die Parkins, waren feinsinnige Bewohner Neuschottlands, die im letzten Jahrhundert nach Toronto kamen und sich als Lehrer und Schriftsteller einen Namen machten. In meiner Kindheit waren sie mir sehr nahe: so nah wie das Haus meiner Großmutter in der Prince Arthur Avenue in Toronto.

Die Vergangenheit meines Vaters ist russisch. Mein Großvater, Paul Ignatieff, war Erziehungsminister im letzten Kabinett des Zaren Nikolaus II. Sein Vater, Nicholas Ignatieff, war der russische Diplomat, der 1860 den Vertrag von Peking aushandelte, durch den im pazifischen Raum die bis auf den heutigen Tag gültige Grenzziehung zwischen China und dem Zarenreich festgelegt wurde. 1878 handelte er den Vertrag aus, mit dem der Russisch-Türkische Krieg beendet wurde; und 1881 war er der Minister, der seinen Namen unter die Sondergesetze für Juden setzte.

Meine Großmutter wurde als Prinzessin Natascha Mestscherski auf einem Gut in der Nähe von Smolensk geboren, das Katharina die Große im späten achtzehnten Jahrhundert der Familie ihrer Mutter vermacht hatte. Zu ihren Vorfahren zählte sie einen russischen Außenminister, einen General und den ersten modernen Historiker ihres Landes, Nikolai Karamsin.

Als mein russischer Großvater neunzehn war und eine Karriere anstrebte, führten die Schienen seiner Familiengeschichte direkt in die Zukunft. Er beschloß, wie auch schon sein Vater, sein Großvater und sein Urgroßvater, in ein Garderegiment einzutreten. Dann könnte er beim Militär Karriere machen oder als Gutsbesitzer auf die Ländereien der Familie zurückkehren. An irgendeinem Punkt seines Lebens würde man von ihm erwarten, daß er sein Gut verlasse und in die Dienste des Zaren trete. Dann würde er »das Joch des Dienens« auf sich nehmen. In diesem ganz konkreten Sinne – daß er nämlich unhinterfragt ein Schicksal ererbte und auf sich nahm – unterscheidet sich seine Identität unwiderruflich von meiner eigenen. Meine Identität, meine Zugehörigkeit zu der Geschichte, die er mir hinterließ, hängt davon ab, welche Wörter ich auf eine Seite setze. Ich bin froh, daß das so ist: Sein Schicksal oder seine Identität würde ich mir nicht wünschen. Nur verhindert dieser Unterschied auch, daß wir uns ganz verstehen.

Die Persönlichkeit meiner Großmutter entwickelte sich in einem Rahmen, der ihr noch weniger Wahlmöglichkeiten bot als der meines Großvaters. Sie konnte lediglich eine pflichtgetreue Tochter und dann eine treusorgende Ehefrau werden. Der Angelpunkt ihres Lebens, der einzige Augenblick, in dem ihr Schicksal in die eine oder in die andere Richtung gelenkt werden konnte, war die Heirat. Sie sollte sich lediglich zwischen den jungen Offizieren in den auf Taille geschnittenen Uniformen entscheiden, denen es gestattet war, mit ihr auf dem Petersburger Debütantinnenball zu tanzen. Doch sie war eine Prinzessin Mestscherski, und sobald sie sich für einen Mann interessierte, wurde dessen familiärer Hintergrund »bis hin zu Adam und Eva« unter die Lupe genommen; und wenn er einen Makel aufwies, mußte sie sich neu entscheiden.

Beide wurden in eine Zeit hineingeboren, in der ihre Vergangenheit zugleich ihre Zukunft war. Das Leben hatte etwas

Zwangsläufiges, es war kein eigener Entwurf. Sie wuchsen in einer Zeit auf, die geprägt war vom Protokoll der Familienetikette. Ihren Lebensabend dagegen verbrachten sie in der formlosen Zeit des Exils, in einer Zeit ohne Zukunft und mit einer Vergangenheit, die außerhalb ihrer Reichweite lag. Als sie im Sommer 1919 in England an Land gingen, waren sie schon zu alt für einen Neubeginn, zu alt, um die befreienden Kräfte des Exils zu spüren. Meine Großeltern konnten nur in der Erinnerung leben, die Gegenwart konnten sie nicht mehr erschaffen.

Ich hatte das Gefühl, daß ich mich zwischen meinen beiden Vergangenheiten, der kanadischen und der russischen, entscheiden mußte. Das Exotische ist immer faszinierender als das Vertraute, und ich war immer der Sohn meines Vaters gewesen. So entschied ich mich für die entschwundene, die durch die Revolution verlorene Vergangenheit. Auf das Erbe meiner Mutter konnte ich zählen, es war immer da. Die Vergangenheit meines Vaters war es, die mein Interesse weckte, weil ich sie wiederfinden und mir aneignen mußte.

Meine frühesten Erinnerungen sind nicht Erinnerungen an mich selbst, sondern an meinen Vater, wie er von seiner Familie erzählte. Ich erinnere mich an eine Überfahrt auf der *Queen Mary* von New York nach Southampton, als ich sechs Jahre alt war. Auf dieser Überfahrt erzählte mein Vater, wie sein Großvater Nicholas sechs Wochen von Peking nach Petersburg geritten war, um dem Zaren die Nachricht von dem Vertrag zu überbringen, den er mit dem Kaiser von China unterzeichnet hatte, und wie Nicholas bei einem Schneesturm in den sibirischen Weiten die Pferde in einem Kreis hatte aufstellen lassen, in dessen Mitte seine Kosaken biwakierten und sich am Atem der Pferde wärmten.

Da mein Vater Diplomat war und während meiner Kindheit

alle achtzehn Monate versetzt wurde, waren meine Ikonen der Kontinuität nicht die Häuser, in denen wir wohnten, denn diese wechselten ständig, sondern die raren russischen Gegenstände, die wir von einem Posten zum anderen mitnahmen. Da gab es einen silbernen Wasserkrug und die dazugehörige Waschschüssel, die in einer Reihe von Dienstwohnungen auf einer Reihe von Eßtischen standen und die in den 1880er Jahren von meiner Urgroßmutter mütterlicherseits zum Händewaschen benutzt worden waren, wenn sie morgens auf ihrem Gut erwachte. Gegenstände wie der silberne Wasserkrug und die Schüssel waren wie die Diamantensterne des Sultans, die meine Mutter bei Familienfeiern trug, elementare Symbole der Kontinuität in einer Kindheit ohne feste Marksteine. Wenige waren übriggeblieben: einige geprägte Bände von Nikolai Karamsins Geschichte des russischen Reiches und eine oder zwei Ikonen an der Wand über dem Bett meiner Eltern. Diese Gegenstände tauchten gelegentlich auf den Fotos der Familie auf. Ich weiß noch, wie ich mich als Kind freute, als ich ein Schmuckstück meiner Mutter auf einer Fotografie entdeckte, die man siebzig Jahre zuvor von meiner Großmutter Natascha aufgenommen hatte. Es war, als sei die kleine Brosche aus Perlen und Diamanten aus ihrem bernsteinfarbenen Gefängnis der Fotografie herausgeflogen und habe die ganze Zeit zu mir hin überbrückt.

Als Kind hörte ich nur sehr wenig Russisch; mein Vater sprach es zu Hause nicht. In den Städten, in denen ich aufwuchs – New York, Toronto, Ottawa, Belgrad, Paris, Genf und London –, ging ich mit ihm in die russischen Kirchen, und der Gottesdienst ergriff mich sehr, weil ich nichts verstand. Wenn ich neben meinem Vater in der Kirche stand, während er die Kerzen anzündete, seine Gebete sprach und mit seiner tiefen, vibrierenden Stimme sang, dann hatte ich immer das Gefühl, er sei durch eine unsichtbare Tür durch die Luft entschwunden. Dennoch hielt er Distanz zur russischen Emigrantengemeinde, zu ihrer Cliquenwirtschaft und ihrer vorsintflutlichen Politik. Während meiner ganzen Kindheit präsentierte er sich der Welt als der Inbegriff eines assimilierten kanadischen Diplomaten. Und bis zum heutigen Tage ist er patriotischer und gefühlsmäßig enger an Kanada gebunden als ich. Für ihn war Kanada das Land, das ihm einen Neubeginn ermöglicht hatte. Für mich war die Tatsache, Kanadier zu sein, nur eines jener Privilegien, die ich für selbstverständlich hielt.

Vater traf bei seiner Arbeit häufig mit sowjetischen Diplomaten zusammen, und dabei wurde immer Russisch gesprochen. Diese Zusammenkünfte verliefen allerdings oft ziemlich gereizt. Ich erinnere mich an einen sowjetischen Diplomaten, der gekleidet war wie ein Züricher Bankier und einen großen schwarzen Onyxring am Finger trug. Als er uns beiden in einer Lobby des Gebäudes der Vereinten Nationen in New York vorgestellt wurde, legte er seinen Astrachanmantel ab und sagte mit einer großen, weitausholenden Geste auf Englisch: »Seien Sie gegrüßt vom Sohn eines Bauern.« Auch andere Sowjetbürger behandelten die Vergangenheit unserer Familie mit einer Mischung aus Ehrerbietung und Ironie. 1955 kehrte mein Vater als Mitglied einer offiziellen kanadischen Delegation unter Leitung des Außenministers Mike Pearson in die Sowjetunion zurück. Die sowjetischen Offiziellen, angeführt von Nikita Chruschtschow persönlich, nannten meinen Vater *Graf.* Sie nahmen ihn zur Seite und fragten ihn allen Ernstes, warum er nicht »nach Hause« zurückkehre, um das diplomatische Werk seines Großvaters fortzusetzen, anstatt im diplomatischen Dienst eines kleinen

Satellitenstaates der Amerikaner zu bleiben. Doch mein Vater fühlte sich in der Sowjetunion der fünfziger Jahre keineswegs zu Hause. Selbst die Augenblicke der verbindenden Erinnerung waren nur kurz, so wie damals, als man ihm sein Zimmer in dem im vorrevolutionären Dekor erstarrten Leningrader Hotel Astoria zeigte und er auf dem Schreibtisch zwei silberne Bären entdeckte, das getreue Abbild der beiden kleinen Bären, die vierzig Jahre zuvor in derselben Stadt auf dem Schreibtisch seines Vaters gestanden hatten. Bei diesem Besuch wurde ihm auch bewußt, wie archaisch sein Russisch für einen Sowjetbürger klang, und wie sehr es eingerostet war. Er stellte fest, daß er in seiner Muttersprache stammelte.

Zu Hause empfand die russische Seite unserer Familie ein starkes Zusammengehörigkeitsgefühl, doch es gab nur wenige Anlässe, bei denen wir auch wirklich zusammenkamen. Während meiner Kindheit lebte die russische Hälfte der Familie im Ausland verstreut. Nicholas, der älteste Bruder meines Vaters, starb, als ich noch ein Kind war, und die anderen vier Brüder lebten Tausende von Kilometern voneinander entfernt. Als sie zur Hochzeit meiner Cousine Mika zusammenkamen, ließen wir sie ein wenig abseits auf einer Couch beieinander sitzen. Jeder von ihnen war ein kahl werdender Riese von mehr als einem Meter achtzig. Sie sprachen Russisch, während keiner von uns auch nur ein Wort ihres Gesprächs verstand. Alle hatten sie außerhalb der russischen Kreise geheiratet, und so wuchs keines ihrer Kinder mit der russischen Sprache auf. Ich selbst habe die Sprache nie gelernt.

In meiner Unfähigkeit, Russisch zu lernen, erkenne ich heute, wie stark mein Widerstand gegen eine Vergangenheit war, die ich zugleich zu meiner eigenen erwählte. Die Legenden dieser Vergangenheit wurden mir niemals aufgezwungen, deshalb richtete sich mein Widerstand nicht gegen meinen Vater oder gegen meine Onkel, sondern eher gegen die Sehnsucht in meinem Innern, gegen das, was wie ein aus Schwäche geborener Wunsch erschien, mein kleines Leben auf die Autorität des ihren zu gründen. Ich war mir nicht sicher, ob ich ein Anrecht auf die Autorität der Vergangenheit besaß, und selbst wenn ich es hatte, wollte ich dieses Privileg nicht ausnutzen. Aber wie einer meiner Freunde ironisch bemerkte, als ich mich wieder einmal in diesem Sinne äußerte – niemand verzichtet jemals auf seine Privilegien. Ich bediente mich also der Vergangenheit, wenn ich sie brauchte, doch immer mit einem schlechten Gewissen. Die Vergangenheit meiner Freunde war kleinstädtisch geprägt oder so, daß sie lieber nicht davon sprachen. Meine eigene Vergangenheit war die von zaristischen Abenteurern, Überlebenden der Revolution und heroischen Emigranten. Doch je stärker mein Verlangen nach ihnen wurde, desto stärker wurde auch mein Wunsch, sie abzulehnen, mich von ihnen zu befreien. Mich für meine Vergangenheit zu entscheiden hieß zugleich, die Grenzen ihres Übergriffs auf mich festzulegen.

Mein Vater sagte immer, ich sei eher ein Mestscherski als ein Ignatieff, eher wie seine Mutter als wie sein Vater. Da er selbst eher ein Ignatieff als ein Mestscherski war, unterstrich diese Äußerung, wie kompliziert die Familienbande zwischen uns wirklich waren. Das Familienerbe ist immer von Angst und Stolz zugleich geprägt. Wenn ich nun ein Mestscherski war, was konnte ich dann aus mir machen? Wie sollte ich jemals mein Temperament im Zaum halten, das enggeschnürte Bündel aus Ängsten und Beklemmungen, die mich im Griff zu haben schienen? Das Vorhaben, meine

Vergangenheit zu erhellen, war von Anfang an mit dem Kampf gegen die Angst vor ihrem Einfluß verbunden.
Ich sah mich gleichzeitig mit dem konfrontiert, was ich am wenigsten an mir mochte. Der Lieblingssatz meines Großvaters hieß: »Das Leben ist kein Spiel und kein Scherz. Erst wenn ein Mann das Joch des Dienens auf sich nimmt, kann er sein Schicksal auf Erden erfüllen.« Wenn Paul so sprach, murmelte meine Großmutter Natascha immer: »Die Ignatieffs würden noch das Paradies zur Hölle machen.«
Ziemlich früh erfuhr ich, daß sowohl mein Vater als auch mein Onkel Nicholas die Geschichte der Familie hatten niederschreiben wollen. Mein Vater war sogar in Bulgarien gewesen, um sich über die Rolle seines Großvaters bei der Staatsgründung nach dem Sieg der Russen über die Türken im Jahre 1878 Klarheit zu verschaffen. Nicholas hatte ähnliche Überlegungen angestellt, doch er war tot, und die Manuskripte lagen im Keller seiner Witwe. Mein Vater war ein vielbeschäftigter Mann, und so zog sich sein Vorhaben hin. Die Idee einer Familiengeschichte hatte also schon gekeimt, und ich konnte sie zum Blühen bringen, wenn ich wollte. Aber noch zögerte ich.
Ich war ein Teenager, als ich die Memoiren meiner Großeltern zum ersten Mal las. Vom September 1940 an zeichnete meine Großmutter in einem Landhaus in Upper Melbourne, Quebec, mit Hilfe einer Schreibmaschine einen Strom freier Assoziationen auf, der mit ihrer Kindheit auf dem Gut, ihrer Hochzeit mit meinem Großvater Paul Ignatieff, dem Leben in Petersburg, der Revolution, dem Bürgerkrieg und der Flucht begann. Sie schrieb in dem Englisch, das sie von ihrer Gouvernante gelernt hatte, dem Englisch, von dem sie wußte, daß ihre Enkel damit aufwachsen würden. Als sie zum Jahr 1919 gelangte – dem Zeitpunkt ihrer Flucht aus

Rußland –, hörte sie auf zu schreiben. Alles wurde schwieriger, schwieriger zu sagen, und über ihre ganze Zeit im Exil schwieg sie. Bis dahin hatte sie mehr als 250 Seiten gefüllt, ein Durcheinander, das meine Tante Florence ordnete und nach dem Tod meiner Großmutter noch einmal tippte.

Mein Großvater Paul hatte seine Memoiren in den zwanziger Jahren in Sussex und Paris geschrieben. Er schrieb russisch und übersetzte sie erst sehr viel später mit der Hilfe eines kanadischen Freundes ins Englische. Die Erinnerungen meiner Großmutter spiegeln freimütig und aufrichtig die Frau wider, die sie war. Jede Wendung ist ein Widerhall ihres gesprochenen Wortes, während die trockene, wohlgeordnete und maßvolle Prosa meines Großvaters, so empfand ich es zumindest, eine Übung in Diskretion und Geheimhaltung darstellte. Er beschränkte sich auf seine offizielle Karriere als Gutsbesitzer, Gouverneur der Provinz Kiew, stellvertretender Landwirtschaftsminister und Erziehungsminister im letzten Kabinett des Zaren. Seine Memoiren sind ein zurückhaltend formuliertes offizielles Dokument. Nur einmal bricht ein Anflug von Gefühl durch die Schale der gesetzten Sprache, als er seine letzte Zusammenkunft mit Nikolaus II. in den letzten Tagen seiner Herrschaft beschreibt.

Die Memoiren meiner Großeltern konnte man nicht veröffentlichen, ihre, weil gerade das Lebendige an ihnen sie zugleich unlesbar machte, seine, weil er so gewissenhaft alles Persönliche ausgelassen hatte und weil die Ereignisse, die er beschrieb, in der Flut zaristischer Memoiren erschöpfend dargestellt sind. Deshalb beschloß ich vor nun fast zehn Jahren, ihre Geschichte in meinen eigenen Worten wiederzugeben. Als Historiker sah ich meine vorrangige Aufgabe darin, sie in ihrem historischen Kontext zu lokalisieren, mich von ihnen als Familienmitgliedern zu distanzieren und sie statt dessen als historische Beispiele, als Untersuchungsgegenstand zu behandeln. Erst nach einer Weile wurden mir die unbeabsichtigten Folgen dieser Strategie bewußt. Ich erinnere mich, wie ich zu Beginn meiner Nachforschungen die aus dem Jahr 1902 stammenden Protokolle einer russischen Kommission für die Landreform las, um in der Niederschrift, die auf den Mikrofilmen kaum zu entziffern war, die Ländereien der Familie erwähnt zu finden. Da mein Großvater als Adelsmarschall der Vorsitzende der lokalen Selbstverwaltung war, mußte er einen Bericht für die Kommission verfassen. Es war das erste Mal, daß ich etwas von ihm las, das nicht an seine Familie gerichtet war. Die Memoiren, die Briefe, die ich zuvor gelesen hatte, wandten sich alle an einen bestimmten Kreis. In dem kurzen Bericht nun war er plötzlich eine kleine Figur in einem historischen Kontext, und die Spurensuche in dieser Richtung ließ ironischerweise die Konturen seiner Persönlichkeit nicht etwa deutlicher hervortreten, ganz im Gegenteil. Je mehr ich über ihn als Person der Zeitgeschichte erfuhr – über das durchaus typische Mitglied des freisinnigen niederen Adels im Dienste des Zaren und den parteilosen Anhänger der konstitutionellen Monarchie –, desto mehr entglitt er mir. Je schärfer ich ihn als historisches Wesen definieren konnte, desto verschwommener wurde er als mein Großvater. Als Untersuchungsgegenstand der Geschichtswissenschaft konnte er nur im Plural erfaßt werden, als Objekt der Begierde suchte ich ihn in seiner Einzigartigkeit. Ich entdeckte nach und nach einen exemplarischen Anhänger des Zaren und verlor dabei meinen Großvater. Die Geschichtswissenschaft erhellt die Vergangenheit, indem sie eine Persönlichkeit auf dem Hintergrund der Chronologie lokalisiert; ich wollte das Gegenteil, ihn nämlich in meiner Zeit wieder gegenwärtig machen. Dennoch

wußte ich immer, daß dieser Wunsch vergeblich und daß selbst eine Geschichte ihres Lebens zum Scheitern verurteilt war. Ich konnte die Vergangenheit niemals so erschaffen, wie meine Onkel sie erinnerten, oder auch nur darauf hoffen, daß ich die widerstreitenden Erinnerungen miteinander versöhnen könnte. Selbst heute noch streiten die Brüder heftig über manche Dinge; und ich hatte keine Hoffnung, herauszufinden, wer nun im Recht war. Vor allem aber durfte ich nicht darauf hoffen, daß ich Paul und Natascha zurückholen könnte. Selbst das geringste äußere Detail, die Art, wie sie ihr Haar aus dem Gesicht strich oder wie er ein Buch zuklappte, wenn er es ausgelesen hatte, mußte ich mühsam rekonstruieren. Für meinen Vater dagegen waren diese Einzelheiten so simple und primäre Erinnerungen, daß er sie kaum für erwähnenswert hielt. Es zeigte sich bald, daß das einzige Porträt, das ich von Paul und Natascha zeichnen konnte, eine rohe Skizze bleiben mußte, eine Studie zur unüberbrückbaren Distanz zwischen der ersten und der zweiten Generation. Lange war ich überzeugt, daß ich das Leben meiner Großeltern fiktiv darstellen sollte, weil eine Rekonstruktion der Familiengeschichte ohnehin unmöglich schien. Die Idee war verführerisch: Die Charaktere meines Buches wären gerade so in der Wirklichkeit verwurzelt gewesen, daß sie authentisch gewirkt hätten, und doch hätten sie mir zu Gebot gestanden. Sie hätten meine Kleidung getragen, meinen Text gesprochen, meine Dramen ausgelebt und meine Ambitionen erfüllt. Ich hätte mich selbst durch sie erschaffen können. Doch der Plan einer fiktiven Darstellung scheiterte schließlich an der Überlegung, daß ein solcher Roman von Figuren bevölkert gewesen wäre, die weder in sich selbst wirklich noch originalgetreu hätten sein können.
Es dauerte Jahre, bis ich begann, Paul und Natascha von den

Bedürfnissen zu trennen, die ich selbst im Hinblick auf sie empfand. Ich begriff, daß ihr Leben kein Abenteuer war, aus dem ich Bedeutungen für mich selbst schöpfen konnte. Da war zu viel Schweigen, waren zu viele Dinge, die ich nicht über sie wissen konnte, als daß es mir gelungen wäre, ihre Erfahrung für meine Zwecke auszuschlachten. Mir dämmerte erst ganz allmählich, daß nicht *sie* mir das Geheimnis meines Lebens schuldig waren, sondern daß *ich* ihnen Treue zur Wahrheit ihres Lebens schuldete. Eine fiktive Darstellung wäre Verrat gewesen. Ich mußte zurückkehren zu meiner ursprünglichen Erschütterung beim Anblick ihrer Fotografien, zu dem Gefühl, daß sie physisch äußerst gegenwärtig und zugleich Welten von mir entfernt waren. Wenn ich sie so wahrheitsgetreu wie möglich neu erschaffen wollte, mußte ich die Distanz zwischen uns respektieren. Ich mußte genau darauf achten, was sie ungesagt ließen. Ich mußte die Stellen markieren, die nicht von der Erinnerung zurückgeholt wurden. Kein literarischer Kunstgriff durfte ihr Schweigen überdecken.

Zweimal fuhr ich mit meinem Vater in die Sowjetunion, um ihre Spuren wiederzufinden. Auf diesen Reisen gab es vieles zu entdecken. Bis zu Chruschtschows Sturz rechtfertigte das Volksschauspiel des sozialistischen Wiederaufbaus die Einebnung der Paläste und die Umwandlung der Kirchen in Druckereien und Holzlager. Nur Armut und Rückständigkeit retteten alte Gebäude. Ein Land, das zu arm war, um sie zu ersetzen, überdauerte das Drama des neuen Landes in den Kulissen des alten. In den späten sechziger und siebziger Jahren rief das Vandalentum von Chruschtschows Modernismus eine Gegenreaktion hervor, die auf die vom Kommunismus unbefleckten nationalen Traditionen zurückgriff. Nun wurden nicht nur die großen Paläste und Klöster neu vergoldet, sondern alles, was mit der Patina des alten überzogen war, gelangte zu neuen Ehren. Man überging geflissentlich die Verheerungen der Revolution und erschuf eine neue nationale Vergangenheit, in der die Zeit vor 1917 mit der Zeit danach verbunden wurde. Als Ergebnis dieses paradoxen und ungeschickten Versuchs, sich die zaristische Vergangenheit wieder anzueignen, ist es in der Sowjetunion leichter als im Westen, Spuren einer zaristischen Familiengeschichte zu sichern.

Im Schatten der Bäume auf dem Friedhof des Nowodewitschi-Klosters, in der Nähe der Gräber von Chruschtschows und Stalins Frauen, fanden wir das Grab des Renegaten unserer Familie, Onkel Aljoschas, der seine Karriere als Offizier des Zaren begonnen und als General der Roten Armee beendet hatte. In Leningrad fanden wir in der Forschtatskaja-Straße das Haus der Familie, von dem aus mein Vater die ersten Demonstrationen der Februarrevolution 1917 beobachtet hatte. Heute ist dieses Haus der Leningrader Hochzeitspalast. In dem Ballsaal, in dem meine Großmutter einst den Tee servierte, werden junge Paare getraut, alle zehn Minuten eines, von einer Standesbeamtin, einer imposanten Frau im roten Ballkleid mit Amtsschärpe. Eine Treppe tiefer, im Studierzimmer, in dem meine Onkel von ihrem Französischlehrer unterrichtet worden waren, nehmen Mütter mit Stecknadeln zwischen den Lippen in letzter Minute ein paar Änderungen an den Hochzeitskleidern ihrer Töchter vor. Und am Ende eines kleinen, zur Rückseite hin gelegenen Korridors, an dessen Wänden verblaßte Porträts von Lenin und ein Intourist-Kalender mit Szenen aus einem Ferienort auf der Krim hingen, fand mein Vater den Raum, der sein Kinderzimmer gewesen war.

In Kislowodsk, einem Badeort im südlichen Kaukasus, zwischen dem Schwarzen und dem Kaspischen Meer, stießen mein Vater und ich an einem Septembernachmittag auf das grüngestrichene Tor zu dem Garten mit dem Haus, das er und seine Familie 1917 und 1918 während des Bürgerkriegs bewohnt hatten. Seit den unglücklichen Jahren, die die Familie dort verbracht hatte, waren verschiedene Häuser in den Garten gezwängt worden; zur Rückseite hin standen aber noch immer Apfelbäume und Pappeln, wie im Jahre 1918.

Der scheinbar leichte Zugriff auf die Spuren unserer Familie in der Sowjetunion sollte sich dann doch als trügerisch erweisen. Ich erinnere mich, wie ich plötzlich die unsichtbare Distanz zu meiner Vergangenheit spürte, als ich im Puschkin-Museum in Moskau vor den Gemälden von Matisse stand, die alle vor dem Ersten Weltkrieg von zaristischen Kaufleuten gesammelt worden waren. Für russische Besucher des Museums stellen diese Gemälde eine seltsame und dissonante Abweichung vom Realismus der russischen Genremalerei des neunzehnten Jahrhunderts dar. Ebenso fremdartig verhalten sie sich zum sozialistischen Realismus, der die russische Tradition in der Sowjetunion fortsetzen sollte. Für Russen sind diese Gemälde also Fragmente der Moderne, in einer Ausstellung weit außerhalb der Reichweite der europäischen Tradition, aus der sie entstanden. Wir dagegen stützen ja gerade unsere Sicht der Malerei auf die Gemälde von Matisse. Als ich die sonnendurchfluteten Ateliers, den hell leuchtenden Liegestuhl, die Blumenschale, die Frau im blauglänzenden Kleid und die Jahre ihrer Entstehung sah, 1910, 1911, 1912, wurde mir bewußt, daß sie von der Generation meiner Großeltern gesammelt worden waren. Ihrer Generation gelang es als erster, das alte Dilemma zu überwinden, ob die Russen nun ein europäisches oder ein asiatisches Volk seien. Natascha sprach und dachte in Deutsch und Englisch; ihr Zahnarzt war ein Amerikaner aus Dresden; ihre Wäsche kaufte sie in Nizza; und in ihrem Kinderzimmer gab es zur Teezeit Lyle's Golden Syrup. Paul wurde von französischen Lehrern erzogen; er dachte und sprach in seiner Kindheit französisch. Und doch hingen beide leidenschaftlich an den Religionen, den Gebräuchen, den Gerüchen, der Architektur, den Flüchen und dem Chaos ihres Geburtslandes.

Sie reisten über eine offene Grenze in Länder, deren Malerei, Speisen und Landschaften sie als ihre eigenen betrachteten. Das mediterrane Licht der Gemälde von Matisse war ebenso das ihre wie das Licht der weißen Nächte von Petersburg. Sie zählten zur ersten Generation, die ihre europäische mit ihrer russischen Identität versöhnte, und ihre Generation war zugleich die letzte, der dies gelang. Eine Grenze aus Stacheldraht, Suchscheinwerfern und Geschützstellungen durchtrennt ein Europa, von dem sie einst glaubten, es erstrecke sich von Moskau bis zum Atlantik. Wenn ich versuche, ihren Spuren über diese Grenze zu folgen, ist mir bewußt, daß ich in ein Land reise, das heutzutage eher einem seltsamen neuen asiatischen Reich als dem Kernland der europäischen Kultur gleicht. Die Distanz, die ich zwischen ihnen und mir überwinden muß, ist weit mehr als eine zeitliche Distanz. Es ist die Kluft des von Stacheldraht gesäumten Niemandslandes, das die europäische Kultur in zwei waffenstarrende Lager zerschneidet.

Meine sowjetischen Reiseführer waren oft erschüttert darüber, wie sehr ich mich von ihrem Heimatland entfremdet hatte. Sie halfen mir bereitwillig bei meiner Suche nach Verbindungen; sie riefen bei den regionalen historischen Museen an, um die neuen Bezeichnungen der Straßen herauszufinden, die wir nur unter ihrem alten Namen aus einer 1914 erschienenen Ausgabe von Baedeker's Reisehandbuch Rußland kannten; und sie halfen uns sogar, die Gefängnisse und Räume zu finden, in denen mein Großvater verhört worden war und in denen er 1918 die einsamsten Stunden seines Lebens verbracht hatte. Die sowjetischen Führer bewunderten das etwas altmodische Russisch meines Vaters, das so viel weicher und melodiöser klang als ihr eigenes, und sie reagierten erstaunt, aber höflich, als ich sagte, daß ich in der Muttersprache meines Vaters kein Wort verstehe. Einige wenige Orte konnten wir nicht besichtigen. In Krupoderniza, dem Landsitz der Familie Ignatieff in der Ukraine, wo mein Urgroßvater und meine Urgroßmutter beerdigt sind, schien aus Gründen, die niemals offengelegt wurden, der Zutritt nicht gestattet zu sein. Die Behörden schickten statt dessen einen Fotografen zur Dorfkirche und ließen ihn die mit frischen Blumen geschmückten Familiengräber fotografieren. Man sagte uns, auf dem Gut befinde sich jetzt die Dorfschule. Von Dugino, dem in der Nähe von Smolensk gelegenen Gut, auf dem meine Großmutter aufwuchs, blieben keine Spuren. Es ist 1917 bis auf die Grundmauern niedergebrannt. Mein Vater weinte, als er Rußland verließ; ich ging trockenen Auges.

Es muß etwas Wahres an dem Aberglauben sein, daß man durch die Rückkehr an einen bestimmten Ort auch zu dem Selbst zurückkehrt, das man in dieser Zeit und an diesem Ort war. Mein Vater war sechs, als er 1919 Rußland verließ, und er besitzt an diese Zeit nur wenige und vage Erinnerungen. Dennoch erlebte er bei seiner Rückkehr eine Katharsis, sein Leben schloß sich zum Kreis. Für mich verdoppelten meine Reisen in die Sowjetunion das Gefühl der unüberbrückbaren Distanz zur Vergangenheit meiner Familie.

Doch je weiter sich alles entfernte, desto mehr zwang mich ein Paradoxon, das dem Schreiben selbst innewohnen muß, die Geschichte meiner Familie festzuhalten, bevor durch den Tod der Generation meines Vaters auch noch die letzten lebendigen Erinnerungen abgeschnitten waren.
Mein Vater und seine Brüder halfen mir in jeder nur möglichen Art und Weise, doch sie konnten ihre Zweifel nicht verhehlen. Ich war wie ein Auktionator, der vor dem Verkauf den Wert ihrer Schätze beurteilen sollte. Unsere langen gemeinsamen Sitzungen über dem Tonband waren Vorboten ihres Todes. Oft dachte ich, es wäre besser, das Projekt aufzuschieben, bis sie in Frieden gestorben wären. Dann wäre ich frei gewesen, alles zu sagen. Doch welche Art von Freiheit ist es, all das zu sagen, was man im direkten Gespräch nicht zu sagen wagte? Wer wird nicht vom Schweigen verfolgt, von den verpaßten Gelegenheiten zur Wahrheit zwischen Vater und Sohn, Mutter und Tochter, von den Möglichkeiten, die sie schließlich mit ins Grab nehmen? Ich will meine Chance nicht verpassen.
Ich tue mein Bestes, um Geschichte und Legende, Fakten und Phantasie zu entwirren, doch letzten Endes kann ich mir keiner Wahrheit sicher sein, weder was die Ergebnisse noch was die Erinnerungen angeht. Ich war nicht dabei. So kann ich nur das Ergebnis ihrer mühsamen Erinnerungsarbeit festhalten und ihnen sagen, daß die Welle ans Ufer gelangte. Weil Paul und Natascha es schafften, ihre Erinnerungen zurückzuholen und weiterzugeben, verdanke ich ihnen die Überzeugung, daß mein eigenes Leben nicht mit meiner, sondern mit ihrer Geburt vor hundert Jahren in einem fremden Land begann und daß nun, wo der letzte Angehörige einer Generation dahinscheidet, die noch das Leben hinter dem roten Vorhang der Revolution kannte, meine Aufgabe

darin besteht, ihre Erinnerung an alle Nachgeborenen weiterzureichen.
Nach all den Jahren der Spurensuche höre ich nun ihre Stimmen, als wären sie im selben Raum. So begann Natascha ihre Memoiren, die ersten Sätze:
»Ich beschließe, solange ich noch im Vollbesitz meiner geistigen Kräfte bin, die Daten und Jahre der wichtigsten Episoden im Leben meines geliebten Mannes und in meinem eigenen niederzuschreiben, damit, wenn wir in die Ewigkeit eingehen, unsere Söhne und ihre Familien ein mehr oder minder vollständiges Bild der interessanten Episoden unseres Lebens besitzen, das ein reiches Leben war, dank so vieler eindrucksvoller Ereignisse und aufgrund des gewaltigen Umbruchs in unserer Lebensmitte, durch den sich unsere weitere Existenz von Grund auf änderte.«

II
MUTTER UND TOCHTER

Auf dem Landsitz der Mestscherskis begann in den achtziger Jahren des vorigen Jahrhunderts jeder Sommermorgen mit demselben Ritual. Natascha und ihre Schwester Vera, die von ihrem Kindermädchen schon gewaschen, gekämmt und angezogen worden waren, marschierten hintereinander in das Schlafzimmer ihrer Mutter, um ihr mit einem Kuß guten Morgen zu wünschen. Daraufhin setzte sich ihre Mutter im Bett auf und schluckte ein rohes Ei. Das Mädchen brachte es in einem Glas auf einem silbernen Tablett, und die Mutter der beiden ließ es mit einem heftigen, konvulsivischen Schnauben in die Kehle gleiten. Anschließend goß das Mädchen aus einem Krug warmes Wasser in eine silberne Schüssel, und Nataschas Mutter wusch sich die Hände. Natascha und ihre Schwester Vera saßen am Fußende des Bettes und sahen zu.

Der silberne Krug und die Waschschüssel sind mehr oder minder alles, was von diesen Sommermorgen in Dugino, dem Landsitz der Familie in der westrussischen Provinz Smolensk, geblieben ist. Ihre einfache und schlichte rechtwinklige Form schmückt nur das Relief des Familienwappens. In unserem Haus in Ottawa standen sie auf dem Eßzimmertisch, und meine Mutter benutzte den Krug als Blumenvase. Aus meiner frühen Kindheit stammt die Erinnerung an den Duft der sich kräuselnden, verwelkten Blütenblätter, die sich in der silbernen Waschschüssel sammelten.

Nach dem Ei und dem Händewaschen servierte das Mädchen Natascha, Vera und ihrer Mutter Ceylontee mit heißer Sahne aus der Gutsmolkerei. Während das pechschwarze Haar der Mutter geflochten und über den Ohren zu zwei festen Knoten aufgesteckt wurde, bombardierte sie Natascha und Vera mit Fragen: Hatten sie ihre Gebete gesprochen? Waren sie gewaschen? Waren sie fertig zum Unterricht? Die beiden kleinen Mädchen in ihren Schürzen hielten sich an der Hand und antworteten unisono. In der Familie lachte man darüber, daß sie mit ihren Mäusestimmchen immer gleichzeitig antworteten, wenn man sie ansprach. Ihre Mutter winkte sie näher heran, strich ihre Schürzen glatt und ließ Nataschas Haar durch ihre Finger gleiten: Warum lockte es sich nie? Natascha hatte eine weitere Sitzung mit Miss Saunders Brennschere nötig.

Als der Butler mit der Morgenpost auf dem Tablett erschien, wurden die beiden Mädchen mit einem flüchtigen Kuß auf die Stirn entlassen. Vom Bett aus diktierte ihre Mutter einer Sekretärin ihre Korrespondenz, und die beiden Mädchen gingen ins Studierzimmer, zum Unterricht mit Miss Saunders und später mit Mister Sharples, dem Englischlehrer. Im Kinderzimmer herrschten englische Sitten: Es gab Brotpudding mit Lyle's Golden Syrup und Gebäck von Huntley & Palmer aus den quadratischen Blechdosen, die man in den englischen Geschäften Moskaus kaufte.

Natascha wurde im August 1877 als Prinzessin Mestscherski in eine Familie mit sechs Mädchen und zwei Jungen hineingeboren: Katherine, Alexander, auch Sascha genannt, Alexandra, Maria, Sonia, Peter, Vera und Natascha. Sie war die Jüngste, das kleine Dummerchen, ein Nachkömmling. Ihre Mutter, Maria Panin, war eine Nachfahrin Nikita Panins, des Außenministers Katharinas der Großen, dessen Bruder

Peter 1773–74 den Aufstand des Bauernbanditen Pugatschow niedergeschlagen hatte. Dugino, der Landsitz der Familie, war ein Geschenk Katharinas der Großen an die Panins. Nataschas Vater, Fürst Nicholas, war Rektor der Moskauer Universität.

Von Nataschas Eltern existiert nur noch die Fotografie, auf der sie nebeneinander auf einer Couch in Dugino sitzen. Er ist schlank, feingliedrig, mit einem schmalen Gesicht. Sein langer weißer Bart hängt vorn über seinen Gehrock. Er beugt sich nach vorn, um die Hand seiner Gemahlin mit den Lippen zu berühren. In seinen Augen liegt treue Ergebenheit. Sie gönnt ihm keinen Blick. Ihre Augen sehen starr geradeaus in die Kamera; sie wirkt massig, gedrungen und häßlich, mit hochglanzpolierten schwarzen Halbstiefeln, die unter ihrem schwarzen Taftkleid herausragen. Ihr schwarzes Haar ist zu einem festen Knoten zusammengesteckt; ihre Wangen sind voll; der Blick unter den schweren Lidern mustert den Fotografen mit amüsierter Herablassung. Die Panins hatten früher Panini geheißen und waren irgendwann im siebzehnten Jahrhundert aus Italien nach Rußland gekommen, um dort ihr Glück zu machen. Von ihnen hatte Nataschas Mutter die dunkle, olivfarbene Haut und ihre Streitlust geerbt. Ihre Tochter meinte, sie habe »das Gehirn eines Mannes«; die scheue und naive Unbestimmtheit der Frauen ihrer Zeit und Klasse riefen ihre Ungeduld hervor. Sie war häßlich und lebhaft, gebieterisch und streitsüchtig. Im Sommer herrschte sie über Dugino und im Winter über die höheren Kreise der Moskauer Gesellschaft. Mit Gräfin Scheremetjew und einem Fräulein Tuitschew zusammen bildete sie ein Trio, das in der Moskauer Gesellschaft der achtziger Jahre des vorigen Jahrhunderts als *»conseil des infaillibles«* bekannt war. Sie waren die letzte Instanz, was Umgangsformen, Manieren und Heiraten anging. In ihrer besten Zeit war sie berühmt für ihre scharfe Zunge. Als Fürst Wolkonski einmal auf einer Abendgesellschaft ihre Hand nahm und anfing, ihr beleidigenden Klatsch über andere zu erzählen, faßte sie in ihr Retikül und zog ein kleines Vorhängeschloß heraus, das sie ihm mit der sarkastisch auf französisch formulierten Bemerkung übergab, er solle seinen Mund halten, wenn er nicht aufhören könne, über seine Freunde zu reden. Sie herrschte über alle, über Ehemann, Kinder und Bedienstete: Jeden Sommer zitierte sie die verheirateten Töchter mit ihren Ehemännern und mit Kindermädchen und Gouvernanten, Lehrern und Kutschern aus allen vier Himmelsrichtungen Westrußlands nach Dugino, damit sie den Sommer gemeinsam und unter ihren aufmerksamen und mißbilligenden Blicken verbrachten.

Nataschas Vater war ein gütiger alter Herr mit konventionellen Ansichten, der von seiner Frau und seinen Töchtern beherrscht wurde. In Aussehen und Naturell schlug Natascha ihrem Vater nach: die hohe Stirn, die lange, gerade Nase, ihre Größe und Feingliedrigkeit. Seine einzige erkennbare Rolle in der Erziehung seiner Kinder bestand darin, sie jeden Morgen in seinem Arbeitszimmer aufmarschieren zu lassen und ihnen einen Löffel voll Lebertran zu verabreichen, dem eine Scheibe Schwarzbrot folgte, um den Geschmack zu nehmen.

Er war großzügig und zerstreut und verteilte auf seinem morgendlichen Gang zur Universität immer Geld an die Moskauer Bettler. Als ihn Natascha einmal begleitete, wurden sie von einem Bettler angesprochen, und als ihr Vater bedauernd sagte, er habe vergessen, Kleingeld einzustecken, antwortete der Bettler, davon habe er genug. Nataschas Vater stand mit einem geistesabwesenden Lächeln da, während der Bettler den Rubelschein nahm und so viele Kopeken zurückgab, daß das Geschäft zur Zufriedenheit beider Seiten ausfiel. Sowohl was die Mildtätigkeit als auch was die Angelegenheiten der Familie anging, war Nataschas Vater ein von anderen beherrschter Patriarch.

Nataschas Vater hatte einen Bruder, dessen Verhalten so anstößig war wie das seine achtbar. Er war ein antisemitischer Homosexueller und stets in Begleitung von jungen Gardeoffizieren. In den Petersburger Kreisen kannte man ihn als den Prinzen von Sodom. Er gab den »Staatsbürger« (Graschdanin) heraus, eine Pflichtlektüre für die Reaktionäre seiner Zeit. Wegen Onkel Vladimir wurde »eine bestimmte Art Staatsbürger« zur Chiffre der Mestscherskis, wenn sie über Homosexuelle sprachen. Ein kleinkarierter Denunziant, ein Schwätzer, ein Speichellecker, ein sexuell Perverser, ein mieser Schreiberling, ein Betrüger – der Klatsch verschonte ihn nicht. Es hieß, seine Frau habe ihn mit einem Regimentstrompeter *in flagranti* ertappt. Hinter vorgehaltener Hand konnte man auch hören, er ziehe Frauenkleider an. Seine lockeren Sitten schienen jedoch all jene nicht zu stören, die ihn wegen seiner politischen Überzeugungen lasen.

Nach der Ermordung des Zar-Befreiers Alexander II. im Jahre 1881 schrieb Vladimir Mestscherski im »Staatsbürger« einen Leitartikel, der das zentrale Thema der neuen Zeit hinausschrie: »Wo immer man hinhört, ist das Volk in einem einzigen Schrei vereint: Züchtigt sie! Und wie reagieren die Behörden darauf? Alles, nur nicht die Rute! Das Ergebnis dieses Widerspruchs? Ein furchtbarer Verfall der Disziplin, die Demontage der Autorität des Vaters in der Familie, Trunksucht, Verbrechen und so fort...«

Als der neue Zar, Alexander III., 1881 den Thron bestieg, entsprachen nur wenige Meinungsmacher so sehr seinem

Geschmack wie Fürst Mestscherski. Nataschas Vater und Mutter lehnten es ab, den alten Lüstling in ihrem Haus zu empfangen; die meisten seiner Überzeugungen aber scheinen sie, wenn auch in abgeschwächter Form, geteilt zu haben.

Die Mestscherskis waren eine Familie ziemlich überspannter Hypochonder. Wie die meisten russischen Familien ihrer Zeit ließen sie beim leichtesten Husten oder Fieber einen Arzt kommen. In ihrem Fall allerdings waren die Befürchtungen der Familie nicht grundlos. Nataschas älteste Schwester, Katherine, war wegen der Seeluft in ein Hotel nach Ostende gefahren und im Alter von zwanzig Jahren an »galoppierender Schwindsucht« gestorben. In ihrem Kummer wachten Nataschas Eltern mit zwanghafter Aufmerksamkeit über ihre verbliebenen Kinder. Die dritte Tochter, Maria, war durch einen Reitunfall zum Invaliden geworden und mußte von ihrer Mutter zu verschiedenen Ärzten in aller Welt gebracht werden, bevor sie wieder gesund war. Der ältere Sohn, Sascha, ein nahezu zwei Meter großer, gebückt daherkommender Riese, war ein sanfter und freundlicher Mensch, dessen Leidenschaft die Gewächshäuser seiner Mutter waren: Er zog Gartennelken aus Stecklingen und wurde ein fanatischer Anhänger der Farbe Grün. Er trug einen Anzug aus grünem Flanell und einen grünen Jägerhut, und er experimentierte mit allen Variationen grüner Orchideen. Sein Lieblingsgericht war Erbsensuppe.

Ein englischer Lehrer wurde eingestellt, um den schüchternen und sonderbaren Jungen in einen jungen Mann mit Zukunft zu verwandeln. Niemand erfuhr jemals genau, was geschah – Nataschas Mutter ertrug es nicht, darüber zu sprechen –, aber der Lehrer fing an, Sascha für jeden Fehler im Unterricht und für jeden Versuch der Masturbation im Bett zu schlagen. Der Junge hätte diese Prozedur stillschweigend über sich ergehen lassen, wenn er sich nicht eine Hirnhautentzündung zugezogen hätte. Als er wieder gesundete, kam die Wahrheit ans Licht. Der Lehrer wurde entlassen, und die Eltern fanden sich damit ab, daß der arme Sascha inmitten seiner Malmaison-Nelken und in der überschaubaren Welt des Gewächshauses letzten Endes wohl doch glücklicher war.

Natascha hielt Sascha für liebenswert, aber fade, und Peter, ihren jüngeren Bruder, für charmant, aber schwach; ihre Schwestern waren »alles rechtschaffene Frauen, aber keine von ihnen besonders intelligent«. Die große und elegante Sonia mit ihrem kastanienroten Haar war vor ihrer Hochzeit ein wenig kokett gewesen, wurde dann aber allzu streng und ernsthaft; auch Alexandra war zu ernst; Maria war ein wenig invalide, die arme Vera »sehr überspannt«, und der Mann, den sie heiratete, der ehrenwerte Baron Offenberg, ein furchtbarer Langweiler. Natascha urteilte über die Fehler ihrer Familie ebenso unverblümt wie ihre Mutter.

Die Wintermonate verbrachte man während Nataschas Kindheit im Haus der Familie Mestscherski gegenüber den gelben und weißen Gebäuden der Moskauer Universität, unmittelbar hinter dem Kreml, an der Nikitskaja. Den Sommer über, vom späten Mai bis Ende September, war man in Dugino.

Ich nehme die 1914 erschienene Ausgabe von Baedeker's Reisehandbuch Rußland zur Hand und folge der Eisenbahnlinie bis 300 Kilometer westlich von Moskau, wo in der Provinz Smolensk die Wasusa fließt. Der Fluß durchquert das Tiefland des Gutsbesitzes. Im Frühjahr sprengte er seine Ufer und überflutete das umliegende Land. Baumgruppen ragten wie Inseln aus dem Morast. Wenn die Mestscherskis in diesen feuchten Frühlingstagen aus Moskau anreisten, um den Sommer auf dem Gut zu verbringen, mußten die Bediensteten sie in flachen, mit langen Stangen vorangetriebenen Booten vom Bahnhof zum Gut befördern. Auf dem Gutsgelände standen Kutschen bereit, um sie durch die von weißen Säulen gerahmten Tore, am Zwillingsturm der Familienkapelle vorbei, zum Haus auf dem Hügel zu bringen.

Es war ein pfirsichfarbenes, zweistöckiges Herrenhaus aus dem achtzehnten Jahrhundert, Weinreben rankten sich an ihm hoch, sechs riesige Marmorsäulen trugen einen klassischen korinthischen Portikus. Treibhauspflanzen schmückten die Balkone über dem Eingang, und zu beiden Seiten stand ein lebensgroßer marmorner Löwe. Auf den Fotografien zähle ich vierunddreißig Fenster, die auf den englischen Garten hinunterblicken. Neben dem Hauptgebäude mit seinen hundert Räumen gab es Ställe, Gewächshäuser und einen mehrere Morgen großen Park mit Trompetenbäumen, Kiefern und Blumenbeeten. Auf den Wiesen, die sich am Ende des Parks zum Fluß hinunter erstreckten, erblühte im Frühjahr ein Blumenmeer. An welchem Ort auch Natascha sich später aufhielt, es gelang ihr immer, ihr geistiges Auge durch die verlorenen Räume schweifen zu lassen, durch die große, mit Eichenbänken gesäumte Eingangshalle, die beiden Treppenläufe hinauf, vorbei an den in vergoldete Rahmen gefaßten Illustrationen zu den Fabeln La Fontaines, durch das Arbeitszimmer ihres Vaters, in den Ballsaal, das mit Ahornmöbeln ausgestattete Speisezimmer, vorbei an den mit Porzellan gefüllten Vitrinen und in das Boudoir ihrer Mutter. Dort wanderte ihre Erinnerung zu einem Porträt ihrer Großmutter in einem dunkelbraunen, mit einer Halskrause besetzten Samtkleid, die funkelnden Augen so braun wie der Rahmen des Bildes.

Weiter hinten befand sich die Tür zur Bibliothek. Auf den Regalen aus Ahornholz standen die Bücher ihres Vorfahren Nikolai Karamsin, geflaggt mit seinen Buchzeichen und voller hineingekritzelter Anmerkungen. Auf diese Bibliothek gestützt, hatte er seine Geschichte des russischen Staates geschrieben. Natascha bestand darauf, über alle Stationen der Revolution und des Exils hinweg Karamsins gesamte Geschichte des russischen Staates mitzunehmen, drei in rotes Leder gebundene und mit dem Wappen der Familie geschmückte Bände. Wie der Wasserkrug und die Waschschüssel ihrer Mutter waren auch diese Bücher ihr Talisman: Sie hielt an ihnen fest, um all den anderen Dingen, die sie hinter sich gelassen hatte, die Treue zu bewahren.
Auf dem Dachboden über der Bibliothek war ein kleines Theater, in dem die Kinder im Sommer Vorstellungen für ihre Eltern und die Gäste gaben. Für die Proben gab man ihnen unterrichtsfrei. Am Tag der Vorstellung kam der Friseur aus der Stadt, um sie zu schminken. Alle Bewohner der umliegenden Dörfer strömten herbei, und die Bediensteten sahen vom Eingang aus zu. Vera und Natascha saßen in ihren Kostümen regungslos da, während der Friseur seinen Finger mit der Zunge anfeuchtete, in das Töpfchen mit Rouge griff und ihnen rosarote Wangen auftupfte. Im von Kerzen erleuchteten Spiegel beobachteten sie, wie sie in Frauen verwandelt wurden.
Ich sehe die Fotografien aus Dugino durch und streife mit meinem Vergrößerungsglas durch die Räume. Das Parkett schimmert im Licht, ein Vorhang am Fenster wirft seinen durchbrochenen Schatten durch den Raum. In den Ecken raumhohe Kachelöfen, an den Wänden weiße Alabasterstatuen der Panins, Möbel aus der Zeit Alexander I., geschwungene Sessel, wie dafür geschaffen, sich in einer knapp sitzen-

den Uniform zurückzulehnen und Whist zu spielen. Ich sehe das Spiegelbild einer weißen korinthischen Säule im Glanz eines Mahagonitisches. Am Ende des Korridors ist eine Tür halb geöffnet. Im Gewächshaus liegen Papiere auf dem Schreibtisch. Ein Federkiel ruht auf der Zeitung auf dem Schreibtisch. Die Wände sind voller Porträts von Familienmitgliedern; durch die leichte Neigung zur Wand werfen die Gemälde ein schwarzes Schattendreieck hinter sich. Ein Kerzenleuchter hängt von der bemalten Decke. Die Lichtquadrate der Fenster fallen verzerrt auf die rechtwinklige Musterung des Parketts.

Auf einer Fotografie des Wintergartens sehe ich am Rand eine Statue von dem in einem Sessel sitzenden Nikita Panin – ähnlich wie Houdons Sitzstatue von Voltaire –, einen fettleibigen und düsteren Mann mit Perücke, die Beine gekreuzt, mit der einen Hand die Sessellehne umfassend, während die andere auf einer Mappe mit Staatspapieren ruht. Auf einer Schärpe über seiner Brust trägt er einen sternförmigen Orden. Zu seinen Füßen liegt ein in Bronze gegossener versiegelter Brief, unter dem Sessel erkennt man einen Stapel Bücher. Für jemand, dessen Statue auf dem Höhepunkt seiner Karriere angefertigt wurde, wirkt der Gesichtsausdruck seltsam schwermütig.

Seine Ururenkelin Natascha spielte in ihrer Kindheit zu seinen Füßen. Allen Kindern wurde gesagt, wenn ihre Spiele allzu laut würden, steige er aus seinem Sessel herab und trete sie mit seinem Schnallenschuh in den Hintern. Als sie dann heranwuchsen, erzählte man ihnen, wie er im Boudoir der Kaiserin in Ungnade gefallen war. Katharina die Große, durch Herrschaft und Ausschweifung gealtert, brachte Stunden damit zu, sich in ihrem Boudoir zu schminken. Der Minister, selbst kein junger Mann mehr, wurde in der engen,

STAMMBAUM DER FAMILIEN IGNATIEFF UND MESTSCHERSKI

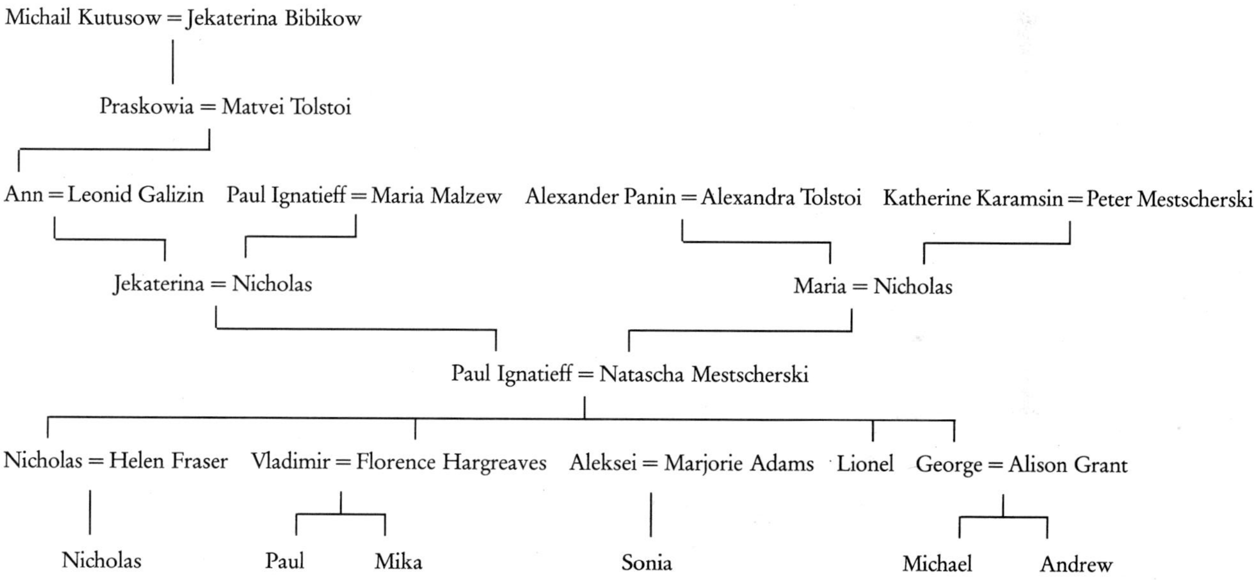

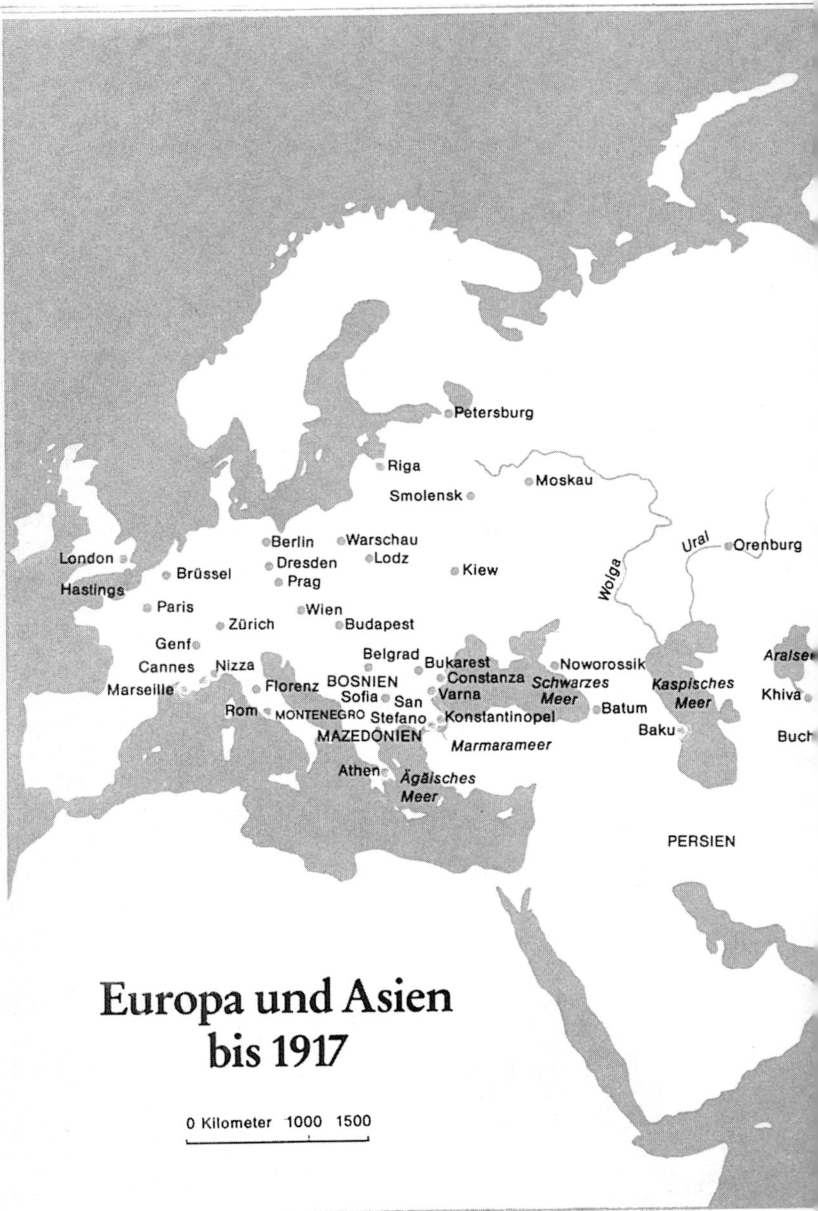

Europa und Asien bis 1917

SIBIRIEN
Irkutsk
Amur
Ussuri
MONGOLEI
Wladiwostok
Peking
Japanisches Meer
KOREA
Gelbes Meer
JAPAN
Straße von Tsushima
Shanghai
CHINA

Westrußland bis 1917

von Kerzen beleuchteten Welt weiblicher Düfte immer schläfriger. Als die Kaiserin schließlich hinter dem bemalten japanischen Wandschirm hervortrat, den Hosenbandorden über der Brust, die Wangen mit Schminke übertüncht, die Augen mit einem schwarzen Stift umrahmt, fand sie ihren Minister schlafend im Sessel zusammengesunken. Nun war es eine Sache, mit ihr über Staatsangelegenheiten zu streiten, eine andere aber, ihrem Charme nicht zu erliegen. In der Familie erzählte man, sie habe ihn wachgerüttelt und ihn in Ungnade auf seinen Landsitz entlassen.

Der alte, in Bronze gegossene Graf, der sinnend und desillusioniert auf seinem Sessel saß, erschreckte Natascha jedesmal, wenn sie nach Einbruch der Dunkelheit in den Wintergarten ging oder wenn sie vor dem Schlafengehen noch einmal an den Scheiben des Wintergartens vorbei in den Park hinaus wollte. Das Kerzenlicht schimmerte auf den Fingern, die die Stuhllehne umfaßten, und tiefe Schatten lagen in den Höhlen der blinden Augen. Dann zog sie ihren Schal fester und stieg die Stufen zu ihrem Zimmer hinauf, den Blick der Statue im Rücken.

Eines schönen Morgens rollte Fidki, der Kosake, Nataschas Mutter in einem geflochtenen Rollstuhl über die Kieswege der Parks und Gärten. Der Gärtner lehnte sich nach vorn, um ihre Anordnungen zu hören, und auch *Hofmeister* Bertram, der Förster, erschien. Die Bertrams hatten der Familie schon zu Zeiten des alten Grafen gedient. Sie waren um 1780 aus Deutschland geholt worden, um sich mit europäischer Ordnungsliebe um die russischen Wälder des Grafen zu kümmern. Vater und Sohn waren als Baumdoktoren und zugleich als Hausarzt der Familie aufeinander gefolgt. Ließ Nataschas Mutter nachts den *Hofmeister* rufen, weil eines der Kinder fieberte, dann hörte man ihn mit dem auf deutsch geäußerten Fluch *»Diese verdammte Familie!«* die Treppe hinaufstampfen. Und dann stand er mit seinem Efeugeruch über die Kinderbettchen gebeugt.

Das Gärtnern war die Leidenschaft von Nataschas Mutter, und die morgendlichen Zusammenkünfte mit dem *Hofmeister* und dem Gärtner waren so wichtig wie die Stabsbesprechung von Generalen. Die Mutter fuchtelte mit dem Stock herum, und der *Hofmeister* brummte, beugte sich vor und sah in die Richtung, in die sie wies. Die neuen Redwoods aus Kalifornien sollten dort stehen, hier sollte eine neue Reihe Rosen hinkommen, und wie in aller Welt sei denn der Löwenzahn auf den englischen Rasen gekommen? Sie nahm das Gärtnern so ernst, daß sie ihren ältesten Sohn Sascha, als dieser – im einzigen von ihm bekannten Akt der Auflehnung – sagte, er würde ihre Lieblingsallee mit Zypressen fällen, wenn das Gut erst einmal ihm gehöre, auf der Stelle enterbte. Die Angelegenheit hätte tragisch enden können. Wochenlang verteidigte er sich damit, er habe doch nur gescherzt.

Natascha liebte diese Rundgänge durch den Garten mit ihrer Mutter, besonders den Blick in die Gewächshäuser mit den gewaltigen, hochaufragenden Gehölzen, der warmen roten Erde darunter und den pausbäckigen weiblichen Skulpturen in den Nischen. Im Winter wucherte in diesen Treibhäusern Nordrußlands die üppige Vegetation der Krim. Draußen lag Schnee auf Rasen und Bäumen; drinnen reiften Pfirsiche und Zitronen, die sich in der Hand warm anfühlten.

Natascha und ihre Mutter trennte eine Mauer von Kindermädchen, Butlern, Lehrern und Gärtnern sowie älteren Brüdern und Schwestern. Natascha hielt sich immer zurück, und erst als die anderen ausgezogen waren, um selbst eine Familie zu gründen, fand sie den Weg zum Herzen ihrer Mutter. Sie erinnerte sich daran, daß sie übertrieben schüchtern war: »Kaum dem Babyalter entwachsen, hielt ich beim Anblick von Fremden die Hand vors Gesicht, zur größten Befremdung vor allem meiner ältesten Schwester, die mir immer wieder sagte, ich sei affektiert.« Ihre Schüchternheit, sagte sie immer, sei ihr größtes Unglück. Unsinn, meinte ihre Tante, deine Schüchternheit zeigt nur deinen Eigensinn und deinen Stolz. Würdest du dir ein für allemal klarmachen, daß man dich überhaupt nicht bemerkt oder ansieht, dann wäre die ganze Schüchternheit vorbei. Doch sie konnte es nicht ändern. Sie versteckte sich hinter den Vorhängen und sah den anderen beim Spielen zu.

Das letzte der Kinder, die verlegene und unbeholfene Natascha, klammerte sich an ihre ältere Schwester, die elegante Sophia, und weinte, wenn sie mit einem duftenden, hingehauchten Kuß auf die Bälle der Moskauer Gesellschaft entschwand. Ihre Schwestern überquerten die Wasserscheide zur Welt der Korsetts und Knopfstiefel, der Mieder und Frauenprobleme und ließen sie in der Welt der kleinen Mädchen zurück. Natascha saß in ihren Boudoirs, wenn sie sich abends zurechtmachten; wenn sie hinuntergingen, setzte sie sich auf die oberste Treppenstufe, wo keiner sie sah, und beobachtete die Tanzenden, wie sie an der offenen Tür des im unteren Stockwerk gelegenen Speisezimmers vorbeiwirbelten. Später, als sie älter war, spielte sie, wenn ihre Schwestern Polka und Quadrille tanzten und der *dirigeur,* der Tanzmeister, ihnen eine Reihe junger Offiziere als Tanzpartner zuführte, die *bouquetière,* das Blumenmädchen, das einen kleinen Wagen mit Blumensträußchen um den Tanzboden herumfuhr und an jedem Tisch anhielt, damit die Offiziere ihren Damen ein Bouquet verehren konnten. Natascha wurde fotografiert, wie sie in einer Schürze vor ihrem Wägelchen steht, eine rosarote Haube auf dem Kopf und

Bänder in den Locken; und dann wurde sie ins Bett gepackt, während in den hellerleuchteten Räumen des unteren Stockwerks eine rauschende Ballnacht gefeiert wurde.

Die längste Zeit der Wintermonate verbrachte man während Nataschas Kindheit in Sichtweite der Kremlmauer in Moskau, in einem großen Haus mit mehreren Nebengebäuden, das in der Nikitskaja, gegenüber den gelben und cremefarbenen klassizistischen Säulengängen und Kuppeln der Universität gelegen war. Auf den verblaßten Fotografien erkennt man einen im Innenhof gelegenen und von einem Kiesweg zweigeteilten Rasen, der an allen Seiten von einem Haus mit Markisen an den Fenstern begrenzt wird. Auf der kiesbestreuten Auffahrt vor dem Haus sitzt ein Kutscher in einem bodenlangen cremefarbenen Mantel und Zylinder auf dem Kutschbock des familieneigenen Brougham und hält die Zügel einer Schecke in der Hand. Er wartet auf seinen Herrn, der gleich kommen soll. Der Butler steht bereit, um die Tür aufzuhalten.

An den Abenden, an denen alle Lichter angezündet waren und Gäste zum Essen erwartet wurden, rutschten Natascha und Vera über das Treppengeländer hinunter zur Eingangstür und läuteten die Glocke, mit der der Lakai die Ankunft von Gästen ankündigte. Dann erschien ihr Vater auf dem Treppenabsatz, und sie und Vera sprangen hinaus, um ihn zu überraschen. Kurz bevor die Gäste kamen, ging der Butler mit einem Rauchfaß auf einer langen Stange umher. In dem Gefäß befand sich ein heißes Eisen, über das er ein Parfum mit dem Namen »Höfisches Wasser« goß. Der süße, feuchte Duft zog durch die Flure, unter den Türen hindurch in alle Räume und in die Bettücher. Wenn Natascha sich in ihr Bettzeug wickelte, war der duftende Geist noch immer gegenwärtig.

In der Nacht zum Ostersonntag saß Natascha in ihrem besten Kleid am geöffneten Fenster, um auf das Läuten der Kremlglocken zu warten. Den ganzen Tag über hatten die Köche *kulitsch* und *paßcha* gebacken, und das Haus roch nach süßem Teig, Rosinen und Mandeln. Am frühen Abend war das Osterfestmahl im Speisezimmer vorbereitet. Die weiße Kuppel der *paßcha* stand mitten auf der langen, auf Böcken ruhenden Tischplatte, daneben gab es Schüsseln voller gefärbter Eier mit dem Monogramm »XP« – für »Christus ist auferstanden« – auf jedem von ihnen; und Natascha hatte grüne und blaue Flecken auf den Händen, weil sie mit ihrer Schwester zusammen im Anrichtezimmer die Eier in das Färbebad getaucht hatte. Um Mitternacht begannen die Kremlglocken in die Nacht hinauszudröhnen, und ihr Geläut wurde von allen Kirchenglocken in der Umgebung aufgenommen, von der weißen, kuppelgekrönten Kirche am oberen Ende der Straße, in der Puschkin geheiratet hatte, von der roten Backsteinkirche unten an der Allee, von den Kapellen in allen Seitenstraßen; und ihr Klang steigerte sich zu einem feierlichen Crescendo. Natascha sprang von der Fensterbank und lief in die Familienkapelle im dritten Stock, wo der Chor – Nonnen aus einem Kloster in der Nachbarschaft, Hausangestellte und Solisten des Tschudowskoi-Chors – und ihre älteren Schwestern schon sangen. Der Butler kam die Treppen herauf, versprühte »Höfisches Wasser« und rief auf jedem Stockwerk: »Der Gottesdienst beginnt«, und Hausangestellte, Gouvernanten, Schwestern und Brüder nahmen eilig ihre Plätze ein. Hinter dem Butler zogen der Priester und seine Akoluthen in einer Prozession über die geschwungenen, mit einem roten Läufer ausgelegten Treppen. Und wenn die Geistlichen in ihren weißen Gewändern ausgerufen hatten: »Christus ist auferstanden, Christus ist wahrhaftig auferstanden«, wenn alle in der Kapelle ihre Kerze angezündet und die anderen dreimal umarmt hatten, dann zogen sie hinaus in die Dämmerung, um den Hauch des Frühlings und die Verheißung der Auferstehung nach dem Winter zu spüren. Anschließend feierten sie im Speisezimmer mit *paßcha* und *kulitsch* und schmeckten die Fülle des Osterfestmahles am Ende der Fastenzeit.

Am Eßtisch des Hauses, in Moskau, wurde immer gescherzt. Einer der Witze, den Natascha später auch ihren Kindern erzählte, handelte von einem Herrn, der in einem Eisenbahnabteil in seinen Zylinder pinkelte, ihn aus dem Fenster entleerte, sich steif vor den anwesenden Damen verneigte, den Zylinder wieder aufsetzte, auf dem gegenüberliegenden Sitz Platz nahm und seine Zeitung zu Ende las. Wenige Minuten später wickelte er eine Zigarre aus und fragte nach einer Verbeugung vor den Damen, ob es gestattet sei zu rauchen. Als eine von ihnen antwortete, er habe doch bei anderer Gelegenheit auch nicht um ihre Erlaubnis gebeten, gab der Herr zurück: *»Ah, Madame, ça c'était la nécessité, mais ceci«*, und er deutete auf seine Zigarre, *»c'est le plaisir.«*

Ein anderer handelte von dem alten Priester, der ein ungewöhnlich häßliches Paar trauen sollte und der, als es an der Zeit war zu predigen, nur brummen konnte: *»Aimez-vous l'un l'autre, parce que si non, que Diable vous aimera.«*

Das beständigste Ziel des Familienspotts war Herr Batschinski, der Lehrer der Knaben, ein Pole, der nur schlecht Russisch sprach. Wenn er Nataschas Mutter mitteilen wollte, wie sehr er ihr verbunden war, dann sagte er mit einem starken Akzent: »Ich fühle mich ihnen so nah, Fürstin, wie meinem eigenen Hemd.« Natascha und Vera zogen Herrn Batschinski immer damit auf, daß er alt werde und heiraten müsse, weil er sonst allein bleibe. Sie zwangen ihn,

in die Knie zu gehen, eine Hand aufs Herz zu legen und seinen Heiratsantrag zu üben. Er errötete dabei immer so schön.
Der arme Herr Batschinski. Er war nicht nur der Lehrer der Knaben, sondern auch für die Finanzen der Familie zuständig. Eines Tages meinte er, sie müsse sparen, und so wurde ein Gut in der im Süden gelegenen Provinz Woronesch weit unter Wert verkauft. Herr Batschinski war so unglücklich über den Betrug, daß er nach Polen zurückkehrte. Dort fiel er in einem Garten in einen Brunnen und ertrank.
Jahre später sagte Natascha zu ihren Söhnen, wenn sie von einer weiten Reise zurückkehrten: *»racontez-moi quelque chose«*, erzählt mir eine Geschichte. Sie liebte Geschichten, je »weiter hergeholt«, desto besser, und wenn sie sich amüsierte, legte sie die Hände ans Gesicht, lachte tonlos und wiegte sich vor und zurück.
Peter, ihr jüngster Bruder, war ein »Meister im Erfinden dummer Geschichten, wirklich ein schamloser Kerl« – sie verstand überhaupt nicht, was die Mädchen an ihm fanden –, aber er wußte, wie er sie zum Lachen bringen konnte. Wenn er Urlaub von seinem Kavallerieregiment hatte, saß sie bis spät in die Nacht hinein mit ihm zusammen und hörte ihm zu, während er seine Reitstiefel polierte. Dann begann er, eine lange Geschichte über die Familie seiner Verlobten zu erzählen, und er brachte sie so sehr zum Lachen, daß er sie in ihr Bett im oberen Stockwerk tragen mußte.
Am glücklichsten war sie in ihrer frühen Kindheit, als ihre Brüder und Schwestern noch im Hause waren und sie in ihrem Kielwasser treiben konnte. Im »Backfischalter« – ihr deutscher Ausdruck für die Pubertät – hörte sie auf zu essen und begann, in stummem Protest gegen ihre sich entwikkelnde Weiblichkeit, dahinzuwelken. Man holte die Ärzte

ins Haus, von denen einer so berühmt war, daß er zuerst einen Assistenten vorbeischickte, um die Stühle auszuprobieren, auf denen er sitzen sollte. Die Professoren empfahlen die Riviera, und Natascha wurde mit ihrer Mutter ins Grand Hotel Cannet nach Cannes geschickt, wo eine kummervolle Baltin sie mit *poudre de viandes*-Sandwiches herausfütterte. Die französischen Ärzte äußerten sich weniger zurückhaltend: »Ein verzogenes Kind«, sagte Professor Cazalis aus Nizza und schickte sie nach Aix les Bains. Bäder, Diät und Schlafkuren – sie glitt hinein in den Archipel weißer Hotels und Sanatorien, wo einige Angehörige ihrer Schicht ihr ganzes Leben zu verbringen schienen. Als sie zurückkam, hatte sie ihren Appetit wiedergefunden; doch es blieb eine Erinnerung an das Entkommen, das ihr offenstand, wenn sie nur aufhörte zu essen. Sie verließ als letzte das Haus ihrer Eltern und war von der Liebe ihrer Mutter am meisten unterjocht; deshalb war sie auch diejenige der Töchter, für die der Übergang zur Weiblichkeit am schwierigsten wurde.

Als Natascha sechzehn war, verbrachte sie mit ihrer Familie den ersten gemeinsamen Winter in Nizza. In der Karnevalswoche im Februar nahm sie auf der Promenade des Anglais den Arm ihres Vaters und ging mit ihm durch die Menge. Sie bückten sich unter dem Konfettiregen, sahen den Clowns zu, stimmten in die Lieder ein und entflohen dann der Menge, um allein am Ende der Promenade auf die schwarze Stille des winterlichen Meeres hinauszublicken.

Im Winter 1894 war sie mit ihrer Mutter in Nizza, als *Hofmeister* Bertram telegrafierte, sie sollten sofort nach Dugino zurückkehren. Der Herr des Hauses war krank. Sie fuhren so schnell wie möglich über Paris, Dresden und Berlin zurück und kamen zu Nataschas Vater, als er sich auf seinem Bett im letzten Stadium einer tödlichen Nieren- und Blasenentzündung wand. Aus Moskau wurden Ärzte und Schwestern auf das Gut geholt. Sie schliefen auf Liegen vor seinem Zimmer, und die Töchter wechselten sich mit ihnen in der Krankenpflege ab. Natascha hielt Nachtwache. Kurz bevor der Morgen dämmerte, schien ihr Vater, nach Wochen des Leidens, aufzuwachen und um sich zu blicken. Noch bevor sie aufstehen und ihre Mutter im Nebenzimmer rufen konnte, sah er zu seiner Tochter hoch und schloß die Augen für immer.

Der Leichnam wurde eingekleidet und im Wintergarten auf dem Billardtisch aufgebahrt. In den Tagen und Nächten vor der Beerdigung hielten die Töchter abwechselnd die Totenwache und lasen Psalmen. Während einer dieser Nächte saß Natascha bei dem Toten und las in der Bibel auf ihren Knien in den Psalmen:

Ich denke des Nachts an mein Saitenspiel
und rede mit meinem Herzen.
Wird denn der Herr ewiglich verstoßen?
Hat Gott vergessen, gnädig zu sein?

In den langen Stunden dieser Nacht, in der sie das welke und eingefallene Gesicht ihres Vaters betrachtete, blähte sich ein Vorhang im Wind, das Wachs der Kerzen tropfte auf den Boden, und die Blätter der Palmen rieben kratzend aneinander. Sie war siebzehn Jahre alt.

Nachdem sie ihn in der Familienkrypta unter den Birken von Dugino beerdigt hatten, wandte sich Nataschas Mutter in ihrer Trauer der jüngsten Tochter zu. Immer wenn sie darauf bestand, ins Dachgeschoß gebracht zu werden, saß Natascha auf den Kisten und betrachtete den gebeugten Rücken ihrer geliebten Mutter, wie sie ungestüm und sinnlos in Dokumenten und alten Papieren stöberte und den Eindruck zu vermitteln suchte, sie komme jetzt schon auch allein zurecht. Bestürzt entdeckte sie, wie verletzlich diese gebieterische alte Frau nach dem Tod des Mannes wurde, den sie beherrscht hatte. Und ebenso schockierend war es für sie, ihre Mutter zum ersten Mal als alte Frau zu sehen. Jahre später schrieb Natascha: »Es brach mir das Herz, und ich vergoß viele einsame Tränen. Wo ich nun selbst eine alte Frau bin, scheint mir, daß ich seit meiner Kindheit Angst vor dem Alter hatte und daß alte Menschen immer einen trostlosen Eindruck auf mich machten. Es ist tragisch, die allmähliche Veränderung eines geliebten Menschen beobachten zu müssen. Jetzt bin ich selbst alt, und doch spüre ich, daß ich niemals über diese Scheu und Furcht vor dem Alter hinwegkommen werde.« Natascha war sechsundsechzig, als sie diese Zeilen schrieb und damit den Kreis zu jener einsamen Tochter schloß, die zusehen mußte, wie ihre Mutter durch ihre Witwenschaft und ihren Kummer niedergeworfen wurde.

Zum damaligen Zeitpunkt waren schon alle ihre Geschwister in die Welt der Erwachsenen eingetreten. Sascha war ins Lyzeum und dann zur Universität geschickt worden, Peter ins Regiment und die Töchter in die Ehe. Natascha war bei allen Familienkonferenzen anwesend, auf denen die Bewerber um die Hand ihrer Schwestern unerbittlich geprüft und ihr Vorleben mit Hilfe des *Gotha* durchleuchtet wurde. Sie war bei den Verlobungsfeiern, erhob das Champagnerglas auf ihr Glück, knöpfte ihre Hochzeitskleider zu, hielt ihre Hochzeitssträuße, als sie in den Landauer stiegen, und winkte ihnen nach, als sie in die Flitterwochen entschwanden. Und dann blieb sie mit ihrer Mutter, der alternden Autokratin im Rollstuhl, allein zurück. Natascha wurde zur pflichtgetreuen Tochter, die der Mutter an den langen Sommernachmittagen Carlyles *Friedrich der Große* vorlas, die ihren Rollstuhl über die Promenade des Anglais schob und die sie, zurück in Dugino, auf der täglichen Rundfahrt durch die Gärten des Gutes begleitete und zusah, wie ihre alten Hände die Pfirsiche im Treibhaus befühlten und wie sie mit dem Stock ihre geliebten immergrünen Pflanzen antippte. Wenn ihre Mutter über die Kälte klagte, wendete Fidki, der träge Kosake, den Rollstuhl auf dem Kiesweg, um sie wieder ins Haus zu fahren, und Natascha folgte ihnen.

Sie schlief im Raum neben ihrer Mutter, immer bereit aufzustehen, zu trösten, das Seufzen und Klagen anzuhören. Die alte Frau fühlte einen Schmerz in der Brust, der nicht mehr wich. Kurpfuscher fielen ein, und einer von ihnen, mit Namen Blitz, verschrieb Massagen. Doch der Schmerz verschlimmerte sich, und der Knoten in ihrer Brust schwoll an. Schließlich war nicht mehr zu übersehen, was los war. Von Dugino aus wurde ein Telegramm an einen Moskauer Chirurgen geschickt. Sieben Stunden später kam er mit dem Zug. Er warf einen Blick auf seine Patientin und ordnete an, man solle in der Kapelle eine Messe für sie lesen und den Raum für die Operation herrichten.

Gräfin Scheremetjew, die im Russisch-Türkischen Krieg als Krankenschwester tätig gewesen war, hielt ihren Kopf, als die chloroformierte Gaze darübergebreitet wurde. Unter der Chloroformbetäubung schrie Nataschas Mutter hinaus, der Chirurg solle die Heilkunst aufgeben und Lehrer werden, dann könne er wenigstens der Menschheit einen Dienst erweisen, anstatt ihr solche Qualen zu bereiten. Natascha wartete im chloroformgeschwängerten Korridor, betete und hörte auf das Stammeln ihrer Mutter im Nebenraum.

Mit der Operation erkauften sie sich ein paar Jahre Aufschub. Das Leben in Dugino nahm wieder seinen Lauf. Die Kinder der Bauern kamen mit ihren Beeren an die Tür der Vorratskammer, und der Koch kaufte sie ihnen ab, um Marmelade zu kochen. Im Frühherbst ging man mit den Bauernkindern in den feuchten Kiefernwäldern auf Pilzsuche, und der Koch buk Pilzpasteten. Im Frühjahr bereiteten sie ein Getränk aus dem Saft der Birken oder aus den Knospen schwarzer Johannisbeeren, das mit Zitronen, Orangen und Zucker gewürzt und mit Champagner aufgefüllt wurde. Im Sommer fuhr man in der Troika aus, im Winter, tief in warme Felle vermummt, auf dem Schlitten. An den langen Sommernachmittagen nahm Natascha ihre Neffen und Nichten hinunter auf die Wiese am Fluß mit, während ihre Schwestern und deren Männer in den gegen die Hitze verdunkelten Räumen im oberen Stockwerk ihren Mittagsschlaf hielten.

Die Herrschaft der alten Frau neigte sich ihrem Ende zu, aber keine ihrer Töchter oder ihrer Schwiegersöhne wagte es, ihr den Gehorsam zu verweigern. Sie bestand darauf, ihre Familie von Juni bis September um sich zu haben, auch wenn sie sie, einmal vereint, dann doch nicht so gern sah. Auf ihrem Morgenspaziergang wollte sie ihre Enkel nicht zu Gesicht bekommen. Wenn sie den Rollstuhl auf dem Kiesweg knirschen hörten, flüchteten sie sich hinter die Buchsbaumhecken, bis die Prozession vorüber war.

Dugino war eine eigene kleine Welt, von der Außenwelt durch die weißgestrichenen Gatter abgeschlossen. Wenn Natascha und die Dienerschaft die Glocken von Troikas hörten, die sich durch den Park dem Haus näherten, liefen sie, um zu sehen, wer zu ihnen kam. Einer der Besucher war Chomjakow, nach 1905 einer der Präsidenten der Duma, ein »komischer Kauz« mit dem Aussehen eines Mongolen, der sich ständig selbst widersprach. Es kamen die eleganten Urusows, zierlich wie die Falter, in rehfarbenen Reithosen.

Sie erzählten den neuesten Klatsch von der Riviera in einem leicht französisch gefärbten Russisch. Am besten erinnerte sich Natascha an Professor Ratschinski, einen kleinen, leicht erregbaren Mann, mit einem Gesicht wie eine ausgequetschte Zitrone: gelb, aber voller Leben. Er war ein rastloser Exzentriker, der mit einer ungeheuren Geschäftigkeit von seinem Gut in der Provinz Twer gereist kam und jedes Blatt im Garten zu überprüfen schien, um sodann den Dorfpriester über den Stand der moralischen Erziehung der Bauern auszufragen. Auf seinem eigenen Gut hatte er eine Schule für die Kinder der Bauern eingerichtet.

Natascha fragte sich, ob Professor Ratschinskis Menschenfreundlichkeit jemals ein Ergebnis zeitigte. Eines seiner Bauernkinder wurde Priester, ein anderes Künstler – doch die übrigen kehrten, unbeschadet der Erziehung durch den Professor, zu ihrer Scholle zurück. Sie selbst war ein hochherziger Mensch, doch sie war nicht belastet mit jenem Tolstoischen Schuld- und Verantwortungsgefühl den Bauern gegenüber, das den alten Professor bei seinen mühevollen Pflichten der Wohltätigkeit antrieb.

Ein anderer Besucher führte ähnliche Reden wie Ratschinski, ein Original von einem russischen Doktor, mit einem hübschen roten Haarschopf, der nach dem Essen im Arbeitszimmer seine sämtlichen Tolstoischen Theorien vor Natascha ausbreitete. Sie fand ihn anziehend, auch wenn eine Heirat mit einem jungen Landarzt außer Frage stand, und ihr gefiel die typisch russische Hingabe, mit der er darüber sprach, wie man die Zustände im Land verbessern könnte. Er sagte, ihm gefalle ihre einfache Art, die schmucklosen schwarzen Kleider, die schlichten Mahlzeiten, die Genügsamkeit in diesem so prachtvollen alten Haus. Er hielt dies für eine gute Vorbereitung auf alles, was das Leben ihr noch bringen werde. Das Kompliment amüsierte sie: Es klang so schwermütig, als liege die Finsternis vor ihnen beiden.

Kam die Rede auf die Bauernschaft, dann legten die Männer in Dugino immer jenen seltsamen und ernsthaften Eigendünkel an den Tag, der alle Mitglieder des russischen Adels überkam, wenn sie eine »soziale Frage« diskutierten. Natascha selbst dachte nicht sehr oft über die Bauern nach. Sie lebten in einer anderen Welt jenseits der Tore. Nur eine der Fotografien in ihrem Familienalbum zeigt einige Bauern. Das Bild wurde in den 1890er Jahren an Peter und Paul vor der Familienkapelle in Dugino aufgenommen. Frauen in weißen Kopftüchern drängen sich um die mit weißen Tüchern drapierten Ikonen, die von schwarzgewandeten Diakonen mit wehenden schwarzen Haaren getragen werden. Das Meer der Gesichter ist den Ikonen zugewandt, nur eines – das Gesicht einer Frau mit einem schwarzen Kopftuch – blickt über die Schulter zurück. Ihr Rücken ist breit und stark, um ihre Taille ist eine schwarze Schürze gebunden. Sie starrt auf jemand »aus dem großen Haus«, und ihr Blick ist neugierig und unerschrocken.

Weniger als zwanzig Jahre später sollten diese Bauern Dugino bis auf die Grundmauern niederbrennen und den Besitzer, den sanften, buckligen Sascha, die Latrinen des Gefängnishofes von Sitschewka aufwischen lassen. Diese Ironie – daß ich weiß, was kommen wird, während Natascha es nicht wissen konnte – ist eines der Hindernisse zwischen uns. Ich muß vergessen, was noch kommt. Um ihre Vergangenheit teilen zu können, muß ich ihre Zukunft vergessen.

Doch das mußte auch sie. Wie zum Beispiel konnte sie die ursprüngliche Färbung ihrer Erinnerung an die Krönungszeremonien im Jahre 1896 vor der Woge retrospektiver Prophezeiungen bewahren, die nach 1917 über alle Erinnerungen an Nikolaus und Alexandra hinwegspülte? Natascha sah von den Plätzen außerhalb der Kathedrale in Moskau das kaiserliche Paar kommen, und sie war später der Meinung, ein angstvoller Schauer sei ihr über den Rücken gelaufen, als sie die Zarin aus der Kutsche steigen sah, mit ihrem starren, angespannten Ausdruck, an den Arm ihres tragisch blickenden Gemahls geklammert. Als die Zarin an ihrem Platz vorbeikam und sich nach rechts und links vor den alten Familien verneigte, stellten Natascha und ihre Mutter fest, daß Gesicht und Arme der jungen Zarin von roten Flecken verfärbt waren – ein nervöses Symptom und ein Zeichen der Angst.

Dies war eine der subtileren Wunden der Exilanten – die Art, in der die Zukunft die Vergangenheit neu färbte, so daß Natascha, am Fenster ihres Hauses in Quebec sitzend, immer mehr das Gefühl hatte, ihre ganze Vergangenheit sei zwangsläufig auf die Vertreibung zugesteuert. Jede Erinnerung, selbst die rötlichen Flecken auf dem Arm der Zarin, wurden ihrer unschuldigen Verschwommenheit, ihrer Vielzahl möglicher Bedeutungen beraubt und dem schicksalhaften Vektor Zeit untergeordnet. Die Erinnerung war für Natascha nicht nur eine Flucht aus dem kleiner werdenden Radius des Alters, sondern auch ein Kampf gegen den Übergriff der Zukunft auf die Vergangenheit. Wenn sie zum Fenster hinaus auf den Schnee eines fremden Landes sah und um die Erinnerung an die Namen der Gärtner in Dugino oder die Bezeichnung eines türkischen Beerendesserts rang, dann kämpfte sie zugleich gegen das Sargtuch der Zwangsläufigkeit, das die Zukunft wie einen unheilvollen Schatten über die Vergangenheit warf.

[illegible]

[illegible] Wood [illegible] die [illegible]

[illegible]

III
VATER UND SOHN

Eine der frühesten Erinnerungen meines Großvaters reicht zurück zu den Sonntagen, die er im Jahre 1879 im Hause seines Großvaters Ignatieff am Gagarinski-Prospekt in St. Petersburg verbrachte. Paul war neun Jahre alt, und er kam mit seinem Vater und seiner Mutter, seinen vier Brüdern und seinen beiden Schwestern, um den Sonntagsgottesdienst in der Familienkapelle zu besuchen. In der Kapelle drängten sich Onkel, Tanten, Vettern und andere Verwandte, die Surows, Jengalitschews und Malzews. Im Hintergrund standen die Hausmädchen, Portiers, Kutscher und Butler, angeführt vom ersten Diener Wassili, der zeit seines Lebens Leibeigener gewesen war.

Vorn stand der Patriarch der Familie, Pauls Namensvetter, Graf Paul Ignatieff, Staatsrat, Vorsitzender des mit der Verwaltung des russischen Staates beauftragten Ministerkomitees Seiner Majestät, Protektor des russischen Thrones in der Zeit, in der Seine Majestät gegen die Türken zu Felde zog. Graf Paul Ignatieff ging damals auf die Achtzig zu. Gebeugt unter der Last seiner Gebrechen und Auszeichnungen, stützte er sich auf den Arm seiner Gemahlin Gräfin Maria. Seine Söhne und deren Familien standen hinter ihm. Der älteste von ihnen war Graf Nicholas, der Vater meines Großvaters Paul. Paul stand neben seinem Vater, und sie sangen gemeinsam; Bass und Sopran umschlangen einander. Sie knieten einer neben dem anderen, Paul in seinem Matrosenanzug, sein Vater in einer Generalsuniform und hohen Lederstiefeln. Sie sprachen ihre Gebete, und am Ende des Gottesdienstes gingen sie alle unter strikter Einhaltung der Rangordnung in der Familie nach vorn zum Altar, um das Kreuz zu küssen. Daraufhin wandten sich Graf Paul und Gräfin Maria steif dem Ausgang zu und führten die Familienprozession zum sonntäglichen Essen.

Im Speisezimmer war der Tisch für dreißig Personen gedeckt. Jeder ging an den ihm zugedachten Platz, die Mütter scheuchten ihre Kinder zu ihren Stühlen. Alle warteten stehend, bis man Großvater und Großmutter an den entgegengesetzten Enden der Tafel auf ihre Plätze geholfen hatte. Graf Paul sprach einen Segen, und dann begann man, sich angeregt zu unterhalten. Paul erzählte seinen Cousins aus der Surow-Familie, wie ihm diesen Sommer auf der Krim Gräfin Tiesenhausens Affe von einer Sitzstange im Baum aus auf die Schultern gesprungen sei; dann sei er an einer Kette, die an seinen Gelenken befestigt war, mit einem quietschenden Geräusch herumgewirbelt und habe ihn mit seinen Fingern im Haar gekitzelt.

Zum Essen gab es keinen Wein – Pauls Großvater duldete in seinem Haus weder Kartenspiel noch Alkohol –, und das Essen war eine einfache Soldatenmahlzeit, leicht verdaulich für einen alten Mann: Suppe und *kotlet*, panierte Hühnerbrust. Paul wartete auf den *kissehl*, den Nachtisch aus schaumig aufgeschlagenen Moosbeeren mit dem süßen, metallischen Geschmack.

Großvater Paul, der nun sein Brot mit zitternden Händen brach, hatte einst die Farben seines Regiments auf den Champs Elysées emporgehalten, als das Preobrashenski-Regiment nach der Vertreibung Napoleons aus Rußland 1815 in Paris einritt. Er war damals siebzehn Jahre alt gewesen, ein Fähnrich der Gardetruppen und einziger Sohn eines vergessenen Festungskommandanten an der polnischen Grenze. Er gehörte zu jener Generation junger Offiziere, die nach der Rückkehr vom Feldzug gegen Napoleon in ihren Truppenstandorten von Paris träumten, von Freiheit sprachen und schließlich 1825 den Militärputsch der Dekabristen anführten. Viele seiner Offizierskameraden in den Cafés und Billardsälen, auf den Regimentsbällen und den Paraden schlossen sich der Bewegung an, doch Paul versprach seiner Mutter, vernünftig zu sein. An jenem Dezembermorgen des Jahres 1825 hielt der junge Zar an seinem Balkonfenster im Winterpalast besorgt Ausschau nach den Detachements, die helfen sollten, den Aufstand in den Regimentskasernen niederzuwerfen. Die ersten Züge, die unter den Gewölben hereinströmten und Stellung bezogen, wurden von Rittmeister Paul Ignatieff befehligt.

Während seine Dekabristenfreunde in Sibirien für ihre Träume bezahlten, wurde Paul Ignatieff mit Gunstbeweisen des Zaren überschüttet. Mit achtundzwanzig zum Adjutanten ernannt, war er Anfang Dreißig schon Kommandeur des Pagencorps, und er behielt diese Stellung als Lehrmeister zweier Generationen der militärischen Elite Rußlands fünfundzwanzig Jahre lang. Seine ehemaligen Schüler fand man später in allen Ministerien, in allen Fluren des Winterpalasts. 1861 wurde Paul Ignatieff zum Gouverneur von Petersburg ernannt. Er war es, der den Kosakendetachements den Befehl gab, den Newski-Prospekt hinunterzustürmen und die ersten Studentendemonstrationen gegen Zar Alexander II. mit der flachen Seite ihrer Säbel aufzulösen. Paul Ignatieff war es auch, der Hunderte festnehmen und Tausende von der Universität ausschließen ließ. Der russische Essayist Alexander Herzen schrieb in seinem Londoner Exil über die

Unterdrückung des Februaraufstandes: »Leiht euer Ohr, denn selbst die Finsternis hindert euch nicht zu hören, in allen Ecken unseres gewaltigen Landes, vom Don bis zum Ural, von der Wolga bis zum Dnjepr wird das Klagen immer lauter. Dies ist das erste Tosen eines Seebebens, das zu wüten beginnt.«

Paul Ignatieff war der Ansicht, daß Herzen Unsinn schrieb. Da war kein Sturm, der sich zusammenbraute, sondern nur eine Menge verwöhnter und unbotmäßiger Studenten, denen eine Lektion erteilt gehörte. Er war ein gebildeter General, der sein Latein und sein Griechisch beherrschte, kein Mann vieler Worte, nüchtern, umsichtig und wachsam. Nachdem er beschlossen hatte, im Dienst des Zaren gegen seine Dekabristenfreunde zu kämpfen, geriet er in den Sog der Macht, und so diente er beiden Zaren, Nikolaus I. und dem Zar-Befreier Alexander II. Er war ein unbeugsames und bedingungslos ergebenes Bollwerk der Autokratie, ein Mann, an den der Zar sich in den 1870ern wandte, als er einen stets zuverlässigen Vorsitzenden für seinen Ministerrat suchte.

Paul Ignatieffs erster Sohn Nicholas wurde 1832 geboren. Der zukünftige Zar Alexander II. war bei seiner Taufe zugegen und stand am Taufstein. Nicholas, der im Pagencorps erzogen und vom Zaren zum Adjutanten ernannt wurde, war während des Krimkrieges gerade zwanzig. Anstatt ehrenvoll aus Inkerman oder Sewastopol zurückzukehren, mußte er sich wie in einer komischen Oper mit dem Dienst an Bord des ersten russischen Unterseeboots zufriedengeben, einem schwerfälligen Pilotprojekt aus Holz und Eisen, das kenterte und ihn auf der Jungfernfahrt in die Ostsee warf. Mit dreiundzwanzig wurde er als Militärattaché nach London geschickt, wo das britische Außenministerium ihn als »klugen und gewitzten Burschen« beurteilte. In London

verstärkte sich seine ohnehin schon tiefe Abneigung gegen die britische Außenpolitik.
Nicholas war erst sechsundzwanzig, als er 1858 vom Zaren nach Zentralasien gesandt wurde, um ein Handelsabkommen mit den Khanen und den Emiren von Buchara und Chiwa auszuhandeln. Von Orenburg, der südlichen Grenzstadt des Russischen Reiches aus, unternahm er eine zweimonatige Reise zu Pferd und auf dem Kamel, die ihn in südöstlicher Richtung über die Barsak-Sandbänke und an den nördlichen Ufern des Kaspischen Meeres entlangführte. Der schwierigste Teil der Reise war die Bootsfahrt den Oxus hinauf, schreckliche Tage, an denen man von den Bootsführern aus Chiwa meilenweit durch das Schilfrohr der Flußschleifen gezogen wurde und mit nacktem Oberkörper auf dem Schiffsboden liegend von Durst und Mücken geplagt war. Als Ignatieff und seine Reisegenossen endlich die roten, aus luftgetrockneten Ziegeln errichteten Paläste von Buchara erreichten und auf dem staubigen Marktplatz voller schmutziger Kinder, verschleierter Frauen und Händler mit Goldzähnen standen, war der Weg zum Zelt des Khan flankiert von schwarz gewordenen, aufgespießten Köpfen, Trophäen der Gerechtigkeit und der Rache. Ignatieff saß im Schneidersitz auf den Teppichen des Emirs, trank Tee, tauschte Geschenke aus und erfuhr die Geduld und Skrupellosigkeit seiner Gastgeber. Zwischen dem russischen Gesandten und dem asiatischen Prinzen schien es eine gewisse Verwandtschaft zu geben, eine gemeinsame Abstammung von den Tartaren in den tiefgezogenen Lidern, dem schwarzen Schnurrbart und der Mischung aus Unerschrockenheit und Verschlagenheit. Vor seiner Rückreise unterzeichneten er und der Emir ein Abkommen, das Rußland für seine Dampfer freie Durchfahrt auf dem Oxus, eine Senkung der Zölle für die russischen Ka-

rawanen und die Freilassung der russischen Gefangenen des Emirs gewährte.
Ignatieff und seine Kosaken machten sich in den Schneestürmen des November auf den Heimweg, und als sie Mitte Dezember in die Festung Nummer Eins an der Südgrenze Rußlands wankten, trugen sie den Schleier der mohammedanischen Frauen über ihren verlausten Uniformen, und ihre Gesichter waren von den Winterstürmen schwarz gebrannt. Sie eilten zur nächsten Kapelle und fielen auf die Knie.
Durch die Expedition nach Chiwa und Buchara war Nicholas in Petersburg zu einem berühmten Mann, einem der Begründer des Reiches in Asien geworden. Nach weniger als einem Jahr – er war immer noch erst siebenundzwanzig Jahre alt – machte er sich mit einer Kosakenabteilung und einem Munitionszug auf den Weg nach Peking. Er wechselte seine Schlitten und Kutschen an jeder Herberge, überquerte die sibirischen Flüsse auf den Eisschollen des Frühjahrs, stürmte dann zu Pferde über die mongolischen Ebenen und ließ auf diese Weise sein Gepäck und die Munitionswagen bald weit hinter sich. Im Mai, als die Kirschblüten im Wind zitterten, ritt er durch die Tore der Verbotenen Stadt, ungekämmt, unrasiert, von der Reise erschöpft und von wortlos dastehenden Chinesen beobachtet.
Er erreichte Peking in einer Zeit, in der die Großmächte das Reich des Himmels rücksichtslos plünderten. Eine britische und eine französische Flotte mit Landetruppen kreuzten in Sichtweite vor Schanghai. Als er dem Kaiser von China seine Dienste als Unterhändler zwischen den Chinesen und ihren ausländischen Feinden anbot, ließ dieser ihn unter Hausarrest stellen. Um zu entkommen, veranlaßte er seinen Kammerdiener, die Achse seiner Kutsche halb durchzusägen, woraufhin sie gemeinsam zum Haupttor der Verbotenen

Stadt preschten. Dort angekommen sprang der Kammerdiener auf die Achse, so daß sie brach; beide schwangen sich auf die Kutschpferde und ritten davon nach Schanghai – die Chinesen, die sich hinter der auseinandergebrochenen Kutsche drängten, zurücklassend. In Schanghai nahm er mit der britischen und der französischen Flotte Kontakt auf, sicherte die Neutralität Rußlands zu und saß dann friedlich an Deck eines russischen Kreuzers im Gelben Meer, während die Briten und Franzosen landeten und auf Peking marschierten. Als die Europäer die Verbotene Stadt eingekreist hatten, erneuerte er sein Vermittlungsangebot, und diesmal wurde es angenommen. Dank seines Verhandlungsgeschicks blieben die Mandschudynastie und die Kaiserstadt von der Plünderung verschont, und die Europäer erhielten die Handelskonzessionen, nach denen sie strebten. Schließlich präsentierte der Vermittler die Rechnung für seine Dienste. Er verlangte die endgültige Abtretung der Gebiete nördlich des Amur und östlich des Ussuri an Rußland. Mit dem Vertrag in der Tasche sattelten Ignatieff und seine Kosaken am 13. November 1860 ihre Pferde für den Ritt nach Petersburg. Weil Nicholas befürchtete, daß die Großmächte Druck auf den Zaren ausüben und ihn dazu bewegen könnten, daß er seinen Vertrag rückgängig machte, eilte er durch die Schneestürme Asiens zurück, um ihn persönlich zu verteidigen. Als er Anfang Dezember in Irkutsk ankam, ordnete der Generalgouverneur von Sibirien, Graf Murawjow, an, daß ihm zu Ehren eine Straße umbenannt werde, und einer von Murawjows Schreibern, Michail Bakunin, schickte einen erstaunten Brief an Alexander Herzen, in dem es hieß, er habe gerade einen jungen russischen Obersten kennengelernt, der unter den russischen Männern der einzig lebendige sei: »Er philosophiert nicht, er schreibt wenig, doch – eine Seltenheit in Rußland – er *handelt.*»

Am 1. Januar 1861 stand Nicholas Ignatieff mit Reif bedeckt und vor Erschöpfung schwankend in seinem Vaterhaus, nachdem er ganz Asien in sechs Wochen zu Pferd durchquert hatte. Er wich zurück, als ihn seine Mutter umarmen wollte. Sein bodenlanger Reisemantel war außen starr vor Eis und innen voller Flöhe. Wassili nahm ihm den Mantel ab und ließ ihn nach unten bringen, damit man ihn verbrannte. Dann ließ sich der junge Herr in ein warmes Bad sinken. Am folgenden Morgen wurde er vom Zaren empfangen, mit dem St.-Vladimir-Orden ausgezeichnet, zum General befördert und wenig später zum Leiter der Asien-Abteilung des Außenministeriums ernannt. Ohne auch nur eine Kugel zu verschießen, hatte er Rußland ein unbewohntes Gebiet von der Größe Frankreichs und Deutschlands zusammen und darüber hinaus noch das Hinterland von Wladiwostok, den neuen Hafen des Zaren am Pazifik, gesichert.

Im Juni 1861 heiratete der neunundzwanzigjährige General Nicholas Ignatieff in der deutschen Kurstadt Wiesbaden Prinzessin Jekaterina Galizin, eine Schönheit der damaligen Zeit und Urenkelin von Feldmarschall Kutusow, dem Kommandeur der russischen Armee im Krieg von 1812. Sie war neunzehn, hatte eine hohe Stirn, schwarzes Haar, große braune Augen und eine höchst bezaubernde, leicht gekräuselte Oberlippe. Sie war die Mutter meines Großvaters Paul. Bei den Sonntagsessen im Haus der Ignatieffs am Gagarinski-Prospekt war sie fast vierzig, Mutter von drei Jungen und zwei Mädchen, und erwartete bereits das nächste Kind. Eine ihrer ureigensten Gesten bestand darin, Walnüsse mit den Zähnen zu knacken. Das tat sie auch jetzt; dann gab sie den Kern ihrem Sohn Paul und tupfte mit ihrer Serviette einen Spritzer Moosbeeren-Dessert von seinem Matrosenanzug.

Am Ende des Sonntagsessens standen alle auf, und Wassili half dem alten Grafen Paul auf die Beine. Die Enkel gingen zu ihm hin, um ihn auf beide Wangen zu küssen und einen leichten Klaps auf den Kopf zu empfangen. Der kleine Paul sah seinen Großvater an Wassilis Arm den langen Flur hinunter verschwinden. Die alten schwarzen Stiefel quietschten auf dem Holz, die gebeugte Silhouette war eine Sekunde lang gerahmt vom grauen Licht, das durch die zur Newa gelegenen Fenster hereinfiel. Die Türen aus Walnußholz schlossen sich hinter seinem Großvater. Der alte Mann, der die Fahnen seines Regiments 1815 über die Champs Elysées getragen hatte, sank auf dem Diwan seines Arbeitszimmers in den Schlaf. Wassili wachte auf einem Stuhl neben der Tür über seine Ruhe. Dies war das letzte Mal, daß Paul seinen Großvater sehen sollte. Der Graf starb im Jahr darauf, und die rituellen Sonntage kehrten nie wieder.

*

Mein Großvater Paul wurde im August 1870 im cremefarbenen, auf einer Klippe hoch über dem Bosporus gelegenen Sommerhaus des russischen Botschafters geboren. Ich habe eine Fotografie von ihm, auf der er zu Füßen seiner Mutter sitzt. Sie wurde von einem Fotografen aufgenommen und zeigt ihn im Alter von zwei Jahren. Auf dem Bild trägt er ein mit Volants besetztes Kleidchen, hche Knopfstiefel und eine kleine Schärpe über der Brust. Sein blondes Haar wurde für die Fotografie nach hinten gestrichen. Seine Mutter trägt ein elegantes dunkles Kleid und eine durchsichtige Stola aus Tüll und Crêpe. Sie lehnt über ihm, und ihre Hand berührt leicht seinen Hinterkopf. Er hat ihre gekräuselte Oberlippe geerbt, und sein Blick weicht wie der ihre vor dem Beobachter zurück, der in den geschlossenen Kreis ihrer Zuneigung eindringt. Sein ganzes Leben lang sollte er in Zeiten der Not die friedvoll heitere Gegenwart seiner Mutter suchen, deren dunkle Röcke seine kleine Gestalt umhüllen und deren Hand ihm über den Kopf streicht.

In seiner frühen Kindheit war sie häufiger ab- als anwesend. Als Frau eines Botschafters hatte sie offizielle Verpflichtungen wahrzunehmen und einen riesigen Haushalt zu führen. Die Kinder überließ sie den Kindermädchen, und abends beugte sie sich über Pauls Bettchen und gab ihm einen Gutenachtkuß. Wenn er den Flur entlang bis zum Treppenabsatz kroch, konnte er sie unten in der großen Halle sehen, wie sie an der Seite seines Vaters in Paradeuniform die Gäste empfing, flankiert von bosnischen und montenegrinischen Pförtnern mit Krummsäbeln.

Pauls Vater Nicholas, ein großer und stämmiger Mann mit an den Seiten herabhängendem Schnurrbart und einer runden, gewölbten Stirn, war inzwischen russischer Botschafter am Hof des türkischen Sultans. Als solcher war er zugleich Schutzherr der orthodoxen Minderheit unter ottomanischer Herrschaft, ein Intrigant und Anheizer jeder Revolte in jenem zerfallenden Reich und Herr über ein Netz bulgarischer, bosnischer, rumänischer, türkischer und kretischer Spitzel. Seine Söhne konnten ihn vom Fenster des Kinderzimmers aus beobachten, wie er im Garten der Botschaft mit auf dem Rücken verschränkten Händen nachdenklich die Azaleenalleen auf und ab ging, wenn Männer mit dicken schwarzen Bärten oder Schnurrbärten, Priester, Kutscher, Matrosen und Händler – Männer jeglicher Herkunft – ihm ihre Berichte ins Ohr flüsterten. Sie machten ihn zum bestinformierten Botschafter am Bosporus; eine Spinne mitten im Netz, Herr über alle Intrigen der Balkanpolitik. Die britischen Botschafter, Lord Lytton und sein Nachfolger Henry Elliot, hielten ihn für einen witzigen und amüsanten Prahlhans, und der französische Botschafter nannte ihn Mentir Pascha. Aber keiner von ihnen konnte ihn daran hindern, daß er Rußland zur Vorherrschaft auf dem Balkan verhalf. Auf der Konferenz von Konstantinopel im Jahre 1877, kurz vor Ausbruch des Krieges zwischen der Türkei und Rußland, machte sich Lord Salisbury über sein Netzwerk von Spionen lustig. Ignatieff antwortete, es gebe Tausende davon; jeder Christ auf dem Balkan, der durch die Massaker der Türken einen Angehörigen verloren habe, sei ein bereitwilliger Informant. Auf derselben Konferenz beobachtete Salisbury amüsiert, wie Ignatieff in der Meinung, Salisbury kehre ihm den Rücken zu, die in dem Vertragsentwurf vorgeschlagene Grenzziehung ausradierte und neu einzeichnete, so daß Rußland in Bessarabien mehrere tausend Quadratkilometer hinzugewann. Als Salisbury wagte, den Schwindel aufzudecken, lächelte Ignatieff und zuckte mit den Schultern: *»Monsieur le Marquis est si fin, on ne peut rien lui cacher.«* Salisbury berichtete der britischen Regierung, Ignatieff sei ein »brillanter und gewandter Redner, der seine Äußerungen mit so dreisten und unglaubhaften Erfindungen ausschmückt, daß er eine ständige Quelle der Heiterkeit darstellt.«

Salisbury beging nicht den Fehler, seinen Mann zu unterschätzen, doch er ließ sich in seinen Bann ziehen. Ignatieffs Charakter war eine rätselhafte Mischung aus theatralischem Bluff, entwaffnender Offenheit, slawischer Emotionalität und der Verschlagenheit des Rechtsverdrehers. Als er 1876 nach England kam, lud Salisbury ihn und seine Gemahlin für ein Wochenende auf dem Land nach Hatfield House ein, sehr zur Verärgerung von Königin Victoria, die der Meinung war, weder Salisbury noch ihr Botschafter in Konstantinopel unternähmen genug, um die Russen an der Durchsetzung der Vorherrschaft an den Dardanellen zu hindern. Als Disraeli der Königin über dieses Wochenende mit den Russen in Hatfield House Bericht erstattete, sprach er vor allem von Gräfin Ignatieff: »Eine hochgewachsene Dame, hübsch und, wie es heißt, sehr liebenswürdig, bis auf den Augenblick, als er ihr Appollinaris empfahl. Nicht üblich bei russischen Damen. Als sie ihr Wein, Sherry oder Manzanilla anboten, antwortete sie jedesmal ›irgend etwas‹, trank dann aber nichts. (Sie) ist sehr ruhig und beherrscht und muß diese Haltung schon sehr früh eingeübt haben. Die feinen Damen der Gesellschaft, die gehört hatten, Madame Ignatieff sei noch feiner als sie und tue sehr vornehm, beschlossen, das Feld nicht kampflos zu räumen. Lady Londonderry wankte unter der Last der gesammelten Juwelen dreier Familien.«

Zurück in Konstantinopel erzählte sie ihrem Sohn Paul, Hatfield House sei ein großes und tristes Schloß, wo ihnen abends, wenn sie sich zurückziehen wollten, ein Mietlakai am Fuß der Treppe eine brennende Kerze übergeben und es ihnen selbst überlassen habe, ihren Weg über die feuchten Flure in die eiskalten Betten zu finden. England, so erzählte sie ihren Kindern, sei im Vergleich zu Rußland ein Land von Barbaren.

Mitte der 1870er Jahre war Pauls Vater die bedeutendste Persönlichkeit am Bosporus, Sultan Abd Al Asis wichtigster ausländischer Vertrauter, und seine Mutter der strahlende Stern des Diplomatischen Corps. Auf den Empfängen der Botschaft trug sie ein Collier aus Dutzenden von sternförmigen Türkisen mit eingelegten Diamanten, ein Geschenk des Sultans, und nicht wenige der ausländischen Botschafter gaben zu, daß sie von ihr fasziniert waren. Ihr Gemahl bezauberte den Sultan, während er zugleich hinter dessen Rükken die Aufstände schürte. Auch über Erpressungen war er nicht erhaben, sofern sie seinen Zielen dienten. Geschickte Anspielungen auf das, was ihm seine Spione über die sexuellen Neigungen der Brüder des Sultans berichtet hatten, trugen dazu bei, den Sultan gefügig zu machen.

Auch auf der Klaviatur der europäischen Presse spielte Ignatieff mit zynischer Virtuosität. Die panslawistischen Publizisten zu Hause belieferte er ebenso wie die liberalen Anhänger Gladstones im Ausland mit Berichten von türkischen Greueltaten. Für Russell von der *Times* setzte der geborene Schauspieler auf die herzhafte Art des englischen Landadels, für den Korrespondenten des *Figaro* rollte er sein französisches »r«. 1876 unternahm er eine Tournee durch die europäischen Hauptstädte, um Unterstützung für die Sache der Russen gegen die Türken zusammenzutrommeln. In London zeichnete ihn der Karikaturist Spy für *Vanity Fair.* Er betonte die lange, gerade und fleischige Nase, den rotblonden Schnurrbart und die gewaltige Rundung des Gehrocks. »Ein geschickter Phrasendrescher« hieß die Bildunterschrift. In Berlin zeigte sich Bismarck nach den Zusammenkünften mit dem russischen Botschafter angenehm überrascht. Ignatieff war nicht so sehr der Schaumschläger, als den ihn die Presse dargestellt hatte, sondern eher eine Kraft, mit der man rechnen mußte. Ignatieff teilte Bismarck mit, er wolle die russische Genugtuung für die Demütigungen des Krimkrieges lieber auf diplomatischem Wege als mit Waffengewalt durchsetzen. Das Osmanische Reich, so sagte er, sei eine Artischocke, deren Blätter er nach und nach, wie es ihm in den Sinn komme, pflücken werde.

Je länger diese Reise durch Europa im Jahre 1876 dauerte, auf der er Interviews gab, für Karikaturisten posierte und mit den Großmächten konferierte, desto ungeduldiger wurde sein Außenminister in Petersburg, Fürst Gortschakow. Ignatieff war schließlich sein Untergebener, und es konnte nicht angehen, daß er die russischen Interessen im Ausland vertrat, ohne das Ministerium zu Hause auch nur einmal zu konsultieren. Doch Gortschakow wußte, daß Ignatieff im Augenblick unangreifbar war. Seine Bemühungen um die Gunst der panslawistischen Presse hatten ihn in Rußland zum Nationalhelden werden lassen, und sein Vater hatte genügend Einfluß auf den Zaren, um seinen Sohn vor jeder Flüsterkampagne aus dem Außenministerium zu schützen.

Ignatieff war ein absonderlicher Fall, ein Diplomat, der seine eigene Politik verfolgte. Ein Abenteurer aber war er nicht. Vielmehr war er klug genug zu wissen, daß jede falsche Bewegung auf dem Balkan katastrophal sein konnte. Den bosnischen, serbischen und montenegrinischen Christen machte er klar, daß er sie nur so lange unterstützen würde, wie ihr Feldzug gegen die Türken nicht die ganze Region in einen europäischen Krieg trieb. »›Probiert‹ niemals etwas«, sagte er seinen christlichen Spionen. »Laßt es bleiben, wenn ihr etwas nicht bis zum Ende durchstehen könnt; aber wenn ihr etwas begonnen habt, dann weicht nicht mehr zurück.« Sein Motto war es, Kühnheit und Vorsicht abzuwägen. In der aufwärtsgerichteten Spirale der slawischen und christlichen Aufstände, Massaker und Gegenmassaker, die 1877 zum Krieg zwischen Rußland und der Türkei führte, suchte er Zeit zu gewinnen, bis die russische Armee bereit war, der Türkei den Schlag zu versetzen, den er durch seine Politik hatte vorbereiten wollen.

Als 1877 der Krieg ausbrach, wurde sein damals siebenjähriger Sohn Paul nachts über die Klippen des Bosporus hinab evakuiert und zu einem Raddampfer gerudert, der dort vor Anker lag. Die Fenster des Dampfers waren verdunkelt worden, damit die türkischen Wachen nicht aufmerksam wurden. Als Paul am nächsten Morgen erwachte, bahnte sich der Dampfer seinen Weg durch das Schwarze Meer und brachte die Familie auf der Krim in Sicherheit. Während der Sohn auf den Feldern des Familiensitzes Krupoderniza in der Ukraine mit den Bauernjungen Türken und Russen spielte, eilte der Vater an die Seite des Zaren, in die schmutzigen kleinen Städte des Balkans, die als Hauptquartiere dienten. Bevor der Zar an die Front aufbrach, ernannte er Nicholas Vater, den alten General Paul Ignatieff, für die Zeit seiner Abwesenheit zum Protektor des russischen Thrones.

Während der schrecklichen Monate der Belagerung von Plewen stand Nicholas Ignatieff an der Seite des Zaren, solange der Monarch sein Feldglas auf die unerträglich kostspieligen Angriffe seiner Truppe auf die türkische Redoute richtete. Als die Festung eingenommen war, plädierte er mit dem Zaren dafür, den Feldzug bis Konstantinopel fortzusetzen, um Rußland endlich zum Herrn über die Dardanellen zu machen. Gegen ihn standen der Onkel des Zaren, Großfürst Nikolai, und in Petersburg das Außenministerium, die beide für eine defensive Strategie eintraten.

Die Depeschen der Kriegsberichterstatter an der Front des Russisch-Türkischen Krieges waren am nächsten Morgen die erste Lektüre der europäischen Zeitungsleser. Ignatieff übernahm die Öffentlichkeitsarbeit für den Zaren. Er gab häppchenweise gesicherte Informationen an die Korrespondenten aus und erhielt dafür Zugang zum Armeetelegraphen und auserlesene Informationen von ihnen. Einmal, während der lange unentschiedenen Schlacht um den Schipkapaß, zog Ignatieff den Kurier der *Evening News* vom Pferd und

führte ihn in das Zelt des Zaren, damit der blutbespritzte junge Mann dem Monarchen über den neuesten Stand der Kämpfe auf dem Paß berichten konnte.
Nachdem Plewen im Spätherbst 1877 gefallen war, strömten die russischen Heere über die vereisten Schluchten des Balkan in Richtung Konstantinopel und gelangten in kurzer Zeit vor die Stadt. Eine britische Flotte patrouillierte in den Dardanellen, und eine Konfrontation mit dem britischen Empire wäre in wenigen Stunden unvermeidlich gewesen. Der Großfürst ließ haltmachen und handelte mit den Türken einen Waffenstillstand aus. Als Ignatieff diese Neuigkeit in Bukarest erfuhr, war er außer sich bei dem Gedanken, daß fünfzehn Jahre unverdrossenen Intrigierens seinerseits durch die Furcht der Militärs zunichte werden sollten. Er eilte über die schneebedeckten Pässe zu den russischen Hauptquartieren. Einmal überschlug sich sein Schlitten, Papiere und Gepäck flogen in eine Senke. Doch er rappelte sich auf, bestieg das Pferd einer seiner Wachen und preschte weiter zum russischen Hauptquartier, wo er, kaum abgesessen, dem Großfürsten in Anwesenheit des Generalstabs den Marsch blies. Zu guter Letzt explodierte der Großfürst und sagte, er wolle verdammt sein, wenn Ignatieff Rußland einen Krieg gegen England aufbürde. Die russischen Truppen würden bleiben, wo sie seien.
Anstatt auf einer Konferenz den Vorsitz zu führen, auf der das Osmanische Reich zerstückelt wurde, erhielt Ignatieff nun den Befehl, den Waffenstillstand in einen dauerhaften Frieden zu verwandeln. In San Stefano, einer kleinen Stadt am Marmarameer, zwischen dem Mittelmeer und dem Schwarzen Meer, zeichnete er eine neue Karte des Osmanischen Reiches, während die besiegten Türken in untröstlichem Schweigen zusahen. Das im Krimkrieg verlorene Bess-

arabien fiel wieder an Rußland zurück. Bosnien, Serbien und die Herzegowina wurden unabhängig, und Bulgarien wurde als Vasallenstaat des Zarenreiches neu gegründet, ein Staat, der sich im Osten bis wenige Kilometer vor Konstantinopel und im Süden bis wenige Kilometer vor dem Ägäischen Meer erstreckte.

Kaum waren die Vertragsklauseln publik geworden, machten Bismarck in Berlin, Disraeli in London und Andrassy in Wien sich auf, um das Abkommen mit Hilfe von Gortschakow und dem russischen Außenminsterium in Petersburg wieder rückgängig zu machen. Disraeli vertrat die Ansicht, daß ein Vasallenstaat Rußlands mit Zugang zum Ägäischen Meer und den Dardanellen eine Bedrohung für die britischen Schiffahrtslinien darstelle. Österreich-Ungarn hielt die Autonomie der neuen Balkanstaaten für eine Bedrohung seines Vormachtanspruchs auf der Balkanhalbinsel, und Bismarck sagte, er könne die Existenz des neu gegründeten Staates Bulgarien nur dann zulassen, wenn er von einem deutschen Fürsten regiert werde. In Petersburg konnte der Zar der gemeinsamen Opposition der Großmächte und seines eigenen Außenministeriums nicht mehr standhalten. Er war überzeugt davon, daß Ignatieff diesmal zu weit gegangen war.

Das Glück des Botschafters begann sich zu wenden. Im Februar 1878 war er durch den Vorfrieden von San Stefano zum Nationalhelden geworden; im April hatte der Zar die Familie ausgezeichnet, alle männlichen Nachkommen von Paul Ignatieff sollten fortan den Titel eines Grafen tragen. Im Mai aber sah sich Graf Nicholas auf sein Gut südlich von Kiew verbannt; und im September las er am Eingangsportal des Herrenhauses von Krupoderniza nachdenklich die telegrafierten Berichte über den Berliner Kongreß, auf dem sein

Vertrag verstümmelt und das Ergebnis seiner fünfzehnjährigen Bemühungen zunichte gemacht wurde. Die Grenzen Bulgariens wurden von den Randgebieten Konstantinopels an den Schipkapaß im Norden und vom Ägäischen Meer ins Hinterland von Mazedonien zurückverlegt. Das Aufheulen der panslawistischen Presse, die in ganz Rußland von Verrat sprach, konnte seine verletzte Eitelkeit nicht besänftigen.

Trübsinnig und verbittert reiste er im Winter 1878/79 mit seiner ganzen Familie nach Nizza, um Sonne zu tanken und Petersburg zu entfliehen. Sein Sohn Paul erinnerte sich, wie bitter kalt es an der Riviera in jenem Winter war. Die Olivenholzscheite im Kamin brannten schlecht, Rauch zog durch die Flure der feuchtkalten Villa. Die Orangenbäume trugen kleine Schneehüte. Paul schlich auf Zehenspitzen durch das Haus, während sein Vater vor sich hinbrütete und seine Mutter im oberen Stockwerk ruhte. Sie erwartete im Juni ihr nächstes Kind.

Dann, eines Tages, kam die unbändige Energie seines Vaters so unvermittelt zurück, wie sie verschwunden war. In der letzten Fastenwoche eilte er mit seiner Familie nach Hause, im Gefolge ein neues Mitglied in der Truppe der Kindermädchen, Kammerdiener, Dienstmädchen und Kutscher. Es war Pauls neuer Lehrer, Monsieur Castellot, ein Mathematikprofessor am Collège d'Etampes. Er war ein ordentlicher, nicht sehr großgewachsener Mann, der stets einen Gehrock, einen Zylinder und das blaue Band des Palme Académique am Rockaufschlag trug.

Die Familie zog über Florenz und Wien durch Europa und wechselte auf einem kleinen Bahnhof in der Ukraine vom Zug in die Kutschen. Die Heimkehr war eine beeindrukkende Prozession von vier Kutschen – Pauls Eltern in der ersten, die Jungen und Monsieur Castellot in der zweiten, die Mädchen und ihre Kindermädchen in der dritten und die übrige Dienerschaft in der vierten Kutsche. Sie donnerten über die staubigen Straßen; Monsieur Castellot auf dem Kutschbock neben dem Kutscher hatte die Rockschöße über den Knien gefaltet und öffnete und klappte den Mund vor Schreck wieder zu, als die Kutschen über die grob gezimmerten Bohlen der einheimischen Brücken rumpelten, oder wenn die Pferde, wo es keine Brücken gab, durch die Flüsse preschten, am anderen Ufer hinauf und weiter über die gewundenen Wege, die durch die Felder heimwärts führten.

Unterwegs verbrachten sie eine Nacht in Poretschje, einem verlassenen Gut, das Pauls Vater kaufen wollte. Die alte hölzerne Veranda hing durch, die Fenster waren mit Spinnweben bedeckt, und ein Verwalter führte sie durch die feuchten Räume, in denen der Putz bröckelte, wobei er hastig die Staubdecken von den Möbeln zog. Pauls Vater streckte sich auf einem staubbedeckten Sofa aus, zog seinen Mantel über die Schultern und verkündete, hier würden sie in dieser Nacht biwakieren. Seine schwangere Frau wurde auf ein altes Sofa gebettet, und die Jungen wurden zusammen mit Monsieur Castellot im Zimmer nebenan untergebracht. Der Verwalter breitete Heu auf dem Boden aus, damit sie ein Nachtlager hatten; und Paul erinnerte sich, daß die Jungen die ganze Nacht über kreischten und sich mit Heu bewarfen, während Monsieur Castellot vergebens versuchte, Ordnung zu schaffen, und sich ein ums andere Mal fragte, welcher Teufel ihn geritten haben mochte, als er beschloß, das Collège d'Etampes zu verlassen und mit dieser Bande von Wilden zu ziehen.

Am Tag darauf rollten die Kutschen durch die Tore von Krupoderniza, dem Sitz der Familie inmitten der wogenden Weizen- und Zuckerrübenfelder südwestlich von Kiew. Es war kein großes Gut, ohne gewaltige Säulen oder kurzgeschnittene englische Rasenflächen; statt dessen ein einfaches, weißgetünchtes, dreistöckiges ukrainisches Haus mit drei Flügeln, das Pauls Vater in den 1860ern hatte bauen lassen. Die Dachfirste waren mit Fächerdekorationen geschmückt, holzgeschnitzte Verzierungen mit Kanneluren krönten die Fenster über dem Gitterwerk der Läden, die mit viel Chintz ausgestatteten kleinen Räume waren vollgestopft mit Porträts von Vorfahren der Familie und mit Erinnerungsstücken aus Peking, Chiwa, Buchara und Konstantinopel, mit Seidenwaren und Schwertern, Musketen und Wandbehängen. Der Fahrweg war nur aus roher Erde, und der Park hinter dem Haus, hinunter zum Ross, war ein Urwald, den nur hier und da Kastanienalleen durchschnitten. Überall waren Bauernkinder unterwegs. An der Küche standen sie Schlange mit den Beeren, die der Koch ihnen für seine Marmelade abkaufte, und vor den Räumen der Gräfin reihten sie sich auf, um sich von ihr mit ihren homöopathischen Mitteln Schnittverletzungen und Fieber kurieren zu lassen. Wenige Schritte vom Haus entfernt lag die Kirche, ein oberhalb des Flusses aus Ziegeln errichtetes Gotteshaus nach dem Vorbild der Sophienkirche, die umringt war von einem Gewimmel strohgedeckter, weißgetünchter Bauernhäuser.

Dort verbrachte Paul jeden Sommer und wuchs wie ein Landkind auf. Die Sommer in der Ukraine waren trocken, heiß und erfüllt vom strengen Geruch des Korns und der Jauche auf den umliegenden Feldern. Durch die stillen Nachmittage, an denen sich kein Lüftchen regte, drang das Kreischen der Kinder, wenn sie in das Wasser des Ross eintauchten. Wenn der Kutscher und Monsieur Castellot abends zu ihren Jagdausflügen in das Sumpfland aufbrachen, spielte Paul auf der Suche nach Wild den Vorstehhund für

sie. Sie ließen ihn bis zur Erschöpfung laufen und trugen ihn, wenn er einschlief, in ihren Armen nach Hause.
Als Paul alt genug war, um das Pony vor die Chaise zu spannen, preschte er an den hellen und kühlen Sommermorgen durch die Eichenwälder nach Bossibrod, der kleinen, hölzernen Bahnstation, die eigens für die Familie an der Linie Kiew – Odessa errichtet worden war. Dort holte er die Post seines Vaters ab und fuhr dann wieder nach Hause, den *Figaro*, die *Times* und die *Novoe Wremja* aus Petersburg auf dem rüttelnden Sitz neben sich. Sein Vater ging im Morgenrock auf der Veranda auf und ab, trank in kleinen Schlucken seinen Kaffee und wartete darauf, daß er sich in die Zeitungen vertiefen konnte, um die Zeichen der politischen Wetterlage in Petersburg zu deuten. Seine Verbannung verdroß ihn, und er strebte an die Macht zurück.
1879 wurde er für einige Monate zurückgerufen, allerdings nur, um den zeitlich befristeten Vorsitz über die alljährliche Handelsmesse in Nishni Nowgorod zu übernehmen. Mit seinem gewohnten Tatendrang ordnete er an, daß das alte *bidonville* aus Holz- und Blechbaracken, das jahrhundertelang den Markt beherbergt hatte, abgerissen und durch Stahlgewölbe und gläserne Hallen ersetzt werde, wie er sie in Paris gesehen hatte. Doch dies war nicht die Aufgabe, die er anstrebte, und bald war er wieder zurück auf der Veranda von Krupoderniza, wo er sinnend auf und ab ging und rastlos die Güter in der Umgebung besichtigte, um sie zu kaufen. Er warf sich in seine Spekulationsgeschäfte, wie er sich einst in seine Abenteuer in Asien geworfen hatte. Andere Spekulanten unterbreiteten ihm Angebote, und bald war er mit kaspischem Kaviar und Wolgadampfern groß im Geschäft. Sein Interesse an dieser Art von Handel war launenhaft und unstet, und er übergab ihn einem schmeichlerischen

jungen Verwalter namens Grinewezki. Die Familie hatte bald ihre Zweifel, was Grinewezki anging, denn er logierte im besten Hotel von Kiew und schöpfte offensichtlich den Rahm von den Geschäften Ignatieffs ab. Nicholas Gemahlin versuchte, die finanzielle Impulsivität ihres Mannes einzudämmen, doch er ließ ihre Einmischung niemals zu. Wenn sie ihn schon nicht seinem Land dienen ließen, brummte er, dann konnte er wenigstens seine Umgebung verschönern. Verfallene Landsitze wurden gekauft und renoviert, nach General Ignatieff benannte Dampfer verkehrten auf der Wolga, und für den Augenblick zumindest verfügte er über genügend Geld, um diesen Balsam für seinen verletzten Stolz bezahlen zu können.

Der Ruf zurück nach Petersburg kam schließlich im März 1881, in einer Zeit der nationalen Krise. Nicholas alter Dienstherr, Alexander II., der 1861 die Leibeigenen befreit und 1878 über die Türken triumphiert hatte, wurde in Petersburg auf offener Straße von Terroristen ermordet. Sein Nachfolger, der massige und einfältige Alexander III., suchte Männer, die skrupellos genug waren, das niederzuschlagen, was er für eine Verschwörung gegen die Zukunft der Dynastie selbst hielt. Der neue Zar hatte auf dem Feldzug gegen die Türken in Plewen gedient und erinnerte sich an Gespräche zu später Stunde, in denen er General Ignatieff um Ratschläge für seine zukünftige Herrschaft gebeten und dieser ihm eindeutig und unumwunden geantwortet hatte: »Verringern Sie die Distanz zum Volk.« Alexander III. konsultierte seinen Onkel, Großfürst Nikolai, und erhielt die Auskunft, Ignatieff sei »im Kleinen« oft ein Lügner, im Großen aber könne er durchaus wahrheitsliebend sein. Diese zweifelhafte Empfehlung war dem neuen Monarchen gut genug. 1881 ernannte er Ignatieff zum Innenminister. Die gesamte seit San Stefano angestaute Tatkraft floß nun in die Aufgabe, die schwerste Krise der Autokratie seit dem Dekabristenaufstand von 1825 zu meistern. Er leitete die Festnahme und Deportation der Agitatoren in die Wege und betrieb die Infiltration von Emigrantenzirkeln in Zürich und Paris und in den Studentenclubs und Salons in der Heimat. Er ordnete eine Neuorganisation der Geheimpolizei, der Ochrana, an und ließ sie auf den *Volkswillen* los, die Terrorgruppe, der Alexander II. zum Opfer gefallen war.

Ignatieff setzte seine Unterschrift unter das Gesetz über außerordentliche und vorläufige Maßnahmen, das die Provinzgouverneure ermächtigte, im Falle eines drohenden Streiks, Angriffs oder Aufstands die normale Verfahrensordnung auszusetzen und die Bürgerrechte aufzuheben. Das Dekret verhalf der Regierung darüber hinaus zu der Möglichkeit, Verdächtige vor einfache Militärgerichte zu stellen, Hausarrest und Durchsuchungen anzuordnen und, wenn sie es für geboten hielt, Versammlungen zu verbieten, Einrichtungen zu schließen und das Erscheinen von Zeitungen zu verhindern. Bis zum Jahre 1917 bildete dieser Maßnahmenkatalog das Fundament des autokratischen Regimes, die wichtigste gesetzliche Waffe in seinem aussichtslosen Überlebenskampf. Sein erbarmungsloses Vorgehen führte beim jungen Lenin und bei Stalin dazu, daß sie für Legalität und Prozeßordnung nur noch Geringschätzung übrig hatten.

Den repressiven Maßnahmen setzte Ignatieff zugleich Reformen entgegen. Er vereinbarte mit den Vertretern der *semstwos,* der lokalen Selbstverwaltungen, eine Kürzung der Kopfsteuer und der Ablösezahlungen, die der Bauernschaft seit ihrer Befreiung aufgebürdet waren, und er ließ

eine Landwirtschaftsbank gründen, deren Aufgabe es war, die vermögenden Bauern bei der Wahrung ihres Besitzstandes zu unterstützen.
Als Innenminister fielen nicht nur die großen Linien der Innenpolitik in seine Kompetenz – das Zurückdrängen des Terrorismus und der Aufbau eines Rückhalts in der Bauernschaft –, sondern auch die umständlichsten Details einer überzentralisierten imperialen Bürokratie. Alles ging über seinen Schreibtisch, von den Anträgen auf die Ausstellung eines Passes bis hin zur Standesordnung für Tierärzte. Er war unfähig zu delegieren und verschlang unersättlich ganze Berge von Akten. Gefolgt von einem Schwarm von Helfern, die alles notierten, machte er jeden Vormittag um elf die Runde durch den Versammlungsraum vor seinem Amtszimmer, hörte persönlich die Gesuche um Pensionen, Konzessionen, Mildtätigkeit und Arbeit an und vergab Lohn und Strafe wie ein asiatischer Potentat. Auch Geistesgestörte und Unzufriedene fanden den Weg in seinen Amtssitz; und im November mußte er sich vor der Kugel eines Mörders dukken, die ihn verfehlte und statt dessen seinen Assistenten tötete.
Während dieses hektischen Jahres im Innenministerium sah der junge Paul seinen Vater so gut wie nie. Sie wohnten im Haus der Familie am Zusammenfluß der beiden Kanäle Moika und Fontanka in einem Petersburg, in dem Gerüchte kolportiert und Komplotte geschmiedet wurden und in dem an jeder Ecke ein Militärpolizist stand. In jenem Winter war Paul elf Jahre alt und begann gerade seine Schulzeit im Gymnasium. An einem kalten Novembernachmittag, als er in einem kleinen Pferdeschlitten aus der Schule nach Hause fuhr, bemerkte er, daß die Troizki-Brücke, auf der sich gewöhnlich die Kutschen des niederen Adels und die zu Fuß

nach Hause strömenden Arbeiter drängten, seltsam verlassen dalag. Polizisten winkten ihn auf die menschenleere Brücke, und er fuhr hinauf. Auf halbem Wege überholte ihn eine prachtvolle Kutsche, und er hatte gerade noch Zeit, auf die Füße zu springen und Haltung anzunehmen, als er auch schon das Zarenpaar vorüberfahren sah. Die Zarin lächelte großzügig, als sie den zum Gruß erstarrten Jungen sah, doch der Zar war nicht amüsiert. Auch bei seiner nächsten Zusammenkunft mit dem Innenminister war er noch nicht ganz besänftigt, als man ihm sagte, der Junge auf der Brücke sei der Sohn des Ministers gewesen.

Im Winter 1882 war Pauls Vater auf dem Höhepunkt seiner Macht, Herr über einen gewaltigen Apparat von Gouverneuren, Spionen, Polizeiagenten und Denunzianten, die wichtigste Informationsquelle des Zaren, was die gärende Unruhe in seinem Machtbereich anging. Die akute Krise der Autokratie schien überstanden. Zwar gab es in den südlichen Provinzen immer noch Pogrome der Bauern gegen jüdische Händler, aber da sie keine unmittelbare Gefahr für das Regime selbst bedeuteten und da die Übergriffe der Bauern auf die jüdischen Müller, Händler, Bankiers und Kaufleute in den Städten durchaus die Zustimmung der antisemitischen Regierungskreise fanden, ging die örtliche Polizei nicht besonders energisch dagegen vor.

In der gesamten südlichen Ukraine und in Bessarabien wurden jüdische Geschäfte zerstört und niedergebrannt, und mit Ikonen bewehrte, zuweilen von Priestern angeführte Haufen konnten schlagend und fluchend, brennend und plündernd in den jüdischen Vierteln wüten. Delegationen von jüdischen Gemeindeoberhäuptern sprachen bei Ignatieff im Innenministerium vor. Sie sagten ihm, sie lebten wie zu Zeiten Pharaos in der Knechtschaft. »Wo bleibt dann euer Auszug?

Und wo ist euer Moses?« soll er sie daraufhin gefragt haben. Er wies darauf hin, daß die westlichen Grenzen des Zarenreichs offen seien. Wenn sie in ihr Gelobtes Land ziehen wollten, würde er sie nicht davon abhalten. Das taten sie dann auch. Im folgenden Jahrzehnt strömten sie zu Hunderttausenden durch ganz Europa zu den Schiffen, die sie nach Ellis Island und Palästina brachten.

Als die Juden fragten, warum sie nicht dasselbe Anrecht auf den Schutz der Polizei hätten wie andere russische Staatsbürger, gab Ignatieff zurück, sie seien nicht wie andere russische Staatsbürger. Im Mai 1882 unterzeichnete er neue Bestimmungen, nach denen es den Juden untersagt war, sich auf dem Land außerhalb der für Juden zugelassenen Siedlungsgebiete niederzulassen, Grund und Boden zu erwerben, mit Alkohol zu handeln oder ihre Geschäfte am Sonntag zu öffnen. Als die Oberhäupter der jüdischen Gemeinde ihren Protest bei ihm einlegten und darauf hinwiesen, daß die neuen Vorschriften den von Alexander II. in den 1860ern verfügten allmählichen Abbau der Einschränkungen für Juden wieder umkehrten, bestand Ignatieff darauf, daß er die neuen Maßnahmen nur ergriffen habe, um die Juden vor den Pogromen der Bauern zu »schützen«. Beim Zaren selbst rechtfertigte Ignatieff seine Dekrete mit Schriftstücken, die das altbekannte Hirngespinst einer jüdisch-polnischen Verschwörung entwarfen, in deren Verlauf die Juden ihre Hand auf »die Banken, die Börse, die Gerichtsbarkeit und einen großen Teil der Presse« legten, den Staatsschatz plünderten und einer »blinden Nachahmung« Europas das Wort redeten. Die neuen Ausnahmebestimmungen würden die »anormale Situation zwischen Juden und Einheimischen« beenden »und letztere vor den schädlichen Umtrieben schützen..., die der Grund für die Unruhen waren«.

Dies war die dunkle Seite von Ignatieffs Panslawismus, der inakzeptable Ausdruck jenes orthodoxen Nationalismus, der ihn in Asien zum Reichsgründer und gegen die Türken zum Verteidiger der slawischen Christen hatte werden lassen. Er verhalf den Vorurteilen seiner Zeit und seiner Klasse zu Würde und Ansehen, weil er hoffte, sich auf diese Weise beim Zaren eine unangreifbare Position aufzubauen, die ihn vor den unablässigen Intrigen in Petersburg schützen würde. Im Mai 1882 aber wurde deutlich, daß er sich in den ständigen Machtkämpfen am Hof kaum mehr halten konnte. Konstantin Pobedonoszew, der frühere Rechtslehrer und wichtigste Vertraute des Zaren, einst Ignatieffs Fürsprecher, beobachtete eifersüchtig seinen wachsenden Einfluß auf den Zaren und begann, seinen Sturz in die Wege zu leiten und offen mit dem Präfekten der Petersburger Polizei zu intrigieren. Der Zar selbst, ein grobschlächtiger, ängstlicher und einfältiger Mann, entwickelte immer mehr Ressentiments gegen die eleganten Formulierungen seines Ministers, der sich für den Retter der Autokratie zu halten schien.

Ignatieff spürte, daß seine Zeit zu Ende sein könnte, und setzte deshalb noch einmal alles auf eine Karte. Er entwarf die Statuten für die Einberufung eines *semski sobor,* einer Versammlung, in der Vertreter der Bauernschaft, die Zünfte der Händler und die Grundbesitzer ergebenst die Pläne des Zaren für sein Reich anhören und untertänigst ihren Rat anbieten sollten, um gemeinsam mit dem Zaren die Kluft zwischen Autokratie und Gesellschaft zu überbrücken. Dabei handelte es sich nicht um ein Parlament mit gesetzgeberischen oder beratenden Kompetenzen. Auch Ignatieff teilte den panslawistischen Argwohn gegenüber der europäischen Demokratie mit ihrem unziemlichen Volksgeschrei und der offenen politischen Diskussion. Die Einberufung des *semski sobor* sollte vielmehr eine romantische Geste der politischen Versöhnung darstellen, einen Versuch, die umfassende Notwendigkeit der politischen Erneuerung durch die Rückkehr zur guten alten Zeit zu bewerkstelligen, in der die Moskowiter Zaren mit ihren Bojaren nach der Krönung in einem *semski sobor* zusammenkamen.

Ignatieff bat den Zaren, seine Pläne vor Pobedonoszew und der ihm feindlich gesonnenen Clique von Hofintriganten geheimzuhalten. Doch als er an einem Maimorgen des Jahres 1882 in den Kabinettsaal trat, um seine Vorschläge darzustellen, fand er eine Abschrift des Dokuments offen an jedem Platz liegen, und die triumphierenden Blicke von Pobedonoszew und seiner Clique zeigten ihm, daß das Spiel zu Ende war. Als der Zar ihn aufforderte, das Dokument zur Diskussion zu stellen, stand Ignatieff auf und verließ den Saal. Er sollte nie wieder zurückkehren. Im Alter von genau fünfzig Jahren, am Vorabend einer politischen Aktion, die dazu gedacht war, die Autokratie zu retten, entließ ihn der Zar, um ihn auf seinem Gut kaltzustellen.

Für einen Mann, dessen Blut die Macht wie Sauerstoff benötigte, war die Verbannung ein harter Schlag. Er alterte über Nacht. Ein weiteres Jahrzehnt lang intrigierte und kämpfte er, um in das Zentrum der Macht zurückzugelangen. Er saß mit seinen Schwertern aus Chiwa, seinen chinesischen Seidenwaren und dem Porträt von William Ewart Gladstone in seinem Arbeitszimmer und schrieb die Erinnerungen seiner Abenteuer in Chiwa und lange Verteidigungsreden seiner Leistungen in Konstantinopel nieder. Er gab ausländischen Journalisten Interviews und nutzte die Spalten ihrer Zeitungen schamlos zur Förderung seiner eigenen Rückkehr an die Macht. Die Slawonische Gesellschaft machte ihn zum Vorsitzenden ihrer Vereinigung und bot ihm eine Plattform für seine lautstarken Ansprachen. Später trugen sie ihn immer wieder auf den Schultern zu seiner Kutsche. Doch er ließ sich nicht täuschen. 1890 wußte er, daß er am Ende war. In seiner rastlosen Art ließ er seine überschüssige Energie auch an seinen Kindern aus. Er war ein strenger Zuchtmeister seiner Familie und verbannte Karten, Schnaps, Flüche und Zigaretten aus seinem Haus. Sein Sohn Paul erinnerte sich, wie in seiner Jugend eines Abends zwei Großfürsten auf einen Ball in das Haus der Familie kamen und nach dem Essen überprüfen wollten, wie ernst es seinem Vater damit war, daß man in seinem Haus kein Päckchen Karten finden würde. Die Großfürsten machten sich über den dunklen Flur in die Räume der Dienerschaft auf; sie stöberten in Schränken, öffneten Türen, spähten in verdunkelte Räume. Monsieur Castellot bückte sich wie ein Boxer in Abwehrstellung, als sie in sein Schlafzimmer eindrangen, woraufhin sie sich über den Flur wieder zurückzogen. Schließlich fanden sie einen schmierigen alten Packen Spielkarten in einem Pförtnerhaus über dem Hof und kehrten, die Karten spitz zwischen Daumen und Zeigefinger haltend, triumphierend in den Salon zurück.

Pauls Vater erlegte den Kindern eine spartanische Disziplin auf: Bibelstunden mit ihrer Mutter, magere Kost, kalte Bäder, Reiten, Fechten und kalte Winterspaziergänge in den Straßen von Petersburg, um Beine und Lungen zu kräftigen. Auf einem dieser erzwungenen Winterausflüge war Paul so durchgefroren, daß Monsieur Castellot ihn aufnehmen, in seinen Mantel wickeln und den ganzen Weg nach Hause tragen mußte.

Paul war ein ängstliches, kränkliches Kind, das zu Asthmaanfällen und gelegentlichen tiefen Ohnmachten neigte. Während der Sommer am Bosporus und auf der Krim hatte

er segeln gelernt und wollte in die Kriegsmarine eintreten; doch sein Vater untersagte es ihm mit der barschen Begründung, seine Konstitution sei zu schwach dafür.
In der Freudschen Retrospektive gesehen waren Pauls Symptome in seiner Jugend – die Kurzatmigkeit, die Ohnmachten – wohl der Protest seines Körpers gegen die erstickende Gegenwart seines Vaters; denn sein Vater war eine furchteinflößende Gestalt, und die Geschichten, die er jetzt in der mürrischen Übellaunigkeit seiner mittleren Jahre erzählte – wie er in sechs Wochen quer durch Asien geritten war, wie er Bismarck übervorteilt und mit Disraeli gespeist hatte –, waren genau von der Art, daß sie den Sohn auf ein ersticktes Schweigen reduzierten. Paul wurde einerseits von Brüdern eingeschränkt, deren Karriere bei den Garderegimentern schon begonnen hatte, andererseits von einem Vater, dessen unerschöpfliche Energie seine ruhigere, nachdenklichere Art zu verhöhnen schien. Paul wuchs zu einem furchtsamen, ernsten jungen Mann heran, der auf dem Gut in der Ukraine, weit weg vom Druck seiner Lehrer, von den Bällen der Gesellschaft und von seinem Vater am glücklichsten war.
Pauls Mutter war warmherziger, aber auch sie erschien ihm übermächtig. Ihre Kinder durften niemals vergessen, daß sie Marschall Kutusows Urenkelin war. Charakteristisch ist, daß sie in Pauls stärkster Erinnerung an sie auf dem Rücken eines Pferdes sitzt. Immer wenn sie im Sommer auf Krupoderniza sagte, sie wolle ausreiten, eilte Paul in die Ställe, um den Reitknechten beim Satteln ihres Lieblingspferdes Dshirid zu helfen. Er half ihnen, das Pferd an den Sattel zu gewöhnen, er ritt es im Damensattel und befestigte alte Stoffetzen an seinem Gürtel, um das Tier an das Rascheln ihrer Röcke an den Flanken zu gewöhnen. Nie vergaß er, wie sie, die Peitsche in der Hand, in ihrem Reitkostüm aufsaß, wie

sie ihre Stiefel in die gefalteten Hände des Kutschers setzte und sich anmutig in den Sattel schwang. In seinen frühesten Erinnerungen sitzt sie elegant in ihrem Damensattel, hält die Peitsche in der Hand und lächelt amüsiert zu ihm herab.

Während seines ersten Semesters an der Rechtsfakultät von Petersburg erlitt Paul einen Asthmaanfall, der ihn zu einer Unterbrechung seines Studiums zwang. Dasselbe passierte noch einmal, als er sich für das zweite Jahr einschrieb. Es war, als lasse ihn sein Atem im Stich, wenn er die Höhen erklimmen wollte, die sein Vater ihm gesetzt hatte. Im November 1889 schickte ihn die Familie nach Paris, in die Klinik des führenden europäischen Spezialisten für Nervenkrankheiten, Jean-Martin Charcot. *»La chose génitale, toujours, toujours!«* soll Charcot, so erinnerte sich Sigmund Freud, in der Salpêtrière anläßlich einer Konsultation über die Ursache der weiblichen Hysterie vor sich hingemurmelt haben. Er behandelte auch männliche Hysteriker, und es kann sein, daß ein Teil von Pauls Symptomen hysterischer Natur war. Jedenfalls lebte der damals neunzehnjährige Paul sechs Monate lang in Charcots Erholungsheim in Passy. Sein alter Lehrer, Monsieur Castellot, leistete ihm Gesellschaft. Er erholte sich von einem Schrotschuß in den Rücken, den er sich bei einem seiner Jagdausflüge zugezogen hatte. Abends gingen sie ins Theater, und tagsüber hielten sie sich an die Therapievorschriften mit einfachem Essen, Bettruhe und stillen Spaziergängen zur Beruhigung des Nervensystems. Doch als Paul im Frühjahr 1890 die Rückreise antreten wollte, untersuchte ihn Charcot und gestand ihm, er habe nur einen Teilerfolg erzielen können. »Spasmodische Symptome«, so warnte er, würden wieder auftreten. »Bleiben Sie fern von Petersburg und allen Aufregungen des Lebens in der Stadt«, ordnete er an. »Vergraben Sie sich auf dem Land.«

Genau das tat Paul. Er pachtete eines der heruntergekommenen Güter seines Vaters in der Nähe von Krupoderniza, und nachdem er einige elende Klepper und gebrauchte Maschinen gekauft hatte, stellte er Bauern aus der Umgebung ein, um die Saat für seine erste Ernte auszusäen. Die Tiere wälzten sich am Ende der Furchen auf der Erde und schliefen fast ein, sie mußten mit der Peitsche wieder auf die Beine gebracht werden. Die erste Ernte in jenem Frühjahr war mager, doch er harrte aus, und am Ende des folgenden Jahres konnte er sich mit Fug und Recht als Gutsbesitzer bezeichnen. So lebte er mehrere Jahre. Er überwinterte in Petersburg, um seine Rechtsstudien abzuschließen, und verbrachte Frühjahr und Sommer auf dem Gut, wo er oft Seite an Seite mit seinen Lohnarbeitern auf dem Feld tätig war.

Während der Wintermonate im Erholungsheim von Passy hatte er Tolstoi für sich entdeckt. Tolstois Drang zurück zum Volk vermischte sich mit der panslawistischen Nostalgie der Bauernschaft gegenüber, die Paul von seinem Vater geerbt hatte, und das Ergebnis waren neue politische Überzeugungen, die er sein ganzes Leben lang beibehalten sollte. Die russische Gesellschaft litt an der Kluft zwischen Adel und Bauernschaft, und der russische Adel selbst litt an seiner verhängnisvollen Abkehr von der Scholle. Pauls Vater billigte diese Gesinnung zunächst, war dann aber doch beunruhigt, als er sah, wie weitgehend Paul sie übernehmen wollte. Als er Seite an Seite mit seinen Lohnarbeitern einen Pflug durch die Furchen zog, schien ihm die Überzeugung doch zu weit getrieben.

Auch Pauls engster Freund aus der Juristischen Fakultät in Petersburg, Vladimir Nabokov, hielt die Liebe seines Freundes zur Landwirtschaft für verblüffend. Ein Mann mußte sich für Tennis, Literatur und Politik und nicht für Dünger

Pauls Großmutter Gräfin Maria Ignatieff, 1870

Pauls Großvater, Graf Paul Ignatieff, 1870

Nataschas Vater und Mutter,
Prinz und Prinzessin Mestscherski, 1890

Graf Nicholas Ignatieff, Pauls Vater, 1870

und Samen interessieren. Wenn Nabokov im Sommer nach Krupoderniza kam, saß er mit seinem breitrandigen Hut und in einem cremefarbenen Leinenanzug unter einem Sonnenschirm im Kabriolett und las, während sein ernster Freund in schweren Cordsamthosen in den staubigen Rübenfeldern stand und mit seinen bäuerlichen Vorarbeitern über verschiedene Anbautechniken diskutierte.
In dem Eisenbahnabteil, das sie zu ihrem Studium nach Petersburg zurückbrachte, stritten die beiden Freunde über Literatur und Politik. Paul erinnerte sich insbesondere an ein die ganze Nacht andauerndes Gespräch über Tolstois Kurzgeschichte »Die Kreutzersonate«, eine Polemik gegen die sexuelle Versklavung in der Ehe. Paul erinnerte sich, daß er darauf bestanden hatte, sein Leben nach Tolstois Lehren auszurichten, und als er nach Petersburg zurückkam, machte er diesen Vorsatz wahr. Er gab ein wenig sentenziös bekannt, er werde Junggeselle bleiben, und als ihn eine kokette Cousine bat, sich in ihr Kollektaneenbuch einzutragen, wählte er ein zorniges Epigramm Tolstois, dessen finstere Grundhaltung ihn sein Leben lang begleiten sollte:
Das Leben ist kein Spiel, das Leben ist kein Scherz!
Entsagung! Entsagung!
Nur wer die Ketten des Dienens auf sich nimmt, kann sein Schicksal auf Erden erfüllen.
Dies also war der ernsthafte, asketische junge Mann, der sich im Sommer 1894 im Gatschina-Hauptquartier des Preobrashenski-Regiments zum Militärdienst meldete. Er liebte den Dienst in der Armee, die gemeinsamen Lieder mit seinen Rekruten, den harten körperlichen Drill, das rhythmische Stampfen der Stiefel auf dem Exerzierplatz, den Schweiß, der zwischen seinen Schulterblättern hinablief, und, am Ende eines langen Tages, die Tasse Kaffee in dem Zelt, das er

mit ukrainischen Teppichen behängt hatte. Am Ende eines solchen Tages summte der Kaffeekessel über dem Feuer, als die Zeltbahnen am Eingang auseinandergeschlagen wurden und der junge Leutnant sich seinem Kommandeur und dem Thronerben, dem zukünftigen Nikolaus II., gegenübersah. Sie fragten, ob sie eine Tasse Kaffee bekommen könnten. Während Paul sich um den Kaffee kümmerte, forderte der Kommandeur ihn auf, dem Thronerben zu erklären, warum die Autokratie in Rußland so unbeliebt sei. Paul reichte seinen Gästen den Kaffee und antwortete ruhig: »Wenn Sie die persönliche Autokratie des Herrschers meinen, täuschen Sie sich wahrscheinlich. Die Mehrheit der Russen begreift, daß das Oberhaupt eines so großen Landes mit seinen vielen Bevölkerungsgruppen über die notwendige Macht verfügen muß. Was sie empört, ist die Autokratie des Schreibers, des Polizisten, des Gouverneurs und selbst des Ministers.« Der Kommandeur lachte, und der Thronerbe warf ihm aus den harten blauen Augen einen seiner kurzen und unbeteiligten Blicke zu. Doch wie sich zeigen sollte, vergaßen weder Paul noch der Thronerbe diese Szene.

Pauls Militärdienst war bald vorbei, und er kehrte nach Krupoderniza zum Leben eines ledigen Gutsbesitzers und pflichtgetreuen Sohnes zurück. Seine Brüder hatten geheiratet und ihre Karriere in der Armee und der Kriegsmarine begonnen. Seine Schwester Katia wurde zur Krankenschwester ausgebildet, und Paul und seine Schwester Mika blieben auf Krupoderniza, um ihre Eltern an ihrem heraufziehenden Lebensabend zu unterstützen und die wirren Anschuldigungen ihres Vaters anzuhören. Zu dieser Zeit liefen die Geschäfte des alten Mannes miserabel. Grinewezki betrog ihn unverhohlen, und Paul mußte einige Güter verpfänden, um die Gläubiger in Schach zu halten. Das Alter und zwanzig

Jahre Verbannung aus dem Zentrum der Macht hatten den Kampfgeist seines Vaters gebrochen.

Auf einer Fotografie, die um die Jahrhundertwende aufgenommen wurde, stehen Pauls Eltern in einer der Kastanienalleen des Parks von Krupoderniza. Die heitere Schönheit, mit der die Damen von Hatfield House dreißig Jahre zuvor wetteiferten, ist stämmig geworden, ihr Haar ist ergraut und von einem weißen Schal bedeckt. Ihr Mann lehnt schwer auf ihrem Arm. Er trägt eine einfache weiße Feldmütze, einen schmucklosen Armeemantel und Filzpantoffeln. Sein Blick richtet sich verschnupft und mürrisch auf den trostlosen und müßigen Kampf gegen das Alter. Er, der einst so abenteuerlustig und wagemutig war, der in jeder schmutzigen Herberge zwischen Irkutsk und Petersburg die erschöpften Pferde austauschte, steht nun zuletzt vor der Unerbittlichkeit des Alters.

In dieser Zeit begannen seine Niere und seine Blase zu versagen. Im Winter 1903 fuhr er nach Paris, um sich operieren zu lassen. Er ordnete an, daß Paul ihm an der Riviera während seiner Rekonvaleszenz Gesellschaft leisten und die gichtigen Füße massieren sollte. Als Paul in jenem Januar 1903 in den Europa-Express nach Wien und Cannes stieg, rief einer der alten Tartarenkellner im Bahnhofsrestaurant, der schon während Pauls Kindheit im Dienst der Familie gestanden hatte, ihm zu, er solle doch endlich heiraten. »Nur Narren heiraten!« rief Paul zurück, als der Zug anfuhr.

jahre Verbannung [illegible] dem [illegible] Nacht [illegible] den
Königreich [illegible] geworden.

[illegible] einer [illegible] Grund [illegible] Jahren [illegible] auch
genommen wurde, [illegible]
als [illegible] des [illegible] von [illegible] Schädel
[illegible] Jahre zwei
[illegible] geworden [illegible] und
[illegible]
[illegible]
[illegible]
[illegible] auf den [illegible] und
[illegible] Kön[illegible] der [illegible]
[illegible]
[illegible]
[illegible]
[illegible]

In [illegible]
[illegible]
[illegible]
seiner [illegible] und [illegible]
[illegible]
[illegible] Welt [illegible]
[illegible]
[illegible]
[illegible]
[illegible] auf.

IV
PAUL UND NATASCHA

Im Januar 1903 bereiteten Natascha und ihre Mutter die Zugreise von Moskau an die Riviera vor. Nach einer chaotischen Prozession, in der Familienmitglieder und Bedienstete zum verschneiten Bahnhof zogen, nach den Umarmungen und Segnungen auf der Plattform und nachdem Natascha ihre Mutter im Abteil untergebracht hatte, lehnte sie sich beruhigt zurück, umschlossen von der hermetischen Welt des Schlafwagens mit seinen braunen Plüschsitzen, den Waschbecken und Diwanen. Während der ereignislosen Stunden bis zum Hereinbrechen der Nacht sah sie hinaus auf die schneebedeckten russischen Ebenen, die am Fenster vorbeiflogen. Bei Tagesanbruch, an der deutschen Grenze, lag sie in ihrem Bett und spürte, wie der Zug von der breiten russischen Spurweite auf die schmalere europäische umgestellt wurde. Ihr war, als sei sie in einem Jahrhundert schlafen gegangen und in einem anderen aufgewacht, als das mütterliche Wiegen in den russischen Schienen von der schärferen Drehbewegung der Räder in den europäischen Schienen abgelöst wurde. In Paris stiegen sie um, und sie schlief im dunkel getäfelten Abteil des Schlafwagens ein, während der Zug in der Gare de Lyon auf den Pfiff zur Abfahrt wartete. Beim ersten Morgenlicht hob sie das Rouleau am Fußende des Bettes mit dem Zeh ein wenig an, und als der Zug an den Klippen entlang und durch die Tunnel fuhr, sah sie die Wellen des Mittelmeeres so nah, als schlügen sie an ihr Fenster.

Ihre Riviera roch nach dem grauen Staub, der hinter den Kutschen aufgewirbelt wurde, nach den Blütenblättern, die bei der *bataille des fleurs* am Faschingsdienstag auf sie herunterregneten, und nach dem Weihrauch in der Kathedrale der orthodoxen Gemeinde von Nizza. Nizza und Cannes waren in jenen Tagen ruhige und friedvolle Orte, die langen Nachmittage vor der Teestunde wurden nur vom Getrappel der Pferdehufe und vom quietschenden Geräusch der Fiaker unterbrochen, in denen die Familien von einem großen Hotel zum anderen gebracht wurden. Für Natascha und ihre Mutter begann die Saison an der Riviera im Januar und endete im April. Sie kamen wegen der Seeluft und der schwachen Wintersonne auf den Promenaden, wegen der Unterhaltung und Gesellschaft in den russischen Restaurants, Kirchen und Buchhandlungen, und vor allem, weil sie der Dunkelheit und Kälte in Moskau und Petersburg entfliehen wollten. In jenem Winter des Jahres 1903 kamen sie, weil Nataschas Mutter, Prinzessin Mestscherski, wußte, daß diese Reise ihre letzte sein würde. Der Aufschub, den ihr die Krebsoperationen gewährt hatten, neigte sich dem Ende zu. Nataschas Mutter hatte die aufrechte nationale Gesinnung von General Nicholas Ignatieff immer bewundert. Einmal hatte sie ihm nach einer Rede vor der Slawonischen Gesellschaft in Moskau einen Blumenstrauß verehrt. Als nun General Ignatieff und seine Gemahlin, die im Grand Hôtel de Californie in Cannes den Winter verbrachten, einen Dienstboten mit einer Einladung in die Villa der Mestscherskis in Nizza schickten, sagte Nataschas Mutter, sie fühle sich zu schwach, um der Einladung zu folgen, aber Natascha nehme sie mit dem größten Vergnügen an. So groß war Nataschas Vergnügen gar nicht, doch ihre Mutter ließ nicht mit sich reden. Allein konnte sie jedoch nicht gehen, und so begleitete ihr Bruder Peter sie auf der einstündigen Kutschfahrt über die Küstenstraße von Nizza nach Cannes.

Natascha tauschte im Palmenhof des Hôtel de Californie mit General Ignatieff und seiner Gattin verkrampfte Heiterkeiten aus, als ein großer, schlanker Mann Anfang Dreißig, mit einem Schnurrbart und der Bräune des Seemanns auf der hohen, lichter werdenden Stirn über die Haupttreppe herab auf sie zukam. Bei jenem Zusammentreffen waren Paul und Natascha schüchtern und förmlich. Sie saßen weit auseinander, während Nataschas Bruder Peter die rituellen Scherze mit den Ignatieffs austauschte. Als sie aufstanden, um sich zu verabschieden, verbeugte sich Paul, küßte Natascha die Hand und sagte, er hoffe, er habe wieder einmal das Vergnügen. Sie errötete und senkte den Kopf. Auf dem ganzen Heimweg neckte Peter seine alte Jungfer von einer Schwester wegen dieses Errötens, und sie zürnte mit sich selbst, weil sie sich verraten hatte.

Am Tag darauf erschien Paul vor der Villa der Mestscherskis und gab seine Karte ab. Sie empfing ihn in einem kleinen Wohnzimmer und reichte ihm schüchtern den Tee. Am nächsten Tag kam er wieder und am übernächsten auch. Was Pauls Werbung um Natascha betraf, waren beide ein altmodisches Paar. Er war ernst und feierlich, und sie zurückhaltend. Andere Russen vertrieben sich die Zeit an den Spieltischen von Monte Carlo oder verkleideten sich und schlossen sich dem Karnevalstreiben an. Paul und Natascha hielten sich von den Bällen und Spieltischen fern. Abends gingen sie zusammen über den Balkon des Casinos, das die Bucht überragte. Sie gingen dicht nebeneinander, berührten sich aber noch nicht. Schweigend sahen sie hinaus auf die Lichter der vor Anker liegenden Yachten und lauschten dem Surren des sich drehenden Roulettes.

Nach ihrem ersten Kennenlernen hieß es bei den Mestscherskis hinter vorgehaltener Hand, die Ignatieffs seien ruiniert. Natascha brachte in verwirrten Anspielungen das Gespräch auf die Finanzen der Familie, und wie ein anständiger Bewerber aus der Zeit Edwards VII. legte Paul seine Verhältnisse vor ihr dar. Er sagte ihr vermutlich nicht die ganze Wahrheit und dachte wohl auch nicht daran, sich zu fragen, ob diese auf einem riesigen Gut aufgewachsene Prinzessin sich auf einem Bauernhof weit hinten in der Ukraine zurechtfinden würde.

Paul und Natascha waren sich bald darüber im klaren, daß die beiden Kriegsschiffe aus dem neunzehnten Jahrhundert – die Familien Ignatieff und Mestscherski – in aller Heimlichkeit längsseits manövriert wurden. Natascha spürte die neue Strömung in den Gesprächen mit ihrer Mutter, die Andeutungen, die Blicke, die Seufzer einer Sterbenden, die ihre Jüngste rechtzeitig unter die Haube bringen wollte. Pauls Vater seinerseits war so beunruhigt, daß Pauls tolstoisches Zölibatsgelübde den Sieg davontragen könnte, daß er Pauls altem Lehrer Monsieur Castellot telegrafierte, er möge von Paris herunterkommen und seinem Sohn Vernunft beibringen. Monsieur Castellot brauchte nicht viel Überzeugungsarbeit zu leisten.

Am 19. Februar, zwei Wochen nach ihrem Kennenlernen, gingen Paul und Natascha zusammen im Chaplitz-Park oberhalb von Nizza spazieren. Ihr Bruder Peter und sein Bruder Vladimir – beurlaubt von der russischen Flotte, die in Nizza angelegt hatte – bildeten die Nachhut. Paul ließ Natascha auf einer Bank unter einem Zitronenbaum Platz nehmen und setzte, wie sie meinte, zu einem Heiratsantrag an. Zuerst verhedderte er sich in einer langen und an den Haaren herbeigezogenen Geschichte über Automobile, und dann gelang es ihm, bei Natascha den Eindruck zu hinterlassen, daß sie wohl niemals seine Lebensgefährtin werden würde. Ihre Begleiter sahen nur, daß Natascha sich steif von der Bank erhoben und Paul sich bestürzt gesetzt hatte. Pauls Bruder Vladimir, der ahnte, welchen Lauf die Dinge genommen hatten, ging strahlend auf die beiden zu, um Natascha nach Hause zu begleiten und ihre stumme Qual mit willkommenem Geplauder über seinen Pekinesen zu überdekken. Als sie sich an ihrem Lebensabend an diese Szene erinnerte, fügte sie traurig hinzu: »Vielleicht wäre es für Pauls zukünftiges Glück besser gewesen, wenn alles zwischen uns zerbrochen wäre.« Am Eingang ihrer Villa flüsterte sie Vladimir zu, sie würde mit Vergnügen am nächsten Tag wieder einen Spaziergang machen.

Am anderen Morgen um neun erschienen Vladimir und Paul an der Tür, Regenmäntel über dem Arm. Es hatte geregnet, aber die Luft war klar und prickelnd. Sie war bereit, ihr Bruder Peter ebenfalls, und so nahmen sie die alte Straße nach Cimiez. Diesmal mußten sie nicht weit gehen. Er stellte ohne Umschweife seine Frage, und sie antwortete ohne Umschweife. Ihr Bruder Peter, der die Nachhut bildete, seufzte erleichtert, als er endlich sah, wie sie sich bei der Hand nahmen und schüchtern lächelten. »Wenigstens mein letztes Paar Stiefel wurde noch rechtzeitig verschont.« Als Verlobungsgeschenk überreichte er ihnen eine silberne Miniaturausgabe der Schuhe, die er als ihr Begleiter abgetragen hatte. Während der folgenden drei Wochen bis zu ihrer Hochzeit erschien Paul jeden Morgen um neun mit Lilien vom alten Blumenmarkt am Hafen in der Villa der Mestscherskis. Sie saßen zusammen im vorderen Zimmer und lernten, sich dem anderen gegenüber entspannter zu verhalten. Jetzt konnten sie über den Klatsch lachen, den jede der beiden Familien über die andere gehört hatte. Er brachte ihr eine kleine Brosche in der Form einer Kornblume, weil, wie er sagte, die Kornblumen auf seinen Weizenfeldern zu Hause seine Lieblingsblumen waren. Natascha bestellte ihre Leinenaussteuer in Dresden, wo das Familienwappen auf Bettücher und Kissenbezüge gestickt wurde, und ihre persönliche Wäsche orderte sie bei Rouff in Nizza. In einem Geschäft der Rue St. Honoré in Paris bestellte sie einen Aussteuerkoffer.

Diese Wochen unmittelbar vor ihrer Hochzeit sollten für die nächsten zwanzig Jahre die einzige längere Zeitspanne sein, in der sie beide allein waren. »Mein Mann hat sich nie selbst gehört«, sagte sie mit einem Anflug von Ironie, »er diente immer dem Staat und seinen Landsleuten.« Die Pflicht, immer nur die Pflicht. Er gehörte sich nicht selbst, und er gehörte auch nicht ihr.

Das Spiel um die Ehe spielten sie mit verbundenen Augen. Die Zeit der Brautwerbung und der Verlobung dauerte kaum einen Monat. Was konnte sie hinter seinem ernsten Lächeln entdeckt haben? Er war so zurückhaltend wie sein Vater überschwenglich war. Was sie bei sich selbst verdrängt hatten, zog sie beim anderen an. Ihm gefiel der sarkastische Witz, der sich hinter ihrem schüchternen Äußeren verbarg, ihr seine praktische Art und sein Charme, der eine Andeutung zukünftiger Zärtlichkeiten zu bergen schien.

Am 16. April 1903 wurden sie in einer kleinen orthodoxen Kirche in der Rue Longchamps in Nizza getraut. Natascha trug ein Kleid aus Crêpe de Chine mit einer langen Schleppe. Sie hatte einen kleinen Kranz aus Orangenblüten und einzelne Orangenblüten im Haar. Ihr Gesicht war von einem Schleier gerahmt, den Paul zurückschlug, als er sie am Altar küßte. Sie fühlte sich ruhig und körperlos und taub wie ein Stück Holz. Ihre Gefühle, so sagte sie, schienen sie in den entscheidenden Augenblicken ihres Lebens immer zu verlassen. Von dem ganzen Tag, der ein einziger Höhepunkt war, blieb ihr nur im Gedächtnis, daß sie sehr hungrig war und auf dem Empfang, der sich anschloß, die Pâté-Sandwiches hinunterschlang. Später an jenem Nachmittag fuhr sie ein über und über mit Kornblumen geschmückter Landauer über die Küstenstraße zum Hôtel Cap d'Antibes, wo sie ihre Flitterwochen verbrachten.

Nach einer Woche gemeinsamer Spaziergänge am Meer kehrten sie in die Ukraine zurück. Als Paul mit seiner Frau am Bahnhofsrestaurant vorbeiging, rief der alte Tartarenkellner, der Paul zwei Monate zuvor an die Riviera verabschiedet hatte, aus dem Fenster: »Denk daran, nur Narren heiraten!« Als Natascha über die Plattform auf die Ignatieffs zuging und ihr die Glückwünsche schon entgegenschallten, fühlte sie, wie sich ihr Gesicht in eine Maske verwandelte und ihre scheue Seele sich verbarg. Vor diesem Eintauchen in eine riesige und fremde Familie, Tausende von Kilometern von Dugino, hatte sie sich gefürchtet. Pauls Brüder und Schwestern, seine Mutter und sein Vater waren gekommen, und unter ihren Küssen, Umarmungen und verstohlen abschätzenden Blicken, so sagte sie später, büßte sie für all ihre Sünden.

An jeder strohgedeckten, weißen Bauernkate auf dem Weg zum Gut hob Paul die junge Frau aus der Kutsche und stellte sie dem Landarbeiterpaar am Eingang vor. Von allen erhielten sie den traditionellen runden Brotlaib mit dem Salzfäßchen in einer tiefen Einkerbung, dargeboten auf einem bestickten Tuch, woraufhin sie die auf einem Tisch vor der Tür ausgelegten Ikonen des Hauses küßten. Als Pate der Dorfkinder, Leiter des Dorfchors und größter Dienstherr des Distrikts kannte Paul jeden Mann und jede Frau beim Namen

und Vatersnamen. In der Abenddämmerung, als Natascha mit ihrer neuen Familie auf der Veranda saß, brachte ihnen der Dorfchor ein Ständchen mit ukrainischen Liedern. Noch während sie zu Bett gingen, klangen ihnen die Hochrufe des Chors auf das Glück ihres Chorleiters in den Ohren.
Als Natascha am andern Morgen in dem kleinen, hellen Schlafzimmer erwachte, war sie allein. Paul war schon unten in der Vorhalle und empfing die ersten Abordnungen der Bauern, hörte Beschwerden an, nahm Bittschriften entgegen und sprach mit den Verwaltern über den Lagerbestand und die Frühjahrspflanzung. Er war monatelang unterwegs gewesen. Nun mußte er alles wieder in die Hand nehmen. Als sie zum Frühstück hinunterging, ergriff sie die Angst, daß sie ihn verloren haben könnte, daß die so kurz zurückliegende Woche im Hôtel Cap d'Antibes schon außer Reichweite lag.
Alles in der Ukraine war ihr fremd, das Geplapper der Landarbeiter und der Dienerschaft in ihren ukrainischen Dialekten, der schwere polnische Akzent ihrer Gutsnachbarn, die Gespräche bei Tisch über Sämaschinen und Traktoren und Viehzucht, selbst die merkwürdigen Holzschnitzereien auf dem Dach des großen Hauses. An den Sonntagen ging die Familie in der Familienkapelle einer nach dem andern am Priester vorbei, um das Kreuz zu küssen, zuerst General Ignatieff und seine Gemahlin, dann ihre Söhne und Töchter und nach ihnen die Landarbeiter. Und wenn sie aus der Kirche hinaustraten, küßten die Dorfbewohner an der Kirchentür die Hände der Ignatieffs. In Dugino küßten die Bauern keine Hände. Sie hatte das Gefühl, ins Mittelalter zurückversetzt zu sein.
Vielleicht hielt die Familie sie für aufgeblasen, für hochmütig, diese Prinzessin von dem großen Gut in der Nähe von

Smolensk. Krupoderniza war natürlich kleiner als Dugino, ein solides, dreistöckiges Landhaus, komfortabel, aber nicht luxuriös oder altberühmt. Sie gab zu, daß es »gemütlich« war, aber sie fühlte sich dort nie zu Hause. An einem Ende des Eßtisches saß ihre Schwiegermutter, ihr graues Haar immer mit einem weißen Schal bedeckt, am anderen Ende saß zusammengefallen und vor sich hinbrütend ihr Schwiegervater, der alte General. Sie hatte Mitleid mit ihm. Das Geflüster und der Spott hinter seinem Rücken, wenn wieder einmal eines seiner finanziellen Abenteuer gescheitert war, ließen Pauls Vater mürrisch und verbittert werden. Und doch brannte noch ein Feuer in ihm. Nach dem Abendessen, wenn die ganze Familie um ihn herum auf der Veranda saß, konnte er immer noch seine große Zeit in Zentralasien, in Peking und im Krieg gegen die Türken heraufbeschwören. Auch als Schatten seiner selbst war er für Natascha – mit Ausnahme ihrer eigenen Mutter – die stärkste Persönlichkeit, die sie je in ihrem Leben kennenlernen sollte.

In der Abenddämmerung fuhr Paul mit seiner jungen Frau im Brougham der Familie über die staubigen Straßen, vorbei an den Eichenwäldern von Bossibrod, in die kleinen Städte der Umgebung, nach Uman und Lipowez. An den warmen Nachmittagen des Frühsommers ruderte er sie an den Flußufern entlang und zeigte ihr, wo er früher mit Monsieur Castellot auf die Jagd gegangen war. Er zeigte ihr die Ställe, in denen er einst die neuerworbenen Araber seines Vaters gezähmt hatte, und er bemühte sich umsonst, sie für das Reiten zu interessieren. Er war überall umgeben von seiner Kindheit, während die ihre weit zurück auf den gepflegten Rasenflächen und in den Treibhäusern von Dugino geblieben war. So sehr sie es auch gewollt hätte, es gelang ihr nicht, seine Liebe zur Ukraine zu teilen. Sie vermißte Dugino, sie sehnte sich nach ihrer Mutter. In jener ersten Zeit auf Krupoderniza waren ihre Augen oft vom Weinen gerötet. Einmal, als sie allein im Arbeitszimmer saß und mit einem Taschentuch die Tränen von ihren Wangen tupfte, hörte sie ein Klopfen an der Tür, und bevor sie sich fassen konnte, stand ihr Pauls Mutter gegenüber. Gräfin Ignatieff musterte sie kühl. In Nataschas Blick lag ein stummes Flehen.

Die Türen zu Nataschas Vergangenheit begannen sich gerade zu der Zeit zu schließen, als das neue Leben vor ihr immer schwieriger zu werden drohte. Im September 1903 eilte Natascha nach Dugino zurück, um ihrer Mutter in den letzten Stunden beizustehen. Sie erwartete bereits ihr erstes Kind und hatte es ihrer Mutter als Geschenk in die Arme legen wollen. Doch das Geschenk kam zu spät. Ihre Mutter konnte zwar noch die Ausstattung für ihren Enkel bestellen, doch die Krebserkrankung verschlimmerte sich rapide, und sie starb noch im selben Monat, Natascha und ihre Schwestern an ihrer Seite. Als Natascha am Tag nach der Beerdigung durch die großen, weißgestrichenen Tore von Dugino hinausfuhr, nahm sie ein Fotoalbum mit Bildern vom Park, von den Treibhäusern und von den hellen und leeren, in einem unvergänglichen Licht strahlenden Räumen mit. Sie kehrte nie zurück.

In jenem unglücklichen Herbst des Jahres 1903, in dem Natascha, zurück in der Ukraine, um ihre Mutter trauerte und allmorgendlich unter Übelkeit litt, half sie ihren Schwägerinnen in der Erntezeit bei der Leitung einer Tagesschule für die Bauernkinder. Sie haßte es, in ihren neuen, steifen Kleidern durch die stachligen Stoppeln des Flußufers hinter den kleinen Wichten herzulaufen. Sie sehnte sich nach jemand, dem sie sich anvertrauen konnte, aber Paul ritt ständig nach Uman oder Lipowez, um die Einstellung neuer Arbeiter zu überwachen, um den Zehnten und andere Abgaben einzutreiben oder um in einem Grenzstreit zwischen den Bauern Recht zu sprechen. Gräfin Ignatieff, die die Erfahrung von sechs Geburten hinter sich hatte, hätte Nataschas Ängste in dieser ersten Schwangerschaft verringern können, doch sie behielt in ihrer kühlen Art ihre Ratschläge für sich.

Um Gesellschaft zu haben, wandte sich Natascha Mika, Pauls Schwester, zu; die jedoch lebte hinter einer Wand von Pflichten. Jeden Morgen hastete sie mit ihrem Pony und der kleinen Chaise davon, bepackt mit Arzneien und Verbandmaterial, um die Kinder im Dorf zu versorgen und die Hospitäler und Schulen zu inspizieren, die von der Familie um den Besitz herum errichtet worden waren. Mika vergötterte ihren Bruder Paul, und Natascha spürte, daß sie geprüft und für unzureichend befunden worden war.

Doch je länger ihre Schwangerschaft dauerte, desto mehr taute Mika auf. Sie brachte Natascha eine Pflanze von einem barfüßigen Pilger an der Kirchentür, der sagte, sie sei in Jerusalem gepflückt worden. Sie würde blühen, hatte der Pilger ihr gesagt, und ihre Blüte würde Natascha zu einer schmerzlosen Geburt verhelfen. Den ganzen Herbst des Jahres 1903 über wartete sie. Die Blüte ging nicht auf.

Pauls ältere Schwester, Katia, war noch herrischer und strenger als Mika. Sie war eine ausgebildete Krankenschwester, die während des Boxeraufstands 1898 in der Mandschurei die Typhusopfer unter den fremden Truppenangehörigen gepflegt hatte. In den Fotoalben jener frühen Jahre auf Krupoderniza blickt Katia – oder Komtesse Kitty, wie die Dienerschaft sie nannte – eindringlich in die Kamera, die Schlüssel des Hauses hängen an einer Kette über ihrem strengen schwarzen Kleid, ihr Gesicht zeigt einen Ausdruck angespannter Entschlossenheit, und ihre Augen sind gerahmt von traurigen Ringen.

Auf einem Bild, das etwa zehn Jahre zuvor, Anfang der 1890er Jahre, auf einem Kostümball im Haus des Großfürsten Michail in Petersburg aufgenommen worden war, sieht sie ganz anders aus. Damals war sie neunzehn, eine sanfte Schönheit mit einem ovalen Gesicht, mit aus dem Gesicht gekämmtem, feinem Haar und mit runden, verletzlichen Augen. Auf der Fotografie ruht sie in einem Ballkleid aus Brokat zu Füßen des Großfürsten, der an einem von anderen Gästen in Renaissancekostümen umlagerten Klapptisch lehnt. Der Großfürst war in sie und sie in ihn verliebt gewesen, und auf der Fotografie scheint sie sehnsüchtig in eine Zukunft zu blicken, an die zu glauben sie sich nicht erlaubte. Sie sollte auch nicht Wirklichkeit werden. Der Großfürst war ein Mitglied der kaiserlichen Familie, und der Zar untersagte ihm offenbar eine solche Verbindung. Michail ging ins Ausland, und Katia zog um die Welt, um Vergessen zu suchen. Als sie zurückkehrte, hatte sie ihr sanftes, verwundbares Wesen abgelegt und war statt dessen zu der praktischen und vernünftigen Komtesse Kitty geworden. Doch in den Augen, die einen aus den späteren Fotografien anblicken, blieb eine winzige Spur der unerfüllbaren Wünsche einer Neunzehnjährigen. Sie unterwarf sich einer Reihe von Pflichten auf dem Gut der Familie, und im Januar 1904, als die japanischen Streitkräfte den russischen Flottenstützpunkt in Port Arthur angriffen und den Russisch-Japanischen Krieg begannen, eilte sie im Zug nach Wladiwostok, um sich als Krankenschwester zu melden.

Einen Monat nach Port Arthur – das Land bäumte sich auf und barst in dem Taumel, der die Revolution des Jahres 1905 ankündigte – gebar Natascha ihren ersten Sohn. Sie wußte nichts über die Geburt und wollte auch sowenig wie möglich darüber wissen. Wie die Vorboten des Todes kamen in einer Kutsche aus Kiew Zangen, Binden und Skalpelle nach Krupoderniza, tags darauf folgte eine mit Schmuck behängte Hebamme der besseren Kreise, die verlangte, Natascha solle sich beeilen, denn sie sei nicht gewillt, auch nur eine Sekunde länger als nötig in der gottvergessenen Ukraine zu verbringen. Natascha lag eine endlose Nacht lang in den Wehen, und Paul las ihr Bibelverse vor, um sie zu trösten, während ein übelriechender ortsansässiger Arzt dabeistand und zusah und die altersschwache Salonhebamme Natascha in den Armen hielt und bei ihren Schreien vor Entsetzen erzitterte.

Nicholas, der kleine Junge, war wohlbehalten, doch Natascha selbst überstand die Geburt nicht unbeschadet, und ihre Schönheit war, wie sie es ausdrückte, »ziemlich ramponiert«. Den ganzen Frühling und Sommer über saß die Genesende auf der Veranda und sah den Frauen der Landarbeiter zu, die bei Einbruch der Dunkelheit aus ihren Katen auf das Gut kamen, um den Garten zu gießen. Sie bückten sich tief über den Teich im Park, um mit ihren Eimern Wasser zu schöpfen, das sie zu den langen Reihen von Erbsen, Nachthyazinthen und Madonnenlilien trugen. Natascha saß in ihren weißen Krinolinen im Schatten der Veranda neben dem Kinderbettchen und fragte sich, ob die Geburt für die Bauernfrauen dasselbe war wie für sie selbst. Die Frauen, die sich über den Teich in ihrem Garten beugten, schienen so stark zu sein. Sie war schockiert, als ihr ein ortsansässiger Arzt sagte, die meisten dieser Frauen seien mit vierzig ausgezehrt von ihren Schwangerschaften und Überarbeitung.

Natascha empfand zunächst kein mütterliches Gefühl, nur eine Art Mitleid, wenn sie sah, wie ihr kleiner Sohn so rührend hilflos in seinem Bettchen lag und wie eine junger Hund schniefte und atmete. Sie hatte nicht so schnell ein Kind gewollt. Lieber hätte sie ihr Leben allein mit Paul noch eine Weile fortgesetzt und den Zauber ihrer Verlobungszeit festgehalten. Doch es sollte nicht sein. Während der ersten dreizehn Jahre ihrer Ehe war sie mindestens neunmal schwanger. Sie haßte und fürchtete »den ganzen Kram«, zugleich aber quälte sie sich mit dem Gedanken, daß sie Paul enttäuschte. Über ihrem Zusammenleben lag der Fluch der Quacksalber, das Verhängnis ihrer Fruchtbarkeit und die unüberbrückbare Kluft zwischen Pauls leidenschaftlicher und fordernder Sexualität und ihrer abweisenden Unnahbarkeit.

Natascha war froh, als sie im Herbst des Jahres 1904 wegen Pauls neuer Stellung als Vorsitzender des *semstwo* – der lokalen Selbstverwaltung – gezwungen waren, die Ignatieffs in Krupoderniza zu verlassen und allein nach Kiew zu ziehen. Endlich wohnte sie unter ihrem eigenen Dach, weit weg von der Herrschaft ihrer Schwiegermutter. Die beiden Jahre in der sonnigen Wohnung der Lewaschkowskaja-Straße im Lipki, dem grünen Wohnviertel auf dem Steilufer über dem Dnjepr, waren für Natascha ein glücklicher Traum. Endlich einmal hatte sie das Gefühl, Paul bei seiner Arbeit ein Partner zu sein. Sie besuchte die vom *semstwo* verwalteten Hospitäler und anderen Einrichtungen, und am Ende des Tages bewirtete sie die Mitarbeiter des *semstwo* mit *piroschki* und Bier.

Paul stürzte sich in die Arbeit. Am frühen Morgen eilte er mit seinen belegten Broten und seiner Zeitung aus dem Haus, um zu Fuß die kurze Strecke in die Amtsräume des *semstwo* am Rathausplatz zu gehen, und am Abend kehrte er zurück, um in seinem Arbeitszimmer Akten zu studieren.

Hospitäler mußten gebaut werden; es gab für die viereinhalb Millionen Bewohner der Provinz Kiew nur ein einziges allgemeines Krankenhaus. Die Landstraßen mußten überprüft und mit einem neuen Belag versehen werden. Zuckerrübenkooperativen wurden gegründet. Die ländliche Feuerversicherung wurde neu organisiert, um den Bauern mit ihren strohgedeckten Häusern einen Versicherungsschutz zu geben. An die Stelle des Systems der Zwangsarbeit, mit dessen Hilfe Straßen instand gehalten, Pferde für die Postkutschen bereitgestellt und sogar Verbrecher transportiert wurden, trat ein System landwirtschaftlicher Steuern. Es handelte sich um Detailarbeit, darum, sein Land mit praktischen Maßnahmen ins zwanzigste Jahrhundert zu bringen, und Paul tat jede Minute dieser Arbeit gern. Er war stolz darauf, daß er selbst Landwirt war, ein Mann aus den Provinzen, der wußte, wie man mit einem Mähdrescher umgeht, wann man Rüben pflanzt, wie man mit den Bauern auf den Feldern spricht und wie man aus seinen Arbeitern das Beste herausholt. Er entdeckte seine eigenen Führungsqualitäten und versammelte um sich eine Gruppe von Tierärzten, Agronomen, Landvermessern, Lehrern und Ärzten, die alle dem »Liberalismus der kleinen Schritte« anhingen. Es waren die Experten des *semstwo*, die – abgelehnt von der Petersburger Bürokratie und verachtet von den Revolutionären in Zürich und Bern – sich darum bemühten, ihr altes Land auf den Weg einer ruhigen und unspektakulären Modernisierung der Landwirtschaft zu bringen. Sie beteten um Zeit, denn jede neue Kooperative, jede Fabrik und jedes Krankenhaus brauchte ein Jahrzehnt, um gewinnbringend zu arbeiten.

Diese kontinuierliche Arbeit wurde auf dem sich immer mehr verdüsternden Hintergrund des Russisch-Japanischen Krieges getan. Die *semstwos* waren aufgefordert worden, sich um alle Angehörigen von Soldaten zu kümmern, die aus der Provinz auf die Schlachtfelder der Mandschurei geschickt worden waren; nur erhielten sie keinerlei Mittel, um ihre Aufgabe zu erfüllen. Paul reiste mit anderen *semstwo*-Vorsitzenden nach Petersburg, um die Unterstützung der Zentralregierung zu erbitten. Als ein Beamter des Finanzministeriums einwandte, der *semstwo* versage in seiner patriotischen Pflicht, und hinzufügte: »Japan ist von einem anderen Geist beseelt!«, antwortete Paul: »Wir wissen nur von einer einzigen Maßnahme, die ergriffen wurde, damit das Land die Mittel hat, um den Krieg fortzusetzen – die Zündholzsteuer!«

Aus Katias Briefen aus Wladiwostok konnte Paul herauslesen, wie schlimm es an der Front aussah. Es mangelte an allem, an Waffen, Verbandszeug, Feldgläsern, Kanonen und Booten. Die meisten Truppenführer waren seit dem Russisch-Türkischen Krieg nicht mehr im Einsatz gewesen und standen der neuartigen Kriegführung der Japaner hilflos gegenüber. Dennoch sprachen die Stabsoffiziere im Kasino mit munterer Arroganz von der rassischen Überlegenheit der Slawen gegenüber dem gelben Feind, und die vaterländische Presse vertraute mit geradezu perversem Starrsinn auf die russische Rückständigkeit, auf die Sturmangriffe der mit Bajonetten bewaffneten Bauern im Kampf gegen das Maschinengewehr. Zu Hause in Kiew hörte Paul, wie die in die Züge verfrachteten Bauernrekruten sich fragten, warum sie im Osten sterben sollten. Es ging das Gerücht, das Land habe sich in den Krieg hineinziehen lassen, weil der Zar ein Konsortium von Konzessionsjägern schützen wolle, dessen Ziel die Kontrolle über die Forstrechte in Korea war, ein Privileg, das traditionell dem japanischen Einflußbereich zufiel. Zu diesem Konsortium gehörte Pauls eigener Onkel,

der rundliche und reaktionäre General Aleksei Ignatieff, ehemals Generalgouverneur von Westsibirien und nun Mitglied des Staatsrats.
Pauls Bruder Vladimir schloß sich der russischen Flotte an, die in der Ostsee die Segel setzte, um die Japaner am anderen Ende der Welt, in den Gewässern vor China, anzugreifen. Durch die in den Kohleladestationen aufgegebenen Briefe, die ihren Weg in den sicheren Hort der Ukraine fanden, folgte die Familie dem Kurs der Flotte die afrikanische Küste hinunter, um Kap Horn herum, durch den Indischen Ozean, bis zu ihrem schicksalhaften Aufeinandertreffen mit den Japanern. Für Vladimirs Mutter war jeder Brief eine Qual. Vladimir war ihr Jüngster, der es immer verstanden hatte, ihr gepanzertes Herz zu rühren. Mit dem Herannahen des entscheidenden Gefechts klangen seine Briefe immer düsterer; die Schiffe waren zu alt und nur schlecht zu manövrieren; die Besatzungen waren erschöpft.
An einem Julitag des Jahres 1905 erhielten Katia und die Krankenschwestern des Marinehospitals die Anordnung, an den Docks von Wladiwostok auf die Ankunft der russischen Flotte zu warten. Den ganzen Tag über suchte Katia den grauen Horizont nach den Schloten der Schiffe ab, nach den Rauchfahnen, die ihr ankündigen sollten, daß ihr Bruder den Feuersturm heil überstanden hatte. Als der Abend dämmerte, wußte sie, daß es keine Schiffe geben würde. Der Horizont war leer. Die Japaner hatten die russische Flotte in der Schlacht von Tsuschima zerstört. Vladimir, der erste Offizier auf dem Flaggschiff des Admirals, ging mit seinem Schiff unter. Seine letzten Briefe, die erfüllt waren von der gezwungenen Fröhlichkeit eines Kindes, das sich Mut machen will, gelangten erst nach der Nachricht von seinem Tod nach Krupoderniza. Neben der Kirche von Krupoderniza

errichtete die Familie ihm ein Monument, einen Basaltsockel mit einem Kreuz, an dessen Fuß ein Anker lehnt. Dort steht es immer noch, am Rande der Weizenfelder, 500 Meilen vom Meer. Ende August wurde in Kiew Pauls und Nataschas zweiter Sohn geboren, den sie Vladimir nannten. Bei der Taufe legte Paul ihn in die Arme seiner Mutter und sagte: »Dies ist dein neuer Vladimir.«

Einen Monat später, Anfang September 1905, war Natascha wieder in ihrer Wohnung in der Lewaschkowskaja-Straße in Kiew, den kleinen Vladimir in ihren Armen und den eineinhalbjährigen Nicholas zu ihren Füßen, als sie vom Fenster im oberen Stockwerk aus eine seltsame Prozession sah, die langsam die Straße heraufzog. Es waren vor allem Arme, die in Reihen marschierten, Kirchenlieder sangen und Ikonen und »scheußliche, billige Bilder« des Zaren mit sich trugen. Sie schickte ihren Diener hinunter, damit er feststelle, was da geschehe. Jemand aus der Menge sagte ihm, er solle wieder hineingehen, als auch schon die ersten Steine durch die Luft flogen und die Fensterscheiben am gegenüberliegenden Haus eines jüdischen Händlers barsten. Dieser unvermittelte Ausbruch der Gewalt erschien im Rahmen von Nataschas eng abgestecktem Lebensbereich grotesk und surreal. Als das Glas unten auf der Straße splitterte und Plünderer durch die eingeschlagenen Fenster hineinstiegen, sang die Menge Kirchenlieder, die Natascha aus ihrer Kindheit kannte. Nicholas drückte seine Nase an der Scheibe platt und rief: »Hurra!« In einer Ecke des Kinderzimmers, weit weg von den Fenstern, saß die alte Kinderfrau der Jungen. Sie wiegte sich hin und her, und ihre Lippen formten ein lautloses Gebet.

Jemand ging hinunter und hielt der Menge vor, es sei unchristlich, das Eigentum anderer Menschen zu zerstören.

Natascha hielt ihre Kinder fest und beobachtete die Szene. Hier oben war sie vor dem Sturm geschützt. Jemand schmierte ein weißes Kreuz auf das Tor zu ihrem Haus. Sie würden verschont bleiben. Langsam und planmäßig zog die Prozession die Straße hinunter zum nächsten jüdischen Haus. Während einige die Fenster mit Steinen einschlugen und andere hineinsprangen, um zu plündern, blieb die Menge draußen stehen und sang Kirchenlieder. Die Polizei kam erst, als alles vorbei war. Nachdem auch der letzte Teilnehmer der Prozession verschwunden war, sagte Nataschas Diener ihr, daß die jüdische Frau aus dem Haus gegenüber an die Tür gekommen sei und darum gebeten habe, ihre Kinder vor der Menge zu schützen. Die Frau hatte gehört, daß die Prozession die Straße heraufzog. Sie war verzweifelt. Der Diener weigerte sich, sie ohne eine Anordnung des Grafen Ignatieff hereinzulassen, und der war bei der Arbeit. Die Frau wandte sich an Nataschas Vermieterin. »Meine Kinder haben Scharlach, verstecken Sie sie«, flehte sie. In dem Fall, antwortete die Vermieterin, könne sie keine Kinder mit Scharlach hereinlassen. Sie müsse auch an die anderen Kinder im Haus denken. Es gelang der Mutter mit ihren Kindern, in die Stadt zu flüchten, als die Menge begann, Steine auf ihr Haus zu schleudern.

Paul kehrte spät am Abend atemlos aus der Stadt zurück. Die Menge war in sein Amtszimmer im *semstwo* eingedrungen, hatte die Telefonkabel herausgerissen und verlangt, daß sich alle Mitarbeiter des *semstwo* am Generalstreik beteiligten. Paul weigerte sich, mit dem Haufen zu verhandeln, bot aber an, mit dreien ihrer Anführer zu sprechen. Ein Bauer aus dem *semstwo* begann, mit einem der studentischen Anführer der Menge zu streiten. »Ihr seid Juden, ihr habt kein Recht, für die Russen zu sprechen«, rief er. Ein Tumult entstand. Dann hörte man Schreie aus der Menge: Auf der Straße kamen unaufhaltsam fünf Kosaken näher, sie standen aufrecht in den Steigbügeln, die Peitschen zum Schlag erhoben. Paul öffnete eine Hintertür und ließ die Anführer der Menge in eine Seitenstraße entkommen.

Überall in der Stadt flammten antisemitische Gerüchte auf. Von einem jüdischen Anwalt namens Ratner hieß es, er sei auf einem weißen Kavalleriepferd die Hauptstraße der Stadt, den Krestschatik, hinuntergeritten und habe ausgerufen: »Wir gaben euch den Erlöser, nun geben wir euch einen neuen Zaren.« An jenem Abend trug Pauls und Nataschas Mädchen, als es das Abendessen servierte, eine neue Armbanduhr. Sie hatte sie zwischen den Glasscherben und den zerfetzten Markisen der jüdischen Juweliere auf dem Krestschatik aufgelesen. Auf dem Land brannten revolutionäre Banden die Kooperativen und Fabriken nieder und raubten die Banken aus. Bauern eigneten sich das Land abwesender Grundbesitzer an. Eine Abordnung von Bauern zog vor den *semstwo*, und Paul vergaß nie die grausame kleine Parabel, die einer von ihnen erzählte: »Wenn es im Sommer genügend Nahrung gibt, sind die Arbeiterinnen es zufrieden, die Königin und die Drohnen zu füttern, doch wenn der Herbst kommt und die Nahrung knapp wird, was geschieht dann mit den Drohnen?« In das Schweigen hinein schnippte der Bauer bedeutungsvoll mit den Fingern und sagte: »Es ist aus mit ihnen.«

Natascha sah mit ungläubigem Ärger, wie sich die Revolution des Jahres 1905 entwickelte. »Zu Beginn ließ man den Dingen einfach ihren Lauf«, schrieb sie später. »Vom Thron an abwärts ein völliger Mangel an Durchsetzungsvermögen, Autorität und Organisation. Die Dinge glitten der Staatsmacht ungehindert und hoffnungslos aus der Hand.«

Im Januar 1906 wurde Pauls Onkel Aleksei zum Gouverneur der Provinz Twer ernannt. Aus seiner Zeit als Gouverneur von Westsibirien hing ihm der Ruf an, er sei politischen Gefangenen gegenüber reaktionär und von unerbittlicher Härte. Kurze Zeit nach seinem Amtsantritt ging er zu einem Empfang der Universität und wurde dort von einem Studenten aufgehalten, der ein paar Worte an ihn richten wollte. Der Student zog einen Revolver und erschoß Aleksei aus unmittelbarer Nähe. Nach seiner Festnahme stellte sich heraus, daß er sowohl zu den Sozialrevolutionären als auch zur Geheimpolizei Verbindungen hatte.

In dieser Zeit – und in einer von Aufständen und Pogromen zerrissenen Stadt und einem Land, das am Abgrund taumelte – wurde Paul zum Gouverneur der Provinz Kiew ernannt, einem Gebiet von der Größe Großbritanniens. Zunächst war es Natascha nicht recht, daß sie die kleine Wohnung in der Lewaschkowskaja verlassen sollte, um in das Herrenhaus des Gouverneurs mit seinen unbehaglichen und freudlosen Räumen voller Zarenbüsten zu ziehen. Die Zeiten waren anfangs auch zum Fürchten. Es gab Verschwörungen, Gerüchte über Verschwörungen, Kutschen, die der ihren nachts auf dem Heimweg vom Theater hinterherfuhren, Drohbriefe, die mit der Morgenpost kamen, obszöne und gemeine Briefe, die sie auf das silberne Tablett fallen ließ, als ob sie sich verbrüht hätte.

Später waren sie glücklich im Haus des Gouverneurs, das jetzt vom Kinderlärm der drei Jungen Nicholas, Vladimir und Alec sowie dem Baby Paul erfüllt war. Im Erdgeschoß, vor dem Amtszimmer des Gouverneurs, siebte der Kurier Abraham, der aussah wie eine alte schwarze Krähe, die vor der Tür aufgereihten Bittsteller, während Natascha in einem eigenen Arbeitszimmer mit ihrer Freundin, Madame Sabugina, Wohltätigkeitsbasare und Feste zugunsten der örtlichen Hospitäler und Waisenhäuser organisierte. Am glücklichsten war sie, wenn Paul im Haus war und wenn sie Seite an Seite zu arbeiten schienen. Abends besuchten sie gelegentlich die Oper in Kiew, und sie erinnerte sich daran, daß sie Sarah Bernhardt einmal gesehen und den großen russischen Sänger Schaljapin einmal gehört hatte. Sie kreuzten auf Millionärsyachten auf dem Dnjepr, saßen in sternenklaren Nächten in ihrem von Blütenduft erfüllten Garten und hatten Zeit füreinander.

Paul sollte der Stadt als ein mit ihren Problemen vertrauter, liberaler Politiker den Frieden bringen, und das tat er auch. Ein alter Mönch, der durch seine Sonntagspredigten den antisemitischen Haß geschürt hatte, wurde vorgeladen und ermahnt, in seinen Predigten nicht mehr zu verkünden, daß die Juden Jesus ans Kreuz geschlagen hätten. Der Anführer der rechten Kiewer Freischärler, der Schwarzhunderter, wurde darauf hingewiesen, daß er persönlich zur Verantwortung gezogen würde, falls noch einmal ein jüdisches Geschäft angegriffen werden sollte. Der Kommandeur der Polizei wurde aufgefordert, persönlich durch das jüdische Viertel der Stadt zu patrouillieren und seine Männer darüber aufzuklären, daß sie ihre sofortige Entlassung zu gewärtigen hätten, wenn sie die Angriffe auf jüdische Privatwohnungen nicht niederschlügen.

Als Studenten die Gebäude der Kiewer Universität besetzten, ließ Paul die Kavallerie vor den Hörsälen aufziehen. Die Studenten wurden zu einem friedlichen Abzug überredet und dann alle in das Zeughaus abgeführt, wo sie eine warme Mahlzeit und ein Bett erhielten. Die nichtstudentischen Revolutionäre wurden identifiziert und verfolgt, die Studenten kehrten in die Hörsäle zurück. Als der Sohn eines polnischen Gutsbesitzers auf einem Jagdausflug ein Bauernmädchen verletzte und ihr Dorf im Gegenzug das Haus des Gutsbesitzers niederbrannte, schickte Paul eine Schwadron Kosaken, um den Sohn des Gutsbesitzers festnehmen zu lassen und die Dorfbewohner zur Herausgabe der Brandstifter zu zwingen. Als eine revolutionäre Bande eine Zuckerrübenfabrik überfiel und dabei zwei Wachmänner tötete, verfolgte seine Polizei die Männer bis nach Odessa, nahm sie fest und stellte sie vor Gericht. Sie entgingen seinem Todesurteil, indem sie sich in ihren Zellen vergifteten.

Als Zivilgouverneur hatte Paul das Recht, jede Demonstration zu verbieten und jede Versammlung aufzulösen, in der er eine Gefahr für die öffentliche Ordnung sah. Er konnte sogar die Zuständigkeit des *semstwo* aussetzen, den er selbst geleitet hatte, und seine Polizei konnte die Angeklagten vor ein Kriegsgericht statt vor ein normales Zivilgericht stellen. Nur die Ochrana, die Geheimpolizei, lag außerhalb seiner Kontrolle. Sie legte Akten über ihn und seine Mitarbeiter an und erstattete unmittelbar dem Innenministerium in Petersburg Bericht. Als Liberaler, der die konstitutionelle Monarchie der Briten bewunderte, mißbilligte Paul selbst seine uneingeschränkten Kompetenzen. Doch wo waren sie festgelegt worden? Im Gesetz über außerordentliche und vorläufige Maßnahmen von 1881. Und wer hatte sie konzipiert? Sein eigener Vater.

Paul konnte diese Ironie nicht entgangen sein, doch er schwieg pflichtschuldigst dazu, ebenso wie er stillschweigend den Antisemitismus seines Vaters überging. Wie stand es am Ende zwischen dem liberalen Sohn, der Rußland allmählich auf den Weg einer konstitutionellen Monarchie führen wollte, und dem Vater, der nur die Blütezeit der Autokratie erlebt hatte? Sprachen sie jemals über ihre unterschiedlichen Überzeugungen, wenn Paul von Kiew nach Krupoderniza hinunterreiste, um seinen Vater zu besuchen, wenn er auf ihren Spaziergängen in der Kastanienallee den Arm des alten Mannes stützte und mit ihm auf einer der Bänke saß? Zwischen ihnen lag die Kluft ihrer unterschiedlichen Charaktere, hier der ungestüme alte Abenteurer, dort der behutsame, ernste Sohn. Es trennten sie die Zeiten; der Vater hatte vergeblich gegen die Revolution gekämpft, der Sohn versuchte, im Sturm zu kreuzen. Und es trennte sie auch ihr Alter; der Sohn hatte schließlich zu sich selbst gefunden und sah nun mit einer Mischung aus Verachtung und Mitleid die verschnupfte Hinfälligkeit eines Mannes, dessen Schatten so lange sein Leben verfinstert hatte. Tiefes Schweigen trennte Vater und Sohn, als sie Seite an Seite auf der sonnenbeschienenen Bank saßen.

Die letzten Jahre des Vaters waren hart. Er hatte seinen jüngsten Sohn 1905 durch die Seeschlacht von Tsuschima verloren, und seinen Bruder 1906 durch die Kugel eines Mörders. 1908 schließlich kam auch seine Zeit. Paul beerdigte seinen Vater in der Familiengruft unter der Dorfkirche von Krupoderniza. Er bestellte einen Gedenkstein aus schwarzem Basalt, in den sein Name und sein Dienstgrad, seine Lebensdaten, 1832 – 1908, und sonst nur noch die Namen Peking und San Stefano gemeißelt waren. Er hatte zu lange gelebt, alles war ihm schließlich durch die Finger geglitten, und als sie ihn unter der Dorfkirche begruben, trauerte nur die Familie um ihn, voran der tränenlose Sohn.

Kaum war sein Leib zur letzten Ruhe gebettet, als auch schon die Gläubiger einfielen. Grinewezki, der betrügerische Verwalter, erschoß sich, als er vom Tod des alten Grafen hörte, und das baufällige Gebäude von Spekulationen, das er unter Ausnutzung des guten Namens des alten Grafen errichtet hatte, brach in sich zusammen, als die Schränke und Banksafes geöffnet wurden. Mit seinen Einkünften als Gouverneur, der Mitgift seiner Frau und den Einnahmen aus seinem Gut machte Paul sich in aller Stille daran, die Familie vor dem finanziellen Ruin zu bewahren. Er brauchte ein Jahrzehnt dazu.

So wertlos sein eigentliches Erbe auch war, hob Paul doch immer hervor, daß er das Vermächtnis und die Traditionen der Dienstauffassung seines Vaters übernommen hatte. Er verehrte seinen Vater als Reichsgründer in Asien und als erfolgreichen Diplomaten des Russisch-Türkischen Krieges, und er schwieg über das verhängnisvolle Jahr seines Vaters als antisemitischer Innenminister. Als enge Freunde wie Vladimir Nabokov ihre Hofuniformen als Zeichen des Protests gegen die straflos gebliebenen Pogrome von Kischinjow ablegten und sich in die Parteipolitik stürzten, konnte Paul ihnen nicht folgen. Parteipolitik war ihm verhaßt; sie galt ihm als Verrat an dem Eid, den er dem Zaren persönlich während seiner Dienstzeit im Preobrashenski-Regiment geleistet hatte. Mochte das Leben seines Vaters auch durch den Dienst für den Zaren zerstört worden sein, mochte die Herrschaft Nikolaus II. für die Liberalen seiner Generation auch immer unerträglicher werden – Pauls Leben hatte nur dann einen Sinn, wenn er der traditionellen Dienstauffassung seiner Familie die Treue hielt. Sein Leben wurde zu einem komplizierten Versuch, das Ehrenwerte an diesen Traditionen vor dem Reaktionären zu retten, die Integrität dieser Traditionen in einem historischen Augenblick zu bewahren, der ihre Bedeutung zerbrach. Während die Liberalen seiner Generation beschlossen, sich von einem Regime zu distanzieren, das mit seinem eigenen Volk immer häufiger im Widerstreit lag, entschied sich Paul für einen Weg, der direkt in dessen Zentrum führte.

Durch seine Arbeit als Gouverneur der Provinz Kiew war Paul der Regierung Stolypin in Petersburg, insbesondere aber Landwirtschaftsminister Kriwoschejn aufgefallen, der den jungen Gouverneur aufforderte, die Leitung der Landwirtschaftsabteilung in seinem Ministerium zu übernehmen. Dies war ein schicksalhafter Schritt in Richtung auf das Zentrum der Macht für einen, der sich rühmte, Erde an den Stiefeln zu haben, und der sich vom Strudel der Petersburger Machenschaften distanzierte. Natascha haßte die Vorstellung; sie wollte in ihrem gemütlichen Kiew bleiben und sorgte sich, wie sie in der kalten und exaltierten Atmosphäre der Petersburger Gesellschaft zurechtkommen würde. Doch im Winter des Jahres 1908/09 zog die Familie nach Petersburg, in eine enge und dunkle Wohnung in der Galernaja-Straße, unmittelbar hinter den Kais bei der Admiralität.

Im Frühjahr 1909 reiste Natascha mit all ihren Kindern nach Eupatoria auf der Krim, um ihre Gesundheit für den nächsten Petersburger Winter zu kräftigen. Hier nun setzt die Erinnerung ihres Sohnes Alec ein. Er war drei Jahre alt, trug einen Matrosenanzug und saß mit einem Mann in Hemdsärmeln in einem Ruderboot. Plötzlich kenterte das Boot, und Alec stürzte ins Wasser. Dort waren Quallen, und Alec schrie, als die klebrigen, milchigen Sauger sich mit ihren pulsierenden Köpfen und den wogenden Armen um ihn schlossen. Noch heute, hoch in den Siebzigern, erwacht er in der *terra incognita* zwischen Erinnerung und Alptraum.

Typhuserreger hatten sich in dem Kurort verbreitet, in der Wasserleitung, in dem Wassereis, das die Kinder auf der Terrasse über dem Meer aßen, in der Milch für das Fläschchen des Kleinsten. Innerhalb von zwei schrecklichen Stunden mußte Natascha mitansehen, wie Vladimir erkrankte und das Leben ihres Jüngsten – Paul – vor ihren Augen erlosch.

Mit der Zeit gelang es ihr, über alle ihre Verluste, alle ihre Enteignungen zu sprechen, aber niemals darüber, wie ihr Baby Paul sein kleines Leben aushauchte. Wie viele Male muß sie sich in ihren geheimsten Stunden an jenen verfluchten Ort in ihrem Gedächtnis herangetastet und sich gefragt haben, was sie hätte tun können, wie sie das fallende Schwert hätte ablenken können. Sie kehrte niemals auf die Krim zurück, zu jenen gesegneten Gütern ihrer Kindheit mit den wundervollen Namen – Koreis, Gaspra –, doch ihre Erinnerung muß sie immer wieder in jenes Hotelzimmer von Eupatoria und an jenes leere Kinderbettchen zurückgeführt haben.

Als an ihrem Lebensabend schließlich die Zeit kam, in der sie niederschrieb, was im Sommer 1909 geschehen war, erwähnte sie all das mit keiner Zeile.

An ihrem Schweigen spüre ich, was in ihr zerbrochen war und nie wieder heilen konnte. Paul war nicht auf der Krim gewesen, er hatte diese Stunden nicht mit ihr durchgemacht. Er war eine mehrere Tage dauernde Zugreise weit entfernt in Petersburg, in seine Papiere vergraben. War es das? War es diese schicksalhafte Trennung in einer furchtbaren Stunde, die den Graben zwischen ihnen aufriß und dazu führte, daß ihr seine Umarmung nie wieder so tröstlich erschien wie zuvor? Paul in seiner beherrschten Art sagte nur, daß sie »in ihrem Schmerz all ihre Aufmerksamkeit den verbleibenden Kindern zuwandte und sich von der Gesellschaft immer mehr abkapselte«. Er sprach nicht über seinen Kummer; sie aber zog sich hinter die Kulissen in die Einsamkeit eines trauernden Herzens zurück. Über alle Stationen ihres weiteren Lebens hinweg stand immer nur ein kleines Bild in einem runden Silberrahmen auf ihrem Nachttisch, das lächelnde Gesicht ihres toten Kindes.

Mit den [illegible]
Entwicklung [illegible] zu sprechen [illegible]
[illegible]
möchte [illegible]
[illegible]
[illegible]
[illegible]
[illegible]
[illegible]
[illegible]
[illegible]
bei.

[illegible]
[illegible]
[illegible] seiner Zeit.

[illegible]
[illegible]
[illegible]
[illegible]
[illegible]
[illegible]
an den [illegible]
[illegible]
[illegible]
[illegible]
[illegible]
[illegible]
[illegible]
[illegible]
[illegible]
[illegible]
[illegible]

V
PETROGRAD

Im Familienalbum befindet sich eine Fotografie von Natascha aus der Zeit, als sie nach Petersburg, in die dunkle und vollgestopfte Wohnung in der Galernaja-Straße, zwei Häuserblocks von der Newa entfernt, hinter den Englischen Kai zogen. Natascha ist für eine offizielle Einladung an einem Winterabend angezogen, mit einem Fuchsfell über den Schultern, Brüsseler Spitzen auf dem Oberteil ihres dunklen Samtkleides, das Haar zu einem festen Knoten zurückgekämmt und eine zwölfreihige, eng anliegende Perlenkette um den steif und hoch aufgerichteten Hals. Sie ist schmal und blaß, die Backenknochen ihres langen, eckigen Gesichts werfen Schatten, ihre Augen liegen in tiefen und dunklen Höhlen. Der Ausdruck ihres Gesichts ist scheu und zurückhaltend; sie scheint sich in der Situation nicht wohl zu fühlen. Ihre Hände sind im Schoß gefaltet; der Zeigefinger ihrer rechten Hand ist angespannt über den Mittelfinger gebogen, als wolle sie etwas verbergen. Sie war ein häuslicher Mensch. Inmitten des Lichts der Öffentlichkeit zog sie sich sichtbar in sich selbst zurück. Sie haßte die Petersburger Gesellschaft, die Höflichkeitsbesuche bei den Frauen von Pauls Vorgesetzten, ihre Visitenkarte auf dem silbernen Tablett, den Knicks und den Small talk und bei all dem das ständige Gefühl, einen Schritt vom Absturz entfernt auf einem hohen Drahtseil zu balancieren.

Die Fotografie ist möglicherweise eines jener Bilder, die

1913 von einem Hoffotografen anläßlich der Feierlichkeiten im Winterpalast zu Ehren des 300. Jahrestages der Romanow-Dynastie aufgenommen wurden. Wenn das der Fall ist, hatte sie gerade das Ritual der Vorstellung bei der Zarin hinter sich. Zeremonienmeister in Hofuniformen mit einem großen, vergoldeten Stab in der Hand sortierten die Damen nach ihrem Rang und formierten sie zu einer Prozession am Thron vorbei, wobei jede Dame die Schleppe der vorangehenden trug. Natascha wurde begleitet von ihrer Schwester Sonia. Sie hielten sich in der Schlange der Wartenden gegenseitig ihre Schleppen. Sie scherzten wie Schulmädchen, bis sie nach vorn geleitet wurden, wo sie sich rasch verneigen und dann weitergehen mußten, um den nachfolgenden Damen Platz zu machen. Was blieb, war der verschwommene Eindruck eines kurzen Blicks auf das erstarrte und teilnahmslose Gesicht der Zarin, das umrahmt war von den glitzernden Perlenschnüren, die von ihrem Kopfschmuck herabhingen. Unmittelbar danach wurde Natascha zu den Fotografen in einen Nebenraum des Winterpalasts geführt, wo sie in einem Aufleuchten des Magnesiumblitzes und mit starrem Blick im Bernstein einer anderen Welt festgehalten wurde.

An jenem Abend des Jahres 1913 war sie in ihrem sechsunddreißigsten Jahr, Herrin über einen großen Haushalt, Gemahlin eines aufsteigenden Sterns der Petersburger Bürokratie, Mutter der »vier kleinen Lausbuben« Nicholas, Vladimir (Dima), Alec und Lionel. Sie erwartete zu dieser Zeit ein fünftes Kind, meinen Vater George. In jener gleichmäßig dahinfließenden Zeit ihrer mittleren Jahre, die nur vom Keuchhusten und vom Typhus der Kinder, von ihren Erkältungen im Winter und ihren Fieberanfällen im Sommer unterbrochen wurde, nahm sie halb unbewußt wahr, wie die Atmosphäre in ihrer Ehe eisiger wurde. Im Schlafzimmer stand Paul nun um sieben auf und ließ sich bei seinem Frühsport, beim Waschen und Anziehen von Demian, seinem Kammerdiener, helfen. Während sie im Bett blieb, frühstückte er im Erdgeschoß mit den Kindern und deren Kindermädchen. Wenn er es morgens eilig hatte, so erinnerte sich Natascha, »verschlang er einfach Zeitung und Frühstück und telefonierte endlos«. Anschließend eilte er aus dem Haus, die Galernaja-Straße und die Kais der Newa entlang zum Landwirtschaftsministerium. Um sieben kehrte er zurück, schlang sein Essen hinunter und setzte sich über die Akten, die der Kurier aus dem Amt gebracht hatte. Und »das ging dann bis Mitternacht«, erinnerte sie sich traurig, »nichts als Arbeit und jahrelang Tag für Tag dieselbe Routine«.

Von Anfang an war Paul entschlossen, nicht einfach ein weiterer Petersburger Bürokrat zu werden. Schon wenige Monate nach seinem Amtsantritt hatte er seinen Kampf um Kredite, Bildungseinrichtungen und fachmännische Hilfe für die Bauern bis in die Versammlungen des Kabinetts hineingetragen, während ihn sein eigener Minister, Kriwoschejn, nervös an den Rockschößen zog, damit er auf seinem Platz sitzen blieb. Als der Finanzminister murrte, Ignatieffs Vorschläge schmeckten nach Bismarcks Staatssozialismus, erwiderte Paul, er experimentiere lieber mit dem Staatssozialismus als zu warten, »bis der Mob, der nicht weiß, wo die Regierung ihn hinführt, seine eigenen simpleren Lösungen durchsetzt und uns mit unserer ganzen Kultur hinwegfegt«. Ein alter Admiral, der im Kabinett die Kriegsmarine vertrat, war so beeindruckt, daß er der Landwirtschaftsabteilung einen Kredit im Wert eines halben Kriegsschiffs anbot.

Natascha tat ihr Bestes, sich für seine Arbeit zu interessieren; doch es gelang ihr nicht, seine der Sache angemessene

Faszination für die landwirtschaftlichen Banken und Kreditpläne zu teilen, mit deren Hilfe kleine Grundbesitzer bei der Anschaffung neuer Maschinen unterstützt werden sollten. Sie konnte sich nicht für die Details seines Engagements für den Liberalismus der kleinen Schritte erwärmen. Versuchte sie, ihn in ihr Leben einzubeziehen, in den Alltag der Kinderkrankheiten und der endlosen Reibereien mit den Dienstboten, dann schweiften seine Gedanken zurück zu seinen Papieren. Wenn sie miteinander allein waren, wich sie ihm aus, weil sie entweder schwanger war oder sich von einer Schwangerschaft erholte. Sie war unfähig, ihn zu befriedigen, und häufte deshalb einen Berg von Kummer und Schuldgefühlen an, der sie bis zur letzten Nacht ihres Lebens bedrückte. Paul sprach nie über seine eigenen Gefühle, die der immer größer werdende Graben zwischen ihnen auslöste.

Seinen Söhnen war Paul ein nachsichtiger, wenn auch häufig abwesender Vater. Er frühstückte mit ihnen und las ihnen Artikel aus seiner Morgenzeitung vor. Als die *Titanic* unterging, las er ihnen die ganze erste Seite vor. Meistens durften sie ihn noch zu Fuß in sein Amt begleiten, bevor sie umkehrten, um im Schulzimmer ihrer Wohnung mit dem Unterricht bei ihren Lehrern zu beginnen. Abends zu ihrem Nachtgebet war er wieder zurück, und in den Sommerferien segelte er mit ihnen auf der Ostsee. Bei einem dieser Ferienaufenthalte in einem – wie Natascha sagte – »dreckigen« deutschen Seebad namens Misdroy wurde die Familie im Sand vor einem aus Stöcken und Segeltuch errichteten Zelt fotografiert. Die Jungen tragen Halbstiefel und Matrosenanzüge. Lionel, auf dem Bild noch ein Baby, sitzt mit neugierigen Augen auf dem Arm einer stämmigen, braungebrannten Kinderfrau, Paul hat den Arm um Dima gelegt, der sich an seinen Vater lehnt. Zu Ehren der Ferien trägt Paul eine Stoffmütze und pfeift durch seinen Schnurrbart, auf dem Gesicht den Ausdruck einer unbestimmten Zufriedenheit. Er sieht aus, als wolle er gerade allen ein Eis kaufen.

Natascha trägt eine hochgeschlossene, hinten am Hals geknöpfte weiße Bluse unter einem bodenlangen Reisemantel. Sie sieht glücklich und entspannt aus, und ihre Hand ruht auf der Schulter des kleinen Nicholas. Neben ihr steht in einem weißen Dienstmädchenkleid ein nicht sehr großes Mädchen mit einem runden Gesicht und schwarzem Haar, Tonja, das Kindermädchen der älteren Jungen. Zwischen Natascha und Tonja steht ein Neuankömmling in der Familie, eine entschlossene und ernste einundzwanzigjährige Engländerin namens Peggy Meadowcroft.

1912 hatte sich Natascha wegen einer Gouvernante an eine Londoner Agentur gewandt. Die drei älteren Jungen, damals acht, sieben und sechs Jahre alt, erbettelten sich von den Droschkenfahrern an der Ecke Zigaretten und schlugen sich mit anderen Jungen. Sie wuchsen Natascha und einer ganzen Reihe von Kindermädchen über den Kopf, und sie verlangten, daß es, wenn überhaupt, dann wenigstens zur Abwechslung einmal ein hübsches Kindermädchen sein sollte. Zur rechten Zeit kam dann ein strenges, blaßhäutiges Mädchen mit goldblondem Haar und einem breitrandigen Strohhut, wie er zu jener Zeit in England Mode war, in einem Schnürkorsett und einem weißen Kleid mit hochsitzender Taille mit ihren Koffern in das Haus in der Galernaja-Straße. Paul warf nur einen Blick auf sie und verkündete: »Jetzt hat es mit dem Rowdytum ein Ende.«

Dem war in der Tat so. Peggy Meadowcroft erwies sich unter ihren weltentrückten und femininen Strohhüten als eine gestrenge edwardische Abenteurerin aus der unteren Mittelschicht, gewappnet mit einem ausgeprägten Gefühl für die

kulturelle Überlegenheit der Briten. Die Herrschaft des alten russischen Chaos nahm ein Ende. Gleich zu Beginn sagte sie allen ordentlich die Meinung, den Jungen wegen ihrer schmutzigen Ohren und ihrer schludrigen Schrift, den Dienstmädchen der Hausherrin wegen der schlampig zusammengelegten Wäsche, den Köchen wegen der nachlässigen Unpünktlichkeit der Mahlzeiten. Sie lernte schnell ein Russisch, das dem Slang von Putney in nichts nachstand.
Die allmählich heranwachsenden Jungen waren von ihrem Aussehen geblendet. Unter ihren Decken flüsterten sie miteinander über das, was sie sahen, wenn sie ihr durchscheinendes Nachthemd anhatte; und sie beobachteten mit offenen Mündern, wie sie ihr Leben in Rußland in die Hand nahm. Wenn sie mit ihnen spazierenging und auf einen alten, heruntergekommenen Droschkenkutscher traf, der sein Pferd schlug, dann zögerte sie keinen Augenblick. Sie schwenkte ihren Schirm über den Kopf, überquerte mit großen Schritten die Straße und brachte die heruntersausende Peitsche unter einer schrillen putney-russischen Schimpfkanonade in der Luft zum Stillstand. In solchen Situationen standen die Jungen auf dem eisigen Kai, sahen den Menschenauflauf und wußten nicht, ob sie vor Scham vergehen oder vor Stolz erglühen sollten. Natascha war Peggy gegenüber zurückhaltend und korrekt, aber irritiert von ihrem »zu Tode gelangweilten Aussehen« und ihrer humorlosen Geschäftigkeit. Als Ehefrau begann sie, die Blicke wahrzunehmen die Peggy in Richtung ihres Mannes warf, und sie sah auch die Blicke, die zurückgeworfen wurden. Unter den Fotos, die Peggy im Sommer 1913 während eines Ferienaufenthalts der Familie in den Schweizer Bergen oberhalb von Lausanne aufnahm, ist eines voller Verehrung mit »Graf Paul« beschriftet. Auf diesem Foto steht er auf einer Alpen-

wiese, fesch auf einen Spazierstock gestützt, den Rucksack geschultert, ein strahlendes Lächeln unter seinem Schnurrbart. Sein Blick scheint sich in ihrem zu sonnen. Sie müssen damals zu zweit eine Wanderung in den Alpen unternommen haben. Im selben Album befindet sich ein Foto von der hochschwangeren Natascha. Sie sitzt unten im Garten des Grand Hôtel Muverand, in einem Korbstuhl, das Gesicht durch einen breitrandigen Hut vor der Sonne geschützt. Ein Spazierstock hilft ihr, das Gleichgewicht zu halten. Peggy hat sie aufgefordert, für ein Foto zu posieren, und Nataschas abgewandter Blick flackert angesichts dieses Übergriffs auf ihre Persönlichkeit.

Das Licht auf der Fotografie ist das blasse, ausgebleichte Leuchten des Herbstes, einer Jahreszeit, die Natascha mit Melancholie erfüllte. Sie blieb mit den Jungen, als Paul nach Petersburg zurückkehrte; das Grand Hôtel Muverand hatte nur für sie noch geöffnet. Sie fühlte sich schwerfällig und elend. Es war die Zeit der Traubenlese. Die Reben am Hang unterhalb des Hotels hingen voller praller Trauben. Natascha saß auf der Terrasse in der Sonne und versuchte, Kräfte zu sammeln.

Im Dezember 1913 wurde in Petersburg, im Schlafzimmer des Hauses in der Galernaja-Straße 67, mein Vater George geboren, ein Kind mit kastanienbraunen Locken – und mit seinem runden, vollen Gesicht eher ein Ignatieff als ein Mestscherski, das einzige ihrer Kinder, so dachte Natascha, das wirklich seinem Vater glich. Er schrie sechs Wochen lang ununterbrochen, und als man ihn in das Taufbecken hielt, klammerte er sich so fest an seine Decke, daß keiner seinen Griff lösen konnte. Vater Nikolai, der Priester der Familie, legte ihm bei der Taufe ein goldenes Kreuz seiner Großmutter Ignatieff um den Hals, ein Geschenk, das er heute noch trägt.

George kam zu einem Zeitpunkt in die Familie, an dem sich ihre Besitzverhältnisse entscheidend ändern sollten. Anfang 1914 wurde Paul Miterbe des Malzewschen Industrie-Imperiums. Juri Netschajew Malzew, ein alter Junggeselle, hatte eines der größten industriellen Besitztümer in Rußland aufgebaut. Seine südwestlich von Moskau gelegenen Fabriken zählten zu den Antriebskräften jener ungestümen Industrialisierung, die Rußland vor dem Ersten Weltkrieg zur Nation mit dem größten Wirtschaftswachstum machte. In zwei der Fabriken wurde über Liverpool geschleuste Baumwolle aus dem amerikanischen Süden zu Faden und Stoffen verarbeitet, andere produzierten alles, vom Thermometer bis zum Zement. Über 20 000 Arbeiter waren in diesen Fabriken beschäftigt und lebten unter dem wohltätigen Despotismus des alten Malzew in einer Industriestadt, die einer Ansammlung von Pullmanwagen glich. Die Frauen brachten ihre Kinder in seinen Hospitälern zur Welt, die Kinder gingen in seine Schulen, und am Sonntag beteten sie in seiner Kirche.

Selbst ein Mann ohne Bildung, hatte Malzew ein Faible für die Kultur, und als Iwan Zwetajew einen Schirmherrn suchte für sein Museumsprojekt einer Sammlung von Gipsreproduktionen ägyptischer, griechischer und römischer Kunstwerke für die Moskauer Universität, trieb Malzew das Geld für ihn auf. An jenem strahlenden Morgen im Mai 1912 war der runzlige Multimillionär auf seinen Stock gelehnt dabei, als Nikolaus II. das Museum der Schönen Künste in Moskau – heute das Puschkin-Museum – einweihte, das mit seinen Spenden errichtet worden war.

Malzew war ein einsamer Mann, der für die Jungen der Familie Ignatieff großartige Weihnachtsfeste veranstaltete und der die Familie an Hochzeiten und Geburtstagen mit Geschenken überhäufte, obwohl die Verbindung zwischen den beiden Familien nicht sehr eng war. Paul war verblüfft, als die Notare das Siegel auf Malzews letztem Willen erbrachen und – zur allgemeinen Überraschung – verkündeten, er sei der Erbe. Nur einen Haken hatte die Sache. Paul erbte die Fabriken selbst, während ein Freund und Verwandter, Fürst Demidow, das Kapital erbte.

Jeder in Petersburg erwartete nun, daß der neue Erbe sich aus dem Landwirtschaftsministerium zurückziehen und zum Industriebaron werden würde. In der Tradition der Familie aber waren Handel und Industrie immer nur interessante Hobbys, doch keine ernstzunehmenden Lebensaufgaben gewesen. Der Staatsdienst war der einzig vorstellbare Weg. Paul gründete eine Gesellschaft mit beschränkter Haftung und stellte einen Baltendeutschen namens Schlippe ein, der die Geschäfte in seinem Namen führen sollte.

Die Ignatieffs hatten immer Geld gehabt, aber nun waren sie zum erstenmal wirklich reich. Mit diesem Geld wurde nichts Aufregendes oder Auffallendes unternommen – Fürst Demidow besaß das Kapital, zudem hielt man nichts von Großtuerei. Immerhin aber war es möglich, eine *datscha* im eleganten Zarskoje Selo zu mieten, so daß die Jungen den Fieberanfällen des Petersburger Sommers entgehen und in den kaiserlichen Parks spielen konnten; ein neuer Renault erleichterte Paul die Tagesreise von Zarskoje Selo in sein Amt; man sah sich nach einem neuen Haus um; und vor allem konnten nun die Familienehre wiederhergestellt und die Schulden des Vaters zurückgezahlt werden. Mit schwarzem Humor und einem unnachahmlichen Gespür für den richtigen Augenblick hatte Fortuna beschlossen, gerade dann ihr Füllhorn über der Familie auszugießen, als alles hinweggerissen zu werden schien.

Im August 1914 befand sich die Familie in Wybiti, dem

Landhaus von Nataschas älterer Schwester Sonia und deren Mann Boria Wassiltschikow, zwei Stunden Fahrt von Petersburg entfernt. Im Haus erschallte der Lärm der Kinder. Nick, Dima und Alec spielten mit ihren hübschen Galizin-Cousinen aus Nowgorod. Auf den Fotografien tragen die Mädchen alle helle Blumenschürzen und weiße Schlapphüte gegen die Sonne und die Jungen Matrosenanzüge mit kurzen Hosen und Strohhüte. Die im August hitzeflirrenden Felder von Wybiti erstreckten sich bis zur Linie des Horizonts. Auf den Pappeln an den langgestreckten Fahrwegen flackerte das Sonnenlicht. Am Ende einer Kurve der kiesbestreuten Auffahrt stand das herrliche Haus; ein dunkelgrüner Weinstock wand sich um den säulengeschmückten Eingang. Die Fotografien jener Ferien sind voll von unscharf eingefangenen glücklichen kleinen Gesichtern, wunderschön die kleinen Mädchen, deren lange Haare mit schmalen blauen Bändern zu glänzenden Zöpfen geflochten waren. Unter all diesen Augustnachmittagen erinnerten sich Dima und Alec an den einen, an dem sie von ihren schlafenden Eltern wegschlichen, durch das hohe Gras krochen und geduckt am Ufer lagen, von wo aus sie die Mädchen beobachteten, wie sie knietief und selbstvergessen in der braunen Strömung des Flusses planschten, die Hüte und Schürzen auf dem Gras des Ufers ausgebreitet.

Bis eines Tages plötzlich die Lehrer der Kinder am Portal standen und den in der Auffahrt versammelten Dorfbewohnern die Tageszeitungen vorlasen: Nachrichten über einen in einer bosnischen Straße getöteten Erzherzog, über den Austausch von diplomatischen Noten und finstere Erklärungen von bedeutenden Staatsmännern mit ausländischen Namen. Die Bauern mit ihren Erinnerungen an den Russisch-Japanischen Krieg murrten, während ihre Söhne sich eilends anwerben ließen. Natascha und ihre Schwester Sonia überreichten Süßigkeiten und kleine Päckchen mit Geld an die Rekrutierten, die sich auf der Auffahrt vor dem großen Haus zu Kompanien versammelten. Sie sahen ihnen nach, als sie davonmarschierten, die langen Pappelalleen hinunter, und »mutig ausschreitend« eine Wolke von Sommerstaub hinter sich ließen.

Als alle gegangen waren und die Kindermädchen und Lehrer die Kinder zusammengeholt und nach Petersburg zurückgebracht hatten, blieb Natascha allein in Wybiti zurück. Sie hatte nun die hallenden, sonnigen Räume für sich allein, und sie genoß jenen sich hinziehenden September in der Vorahnung, daß sie nie wieder einen solchen Frieden erleben würde.

Als sie in die Hauptstadt zurückkehrte, war deren Namen in Petrograd geändert worden, weil er eher russisch und nicht so deutsch klingen sollte. Man brachte die ersten Verwundeten von der Front in die Krankenstation, die von der Abteilung ihres Mannes in einem der Ausstellungssäle des Petersburger Landwirtschaftsmuseums eingerichtet worden war. Zweimal wöchentlich nahm sie den Zug, um von der gemieteten *datscha* in Zarskoje Selo nach Petrograd zu fahren und Briefe für die Soldaten zu tippen. Mit einer schwarzen Imperial-Reiseschreibmaschine auf den Knien saß sie neben den Männern und fragte sie, was sie schreiben sollte. Die Bauern begannen ihre Briefe alle mit »zahllosen Bekundungen ihrer Ehrerbietung und Grüßen aller Art« an die Dorfältesten, den Priester und ihre Verwandten. Doch wenn die Rede dann auf ihre Verwundungen oder ihre Hoffnungen kommen sollte, sahen sie zu ihr auf und sagten: »Schreiben Sie, was Sie für richtig halten.« Ihre Wünsche waren bescheiden, eine Bibel, eine Mundharmonika, ein Paar Handschuhe für eine Freundin. Ein blinder Junge wollte eine Ziehharmonika, um auf ihr zu spielen, wo er doch nicht mehr sehen konnte. Sie saß dabei und sah mit an, wie das Leben aus den wächsernen Gesichtern wich.

Pauls Schwester Katia leitete an der polnischen Front in der Nähe von Lodz einen Sanitätszug; Tante Mika hatte einen Flügel des Hauses in Krupoderniza in ein Lazarett für die aus dem Dorf rekrutierten Soldaten verwandelt; Pauls Bruder Kolia führte in den polnischen Ebenen das Preobrashenski-Regiment in die Schlacht; ein anderer von Pauls Brüdern, Leonid, war Kosaken-General an der Südwestfront. Die Familie wurde immer tiefer in den Krieg hineingezogen.

Im Januar 1915 wurde Paul aufgefordert, in der Residenz Nikolaus II. in Zarskoje Selo vorstellig zu werden. Landwirtschaftsminister Kriwoschejn suchte liberale Verbündete im Kabinett und hatte dem Zaren vorgeschlagen, Paul das Amt des verstorbenen reaktionären Erziehungsministers zu übertragen. Paul stellte sich dem Herrscher vor und war überrascht und geschmeichelt, als er hörte, daß Nikolaus II. sich an das Gespräch erinnerte, das sie fast zwanzig Jahre zuvor während der Manöver des Preobrashenski-Regiments bei einer Tasse Kaffee in Pauls Zelt in Gatschina geführt hatten. Erinnerte sich Graf Ignatieff an das, was er über die Autokratie des Schreibers, des Sekretärs, des Polizisten, des Gouverneurs und selbst des Ministers gesagt hatte, fragte der Zar gelassen. Diese Eröffnung entwaffnete Paul, und obwohl er schon einmal ein Ministeramt abgelehnt hatte, beendete er das Gespräch als Erziehungsminister.

Die ungeheure Gedächtnisleistung des Zaren nährte in Paul die Illusion, daß der Souverän immer bereit sei, auf das Wort eines aufrechten Mannes zu hören. Durch diese Illusion ließ er sich ins Zentrum eines Regimes hineinziehen, das in rechten wie linken Petrograder Kreisen als rettungslos überholt galt. Auf den Empfängen seiner Tante, der Witwe seines Onkels Alexis, des ermordeten Gouverneurs der Provinz Twer, sprach man mit offener Geringschätzung über die Schwäche und Unschlüssigkeit Nikolaus II., während unter Pauls Freunden in der Partei der Kadetten Männer wie Vladimir Nabokov der Überzeugung waren, das Land könne nur durch die Gründung einer demokratischen Republik gerettet werden. Paul selbst jedoch, dem die geringe Intelligenz und schoßhündchenhafte Abhängigkeit des Zaren von seiner Gemahlin so bewußt war wie jedem anderen, bewahrte eine mystische Verehrung für das Amt des Zaren als geistigem Vater des Volkes. Hier ließ er sich von seiner panslawistischen Familientradition täuschen, von dem Glauben, daß, wenn erst einmal die Mauer der Bürokratie zwischen Zar und Volk niedergerissen sei, Rußland auf seinem Weg in die Moderne einen Mittelweg zwischen Despotismus und Republikanismus einschlagen könne. Auf solche traditionellen Auffassungen vom Dienst am Staat gründete sich seine Identität. Die Traditionen seiner Familie formten ihn und waren sein Verhängnis.

Sein Ziel war es, die Lehrpläne der russischen Schulen von ihrem abgehobenen theoretischen Ballast zu befreien, sie den Erfordernissen von Landwirtschaft und Industrie anzupassen. Statt dessen mußte er zusehen, daß sich mit dem ständigen Aderlaß in Richtung Front die Reihen der Lehrer nicht noch weiter lichteten. Er wollte ein einziges, allgemeines, für alle offenes und auf Leistung gegründetes Bildungssystem. Statt dessen mußte er mit seinen Kabinettskollegen darüber streiten, ob jüdische Kinder, die von den Militärbehörden aus den für Juden zugelassenen Siedlungsgebieten im Westen gejagt worden waren, in nichtjüdische Schulen aufgenommen werden konnten. Er wollte die Schule als Mittelpunkt des dörflichen Lebens, eher ein Gemeinschaftszentrum und weniger eine Kaserne. Statt dessen organisierte er während des furchtbaren Rückzugs 1915 die Verwendung der Schulräume als Schlafsäle für Flüchtlinge. Er wollte die Schule aus dem Griff sinnloser Prüfungen befreien und die berufsbezogene Ausbildung erweitern. Statt dessen mußten jeden Monat weitere Schuldistrikte in den westlichen Provinzen evakuiert werden. Er bemühte sich, die Autonomie der Universitäten gegen Eingriffe der Regierung zu verteidigen. Statt dessen mußte er feststellen, daß die Zarin darauf bestand, die Mitglieder des Lehrkörpers der Petrograder Universität zu ernennen.

Das Kabinett unter dem Vorsitz von I. L. Goremykin, einem Mann, den er für senil und inkompetent hielt, war so unversöhnlich gespalten, daß einige Mitglieder den Saal verließen, wenn andere zu sprechen begannen. Es gab keine Zuständigkeiten im militärischen Bereich, keine gemeinsame politische Linie, ja nicht einmal eine übereinstimmende Theorie im Hinblick auf die Verantwortlichkeit des Kabinetts. Jeder Minister war allein dem Zaren verantwortlich. Wie alle anderen legte Paul etwa einmal im Monat die Hofuniform an, um nach Zarskoje Selo hinauszufahren und dem Zaren persönlich Bericht zu erstatten, und wie allen anderen stand es ihm frei, die gemeinsam im Kabinett getroffenen Entscheidungen zu kritisieren – was er auch tat. Gleichzeitig wurden viele Kabinettsbeschlüsse vom Zaren wieder aufgehoben. Die Monate gingen dahin, und Paul verlor alle Hoffnung, als ihm klar wurde, daß die Institution der Autokratie als solche das Land daran hinderte, einen modernen Krieg zu führen. Als Minister versuchte er, die Zusammenarbeit mit dem russischen Parlament, der Duma, zu gewährleisten, indem er persönlich an den Sitzungen der Duma im Taurischen Palais teilnahm, um seine Vorschläge gegen den rechten Flügel zu verteidigen, nur um dann feststellen zu müssen, daß andere Minister der Duma generell jede Zuständigkeit absprachen. Als alter Veteran der *semstwo*-Bewegung zog Paul die *semstwos* ins Vertrauen und mußte dann im Kabinett mitanhören, wie seine Amtskollegen über sie sprachen, als seien sie subversive Organisationen. Zudem war ihm bewußt, daß die Macht dem Kabinett entglitt und in die Hände des Oberkommandos in Mogilew, in die Suite der Zarin in Zarskoje Selo und, was am schlimmsten war, in die Petrograder Salons gelangte, die von dem sexuell ausschweifenden und geistig gestörten »Heiligen« Grigori Rasputin angeführt wurden. Es verdroß ihn, daß einer dieser regelmäßigen Empfänge im Haus seiner Tante, der Frau des ermordeten Onkels Aleksei, stattfand, wo der selbsternannte Seher seine Visionen in der Gesellschaft reaktionärer Hysteriker auslebte.

Paul saß schweigsam in den Beratungen des Kabinetts, die immer grotesker und surrealer wurden. Als die russische Armee zurückfiel und die unglücklichen *Schtetl*-Juden der nordöstlichen Ebenen von Polen und Rußland vor sich hertrieb, debattierte das Kabinett stundenlang über die Aufhebung der Bestimmungen, die eine Ansiedlung der Juden in den Städten einschränkten, und dies zu einem Zeitpunkt, an dem die brutale Willkür des Krieges die Gesetzestexte längst überholt hatte. Ein Minister nach dem andern machte sich die Vorstellung zu eigen, daß die internationale jüdische Bankierselite das zaristische Rußland in ihrer Gewalt hatte. Einige wollten die Zuzugsbeschränkungen aufheben, um die Bankiers zu beschwichtigen; andere hielten es für würdelos, daß die Autokratie vor dem jüdischen Geld in die Knie gehen sollte. Paul schwieg während dieser grotesken Debatten und wurde statt dessen als Privatmann beim Zaren vorstellig, um für die Aufhebung des Aufnahmeverbots jüdischer Schüler außerhalb der jüdischen Siedlungsgebiete zu plädieren. Der Zar lehnte ab und gestattete ihm lediglich, für die Evakuierten aus diesen Gebieten jüdische Privatschulen einzurichten. Hin und wieder gelang es ihm auch, das Räderwerk des Vorurteils zu blockieren. Als die Polizei, im Offizierslazarett von Zarskoje Selo einen dekorierten Veteranen verhaften wollte, weil er Jude war und deshalb nicht außerhalb der jüdischen Siedlungsgebiete gesundgepflegt werden durfte, schrieb er den jungen Mann in der Petrograder Universität ein und verhalf ihm so zu dem Recht, in seinem Krankenbett zu bleiben.

Als die Westfront zusammenbrach, die zuweilen nur mit Bajonetten bewaffneten Bauernsoldaten aus ihren Schützengräben krochen und der Rückzug durch Polen einsetzte, sagte der Kriegsminister seinen Amtskollegen: »Ich vertraue auf das unwegsame Gelände, den undurchdringlichen Schlamm und die Gnade von Sankt Nikolaus, dem Schutzpatron unseres Heiligen Russischen Reiches.« Durch seinen Bruder Kolia erfuhr Paul von dem fluchtartigen Rückzug bei Tannenberg, und das Kabinett begriff allmählich, welch verhängnisvoller Irrtum es gewesen war, zu glauben, der Krieg könne höchstens ein Jahr dauern. Paul selbst erinnerte sich an Kabinettssitzungen, in denen der Finanzminister es abgelehnt hatte, in Rußland Munitionsfabriken zu errichten, mit der Begründung, die Lieferungen aus dem Ausland seien ausreichend. Nun mangelte es den Truppen an der Front an Patronen, Stiefeln, Dekken und sogar Uniformen. Der Skandal kostete den Kriegsminister sein Amt. In Paris kaufte Pauls Cousin Aljoscha, der russische Militärattaché, in aller Eile Waffen bei den französischen Munitionsfabriken von Le Creusot.

Dann griff der Krieg auch auf die Heimat über. Pauls Schwester Katia pflegte in der Nähe von Lodz in einem Lazarettzug Soldaten und zog sich eine Infektion zu, als sie im schmutzigen Stroh kniete. Es bildete sich ein Blutgerinnsel, das in ihre Lungen wanderte. Zwei Tage später war sie tot. Paul fuhr in einem Regierungszug nach Warschau, um den Leichnam abzuholen. Er begleitete seine tote Schwester durch Rußland bis zu dem kleinen Bahnhof in der Nähe von Krupoderniza, wo die Dorfältesten den Sarg aus dem Zug holten und ihn abwechselnd über den drei Kilometer langen schlammigen Weg hinab in die Krypta unterhalb der Kirche trugen. Dort sah ihre Mutter zu, wie ihre Tochter in der Familiengruft zur letzten Ruhe gelegt wurde.

Ostern 1915 brachte Paul die ganze Familie hinunter nach Krupoderniza zu seiner Mutter, damit alle an ihrer Stärke und Zuversicht teilhatten. Als der Kiew-Odessa-Express mit einem für den Minister reservierten Schlafwagen an dem kleinen Familienbahnhof anhielt, standen am Fuß einer langen Reihe hölzerner Stufen über den Bahndamm hinab die Kutschen bereit. Am oberen und am unteren Ende der Stufen leuchteten ihnen Stallburschen mit Pechfackeln. Rasch fuhren sie an, die Kutscher knallten mit den Peitschen, die Pferde galoppierten in die Nacht hinein. Als sie vor dem Haus hielten, erwartete sie Großmutter Ignatieff in einen weißen Schal gehüllt auf der Veranda. Sie nahm das Gesicht eines jeden Enkels zwischen ihre Hände und küßte ihn auf die Stirn.

Bei der österlichen Mitternachtsmesse drängten sich in der Kirche die Dorfbewohner in ihren Schaffellmänteln, die einen stechend scharfen Geruch ausströmten. Großmutter Ignatieff sorgte dafür, daß ihre Enkel sich aufrecht hielten und versetzte ihnen einen heftigen Stoß in die Rippen, wenn sie nachlässig dastanden oder sich an eine Säule lehnten. Die

Kirche war dunkel und düster bis zu dem Augenblick, in dem der Kirchendiener die erste Kerze des Kronleuchters anzündete. Das Licht lief über das Netzwerk geflochtener Dochte, bis die ganze Kirche in den Glanz vieler kleiner Flammen getaucht war und es von den Wänden widerhallte: »Christus ist auferstanden! Christus ist wahrhaftig auferstanden!« Jeder trug eine brennende Kerze, und als die Dorfbewohner sich wieder in der Nacht zerstreuten, schützten sie ihre Lichter mit der hohlen Hand, und auf den Feldern und Wegen entfernten sich Hunderte von Gestalten, deren Konturen von einem schwachen Licht nachgezeichnet wurden.

Peggy Meadowcrofts Album ist voller Bilder von jenem Osterfest auf dem Gut: die strohgedeckten Katen der Dorfbewohner; die beiden Faktoten der Familie, Sessujew und Rudnizki, wie sie mit ihren Kindern und inmitten von barfüßigen Frauen steif unter dem Baum des staubigen Dorfplatzes stehen; Wassiljew, der Reitknecht, mit zwei neuen Fohlen; zwei riesenhafte Ochsen auf der Weide; der junge Nicholas, rittlings auf seiner Lieblingsstute Narsan; ein Chorfest, das nach den Ostergottesdiensten draußen im Wald stattfand, die Tische auf Böcken voll beladen mit Brotzöpfen, hölzernen Löffeln und Suppe, die Sänger an einem Tisch, die Sängerinnen in ihrer Tracht an einem anderen und Großmutter Ignatieff und Paul, wie sie von einem Tisch zum andern schlendern. Großmutter Ignatieff ist auf vielen Fotografien zu sehen, immer in einen Schal gehüllt und mit den Enkeln an ihrer Seite. Sie wirkt heiter und nicht so streng und unerschütterlich, wie sie war, als Natascha sie kennenlernte. Ihre Enkel umringen sie liebevoll; sie mögen ihren zarten Duft und ihre sanften Hände. Mit Lionel auf den Knien sitzt sie gütig lächelnd im Garten, in ihrem dreiundsiebzigsten Jahr zurückverwandelt in jene melancholische Schönheit, die einst Disraelis Blicke auf sich gezogen hatte.

Auf einem von Peggy Meadowcrofts Bildern steht Paul neben einer Reihe verwundeter Soldaten, die sich in dem Lazarett erholen, das seine Schwester Mika in einem Flügel des Hauses eingerichtet hatte. Er trägt einen Frack, gestreifte Hosen, einen Eckenkragen mit Krawatte und eine fesch auf den Hinterkopf geschobene Astrachanmütze. Er steht stramm, mit den Händen an den Hosennähten. Er lächelt. Neben ihm stehen die Soldaten, einer auf Krücken, ein anderer mit einem bandagierten Arm, ein weiterer mit einem weißen Mullverband um den Hals. Sie lächeln nicht.

Nach den Osterferien des Jahres 1915 strömten am Bahnhof Bossibrod die Dampfwolken aus der großen Lokomotive in die Nacht hinaus, und die Jungen saßen im Wagen des Ministers, einem leuchtenden Würfel in der ukrainischen Finsternis, und schauten zurück zu ihrer Großmutter, die ihnen von der kleinen Plattform des Bahnhofs aus zum Abschied winkte. Sie sahen sie niemals wieder.

Als der Zug Richtung Norden nach Petrograd rollte, fuhr er an zerlumpten Kolonnen bandagierter Gestalten vorbei, die vom Licht aus den Abteilen gestreift wurden. Sie trugen Bündel, hatten die Füße gegen die Kälte in Sackleinen gewickelt und schleppten sich von der Front zurück. Andere Züge, Armeezüge mit den in aller Eile evakuierten Überresten der Hauptquartiere, stoben an ihnen vorbei, und an den Fenstern kratzten monokelbewehrte Gesichter am Eis und starrten auf die vorüberziehenden Prozessionen von Gespenstern, von abgestumpften und erschöpften Menschen, die bald zu ihren Richtern werden sollten.

Als die Familie nach Petrograd zurückkehrte, verbreitete

sich in der Stadt das Gerücht, daß deutsche Invasionstruppen an der baltischen Küste landen würden. Durch die Vorherrschaft von Rasputins Clique am Hof nahm die demütigende Nutzlosigkeit der Debatten im Kabinett immer mehr zu. Im August 1915 beschloß der Zar, das Oberkommando über die Armee persönlich von seinem Onkel, Großfürst Nikolai, zu übernehmen. Paul war entsetzt. Mit dieser Entscheidung würde der Zar selbst für jede weitere Katastrophe an der Front verantwortlich gemacht werden, und die Autokratie war in Gefahr. Pauls Freund, Landwirtschaftsminister Kriwoschejn, warnte das Kabinett, das weder von dem Beschluß des Zaren in Kenntnis gesetzt noch konsultiert worden war, daß das Land »nicht nur auf eine militärische, sondern auch auf eine Krise im Innern« zusteuere. Nach den geheimen Protokollen des Kabinetts vom August 1915 stellte Paul sarkastisch fest, die Armee höre auf, eine Armee zu sein; statt dessen sei der ungeordnete Haufen auf dem Rückzug zu einem »Volk in Waffen« geworden. Er berichtete, daß die Studenten an den Universitäten sich den Demonstrationen und Krawallen der Industriearbeiter anschlossen, die in Petrograd und Moskau begonnen hatten. Als ihm die Gerüchte über eine Invasion von der Ostsee her zu Ohren kamen, entwarf er Katastrophenpläne für die Evakuierung der Bibliotheken und Lehranstalten in der Hauptstadt selbst.

Auf einer Kabinettssitzung in Zarskoje Selo baten Paul und sieben weitere Minister Nikolaus II., das Oberkommando über die Armee nicht zu übernehmen. Nach ihrer Rückkehr in die Hauptstadt unterzeichneten die Dissidenten unter den Ministern, darunter auch Paul, ein gemeinsames Rücktrittsschreiben, in dem sie den Zaren auf die Gefahr hinwiesen, daß seine Entscheidung Rußland und die Dynastie bedrohe.

Der Zar stieg ungerührt in seinen Zug an die Front. Einen Monat später wurde das Kabinett ins Hauptquartier befohlen, wo der Zar an die Kooperationsbereitschaft der Minister appellierte. Premierminster Goremykin sekundierte dem Zaren, indem er sie »aufforderte, ihren Dienst zu versehen, wie der russische Adel es immer getan hatte, nicht aus Furcht, sondern aus der Verantwortung ihres Gewissens heraus«. Paul war empört, weil man ihren Mut in Zweifel gezogen hatte. Die Zusammenkunft endete mit einer schroffen Entlassung durch den Zaren. Als Paul und seine Amtskollegen im Zug in die Hauptstadt zurückfuhren, schwiegen sie erschüttert.

Einige Tage später wurde Paul in Zarskoje Selo von der Zarin in Krankenschwesternuniform empfangen. Als sie ihn aufforderte, mit Goremykin zusammenzuarbeiten, erwiderte Paul, die Entwicklung sei von keinem Menschen mehr aufzuhalten. Man konnte nicht mehr darauf vertrauen, daß die Armee gegen den Pöbel vorging, und die alten Regimenter waren auf den Schlachtfeldern von Galizien, Polen und Ostpreußen gefallen. Die einzige Lösung war eine Regierung »auf der Grundlage einer organisierten Gesellschaft«, die sich gemeinsam mit den »gesellschaftlichen Kräften des Landes« darum bemühen würde, all jene zu mobilisieren, die »durch die Aufstände etwas zu verlieren« hatten, das hieß also ein Kabinett, das die kollektive Verantwortung durchsetzen und für seine Maßnahmen um die Unterstützung der Duma nachsuchen würde. Die Zarin erkannte ebenso deutlich wie Paul, daß dies das Ende der Autokratie und die Errichtung einer konstitutionellen Monarchie bedeutete. Mit ihrer Erwiderung verschloß sie alle Türen: »Der Zar kann nicht zurückweichen, weil er sonst noch mehr preisgeben muß. Wo wird das alles enden? Welche Macht wird dem Zaren bleiben?«

Überall in Rußland, fuhr sie fort, hätte sich das gemeine Volk ihrem Gemahl angeschlossen, nur die Kabinettsmitglieder und der unzufriedene Pöbel der Städte nicht. Auf dem Land stünde das Volk, jene heilige Abstraktion, hinter dem Zaren. Es lag eine gewisse Ironie darin, daß ihre Ansichten, obwohl sie Paul mit Verzweiflung erfüllten, eine Parodie seiner eigenen waren: Zwischen dem Zaren und seinem Volk lag eine Kluft; er mußte sich dem Volk wieder annähern. Als der Zar daher beschloß, das Oberkommando über die Armee zu übernehmen und sich dem bewaffneten Volk anzuschließen, sah Paul seine liberalen Überzeugungen festgenagelt auf den Widerspruch zwischen seinem Engagement für die personelle Autokratie des Zaren und seinem im Kern britischen Ideal einer konstitutionellen Regierung.

Die Zarin stand während der ganzen Unterredung steif vor ihm. Nach fünfundvierzig Minuten schloß sie knapp: »Sie wissen zweifellos, was geschieht, wenn es – wie im Kabinett – einen Vorfall zwischen dem Kommandeur eines Regiments und seinen Offizieren gibt. Das Regiment wird aufgelöst.«

»Darum beten wir gerade«, war Pauls Antwort.

Bis zum Herbst 1915 konnten die Verluste an der Front eingedämmt werden. Da die unmittelbare Krise vorüber war, fühlte der Zar sich nicht mehr daran gebunden, die öffentliche Meinung durch die Einbindung liberaler Politiker wie Kriwoschejn zu beschwichtigen. Fünf andere Minister, die gegen den Entschluß des Zaren zur Übernahme des Oberkommandos über die Armee opponiert hatten, wurden entlassen. Die Zarin hatte Paul als einen gefährlichen Liberalen gekennzeichnet, und doch gehörte er zur Überraschung aller zu den drei Kabinettsmitgliedern, die ihr Amt behielten. Er bat den Zaren, von seinem Amt entbunden zu werden. Man sagte ihm, daß »die pflichtgetreuen Verteidiger des Vaterlandes nicht aus dem Schützengraben desertieren«, und so diente er weiter im Erziehungsministerium. Im Herbst 1915 war er der letzte russische Liberale im Zentrum der Macht. Der Zar behielt ihn offenkundig, weil er eine Schwäche für alte Regimentskameraden hatte. Vielleicht entsprach er auch jenem mystischen Ideal des Dienens, in dessen Rahmen der junge Minister auch weiterhin seine Verpflichtungen gegenüber einem dem Untergang geweihten Regime definierte.

Auf seiner nächsten Audienz beim Zaren formulierte Paul sein persönliches Credo: »Ich bin weder Politiker noch Bürokrat. Ich bin nur ein Bürger, und als Bürger sehe ich die Probleme des Lebens und versuche, sie aus der Sicht des Durchschnittsrussen und seiner Interessen zu lösen, die sich, recht verstanden, in keiner Weise vom Interesse des Staates unterscheiden. Ich werde nicht nur immer ein Bürger Rußlands bleiben, sondern ich werde auch fest zu den Traditionen meiner Familie stehen. Dazu gehört, daß ich das Prinzip der Einheit zwischen dem Zaren und seinem Volk anerkenne, das die Trennmauer der bürokratischen Interessen überwindet.«

Der Zar in seiner hölzernen Art bemerkte, er habe sich oft in diesem Sinne geäußert. Als Paul dafür plädierte, ein Ministerium einzurichten, das das Vertrauen des Progressiven Blocks der Vierten Duma und der *semstwo*-Bewegung hätte, antwortete der Zar mit der Doppelzüngigkeit des Schwachen: »Sie werden schon sehen.« Er ersetzte Goremykin durch einen anderen Nichtskönner, dessen einzige Empfehlung die Unterstützung durch die Zarin war. Paul reichte erneut seinen Rücktritt ein, wurde aber vom Zaren aufgefordert, »in den Schützengräben der Tschernischew-Brücke«, dem Sitz des Erziehungsministeriums, zu bleiben.

Den Winter 1916 über blieb Paul in seinem Amt, isoliert, innerlich gespalten, immer erschöpfter von dem Kampf um ein funktionierendes Bildungssystem in einem Regime, das sich auf den Zusammenbruch hinbewegte. Der Protokollant des Kabinetts notierte, daß sich der Erziehungsminister in Augenblicken der Anspannung mit einer ruckartigen Bewegung durch seine spärlichen noch verbliebenen Haare fuhr. Im Kabinett meldete er sich immer seltener zu Wort. Die Sitzungen waren eine Farce. Er wurde von einem Küchenkabinett ausgebootet, das die Entscheidungen traf, die noch zu treffen waren. Im Herbst 1916 verschob es die Öffnung der Petrograder Schulen, ohne ihn auch nur davon in Kenntnis zu setzen. Trotz seines persönlichen Protests beim Zaren wurden riesige Summen am Kabinett vorbeigeschleust, um die Presse zu bestechen. Als er gegen den Kabinettsbeschluß plädierte, der die Kontrolle über den Versorgungsnachschub vom Landwirtschaftsministerium auf das Innenministerium übertrug, beendete er seine allmonatliche Audienz beim Zaren mit den Worten: »Ein Funke genügt, um eine furchtbare Feuersbrunst zu entfachen.« Der Zar, der sich in eine unerschütterliche Gelassenheit zurückgezogen hatte, erwiderte ruhig, in Petrograd sehe alles schlimmer aus, als es sei. Beide Männer, der Zar und sein Minister, befanden sich zu diesem Zeitpunkt in einem halluzinatorischen Zustand der Erschöpfung. Während der Audienzen sah der Zar aus dem Fenster, schon jetzt einen stummen, ikonenhaften Leidensausdruck auf dem Gesicht, während sein Minister mit stockender Monotonie die einzelnen Anträge seines Berichts durchging. 1916 war für Paul das Jahr, das seine Kräfte aufzehrte.

Es gibt aus dieser Zeit keine Bilder von ihm. Die letzten Zuckungen des Regimes rissen ihn völlig aus dem Rahmen der Familie heraus. Peggy Meadowcrofts Album ist voller Bilder des zweieinhalbjährigen George, in einem weißen Kittel und mit Knopfschuhen, mit einem Tennisschläger in der Hand oder auf seinem Dreirad sitzend, im Garten der Familien*datscha* in Zarskoje Selo. Andere Bilder zeigen die Jungen, wie sie auf Skiern durch die Wälder und über die zugefrorenen Seen des Parks von Zarskoje Selo fahren. Alle lächeln ungezwungen, nur das Licht im Hintergrund – im Herbst 1916 – ist fahl.

In jenem Herbst schickte Nataschas Schwester Sonia Wasiltschikow einen eilig hingeworfenen Brief an die Zarin, in dem sie sie bat, sich aus der Politik herauszuhalten und nicht mehr auf Rasputin zu hören. Sie dachte ganz naiv, sie könne ihr formlos, einfach von Frau zu Frau, schreiben. Die Strafe folgte auf dem Fuß: sofortige Verbannung auf ihr Gut in Wybiti, Entlassung ihres Mannes aus seinen zeremoniellen Ämtern bei Hof.

Im Oktober 1916 gebar Natascha vor der Zeit einen Jungen. Sie legten ihn in einen Brutkasten und riefen einen Priester, der ihn auf den Namen Alexander taufte. Sie lag in ihrem Bett und hörte das leise Wimmern im Nebenraum, und dann erkannte sie in ihrer Mattigkeit, zwischen Schlaf und Wachen, die Stimme von Vater Nikolai, der nebenan die Gebete für das sterbende Baby sang. Es starb noch in derselben Nacht. Der kleine Sarg blieb im Grabgewölbe einer Kirche von Zarskoje Selo, bis er in die Familiengruft von Krupoderniza hinuntergebracht werden konnte. Sie glaubte, Gott habe ihren Sohn in seine starken Arme genommen, um ihm die Zukunft zu ersparen, die knirschend und ächzend wie das Eis unter den Brücken der Newa vor ihnen aufbrach.

Der bitterkalte Petrograder Winter begann. Am frühen Nachmittag brach die Dunkelheit herein, und in der Dämmerung heulte der Wind über die Kais. Bei Tagesanbruch war die Stadt in eisigen Nebel gehüllt. Nun wurden aus der

Dunkelheit heraus Steine auf den Wagen der Ignatieffs geschleudert, wenn sie in die Stadt fuhren.

Im November 1916 nahm Paul zum letzten Mal an einer Kabinettssitzung teil, in der die Antwort auf einen Antrag der Duma formuliert werden sollte, der das Kabinett des Verrats bezichtigte. Der Premierminister lag am einen Ende eines düsteren, finsteren Raumes in einem Sessel ausgestreckt und schonte seinen gichtigen Fuß. Alle möglichen Kriegslisten wurden eine nach der anderen verworfen. Nach einem langen Schweigen sah der Premierminister zu Paul hin und sagte bedrückt: »Graf, Sie helfen uns.« Paul antwortete verärgert: »Ich werde gegen meinen Willen in diesem Kabinett festgehalten. Es ist deutlich geworden, daß dieses Kabinett weder genug Mut noch moralische Standfestigkeit besitzt, um mit der Staatsduma oder dem Land in Verhandlungen einzutreten.« Er sagte, er werde vor der Duma nicht als Vertreter des Kabinetts, sondern lediglich als Privatperson erscheinen. Als eines der Kabinettsmitglieder wissen wollte, was ihr »Abgeordneter« zu sagen gedenke, erklärte Paul ärgerlich: »Mir scheint, ich bin nicht richtig verstanden worden. Ich kann und will nicht als Abgeordneter auftreten und werde dem Kabinett auch keinerlei Rechenschaft über mein Vorgehen ablegen. Wenn diese Bedingungen nicht akzeptabel sind, werde ich keinen Finger rühren.«

Sie gestatteten ihm einen letzten Versuch, um eine Einigung mit der Duma herbeizuführen. Doch als es ihm gelungen war, die Duma zu einer weniger harten Gangart zu bewegen, erfuhr er, daß Innenminister Protopopow ein Gerücht in die Welt gesetzt hatte, demzufolge die widerspenstigen Mitglieder der Duma zum Dienst in den Schützengräben eingezogen würden, falls sie doch den ursprünglichen Antrag durchbringen sollten. Die letzte Möglichkeit einer Versöhnung zwischen Regierung und Duma war – wenn es sie denn jemals wirklich gegeben hatte – sabotiert worden. Einige Abende später hielt der Präsident der Duma, Miljukow, eine Rede, in der am Ende eines jeden Abschnitts die Anklage gegen das Kabinett widerhallte: »Ist es Dummheit, oder ist es Verrat?«

Paul fuhr noch einmal im Zug der Regierung zu den Hauptquartieren hinaus. Er wies den Zaren darauf hin, daß Protopopow öffentlich geäußert habe, die Armee verfüge über Lebensmittelvorräte für vier Jahre. »Wie könnte man das anders nennen als ein Verbrechen?« fragte er. »Wenn dem so ist, warum steht dann das Volk halbverhungert Schlange? Was könnte dies anderes sein als ein Versuch, das Volk gegen die Armee aufzuhetzen?« Wieder antwortete der Zar: »Ich danke ihnen, daß Sie mir die Augen geöffnet haben. Bleiben Sie um meinetwillen in meinen Diensten.« Paul wurde aufgefordert, am folgenden Morgen zu einer weiteren Audienz zu erscheinen. Er machte in den Hauptquartieren die Runde und plädierte überall dafür, daß man den Zaren von der Absetzung Protopopows überzeugen sollte. Einer der Generale zuckte mit den Schultern: *»Vous plaidez une cause perdue.«*

In jener Nacht versuchte Paul, in seinem Regierungszug auf einem Rangiergleis der kleinen, ländlichen Bahnstation von Mogilew zu schlafen, als ein in den Bahnhof einfahrender Eilzug sein Abteil im Vorbeifahren erschütterte. Durch die Vorhänge konnte er sehen, daß die Zarin angekommen und der Zar sofort zu ihrem Zug geeilt war.

Am nächsten Morgen wartete Paul vergeblich auf eine Vorladung zu der versprochenen Audienz beim Zaren. Beim Mittagessen begann er allmählich zu begreifen: Er sah, wie der Zar und die Zarin hereinkamen, seinen Gruß ignorierten und den am anderen Ende des Raumes versammelten Ministern den Rücken zukehrten. Andere Offiziere und Regierungsbeamte wurden der Zarin vorgestellt. Paul stand abseits in dem Bewußtsein, daß sie über sein Schicksal entschieden hatte. Zwei Tage später erschien er noch einmal mit einem Rücktrittsgesuch in der Hand zu einer Audienz. Mit heiserer und angespannter Stimme las er es dem Zaren vor:

»Eure kaiserliche Majestät und gnädigster Herrscher,

am 19. November empfand ich es in den Hauptquartieren Eurer Majestät als meine Pflicht, bekanntzugeben, daß mein Gewissen und mein Amtseid es erforderten, von meiner Besorgnis über das Vorgehen bestimmter Personen und die politische Entwicklung des Landes Mitteilung zu machen. Ich bat Eure kaiserliche Majestät untertänigst, mich nicht notgedrungen zum Komplizen jener Personen zu machen, deren Handeln, so warnt mich mein Gewissen, zum Untergang von Thron und Vaterland führen werden. In der Gewißheit, daß nur eine in der Notwendigkeit des geeinten Staates geeinte Regierung mit einer gemeinsamen Auffassung von den grundlegenden Regierungszielen und dem Weg zu ihrer Verwirklichung Eurer kaiserlichen Majestät und dem Vaterland in irgendeiner Weise dienlich sein kann, betrachte ich es als treuer Untertan als meine Pflicht, Eure Majestät ergebenst um die Befreiung von der untragbaren Last eines Dienstes zu bitten, der den Geboten meines Gewissens widerspricht.

Glaubt mir, mein Herrscher, daß allein die von meinen Vorfahren ererbten Traditionen mich zwingen, diesen Akt der Gnade von Euch zu erbitten. Diese Traditionen haben sich bewährt in Jahrhunderten der Treue zu den unvordenklich alten Grundsätzen, auf die die Macht des Zarenreiches sich gründete, die gestützt ist auf den Bund des Zaren mit seinem Volk.

Auch ohne unmittelbare Beteiligung an der Führung der Staatsgeschäfte in Übereinstimmung mit den Grundsätzen und dem Beispiel, das mein Vater gab, werde ich derselbe treue Diener Eurer Majestät, des Thrones und des Vaterlandes bleiben.
Eurer Majestät ergebener Untertan, Diener und kaiserlicher Beamter Graf Paul Ignatieff.«
Nach einem Augenblick der Stille hob der Zar den Blick und sagte: »Erregen Sie sich nicht. Setzen Sie Ihre nützliche Arbeit fort. Ihr Gesuch bleibt bei mir in meinem Schreibtisch.« Mit diesen Worten öffnete er eine Schublade des Tisches und legte das Gesuch hinein.
An jenem Abend erfuhr Paul von einem befreundeten Journalisten, daß er als Minister abgelöst worden war. Ein letztes Mal machte er die Runde durch das Ministerium. Seine Untergebenen versammelten sich in der großen Halle und brachten ihr tiefes Bedauern zum Ausdruck. Paul wurde aufgefordert, zu ihnen zu sprechen, doch es fehlten ihm die Worte, und er stand schweigend und mit zusammengekniffenen Augen da. Nur eine Zeile aus einem Gedicht fiel ihm ein: »Freunde, legt euch in die Ruder, legt euch in die Ruder.« Sie trugen ihn auf ihren Schultern die Stufen des Ministeriums hinab zu seinem Wagen.
Paul wurde zu einer Abschiedsaudienz nach Zarskoje Selo geladen. An jenem Morgen war Rasputins Leiche, in den Fluten der Newa treibend, gefunden worden. Der Zar schien kaum hinzuhören, als Paul sagte: »Dies war die Gnade Gottes.« Der Zar erwachte aus seinem Tagtraum und sah ihn durchdringend an: »Sie meinen, der Wille Gottes.« »Nein, Eure Majestät, ich meine die Gnade Gottes. Es hätte schlimmer enden können.«
Paul sagte, er wäre gern geblieben, um die begonnene Arbeit

fortzusetzen, worauf der Zar erwiderte: »Seien Sie unbesorgt. Ich bleibe und wache über ihr Werk.« Dann fügte er mit leiser und abwesender Stimme hinzu: »Sie sagten mir die Wahrheit«, und nach einer Pause: »Wie Sie sie sahen.« Mit diesen Worten schloß ihn der Zar in die Arme und sagte: »Gehen Sie nun zu ihrer Mutter, ruhen Sie sich aus, erholen Sie sich, und kommen Sie dann zurück, um ihre Arbeit fortzusetzen.« Unter Tränen antwortete Paul: »Eure Majestät, irgend etwas sagt mir, daß ich niemals in diesen Raum zurückkehren werde. Gott schütze Euch.«

VI
REVOLUTION

»Gehen Sie zu ihrer Mutter«, waren die letzten Worte des Zaren gewesen. Nach seiner letzten Audienz beim Zaren fuhr Paul nach Krupoderniza hinunter, um bei seiner Mutter zu sein. In der Krypta unter der Dorfkirche sangen sie am Todestag seines Vaters die *panichida*, eine Gedenkmesse für die Toten. Mutter und Sohn standen gemeinsam unter dem niedrigen, von Ikonenlampen beleuchteten Gewölbe der Krypta. Auf dem schwarzen Basaltgrab schimmerte die Inschrift »Peking und San Stefano« wie eine Narbe.

Paul war ein liberaler Befürworter der konstitutionellen Monarchie gewesen, sein Vater ein Verfechter der Autokratie: Beide waren im Alter von fünfzig Jahren untergegangen, auf der Höhe ihrer Macht, weggeworfen von einem Regime, dem sie zu dienen versucht hatten. Sie glichen sich zu sehr, waren zu sehr vom gleichen Fleisch, als daß Paul der schicksalhaften Auflösung, der inneren Zerstörung hätte entgehen können, die auch seinen Vater befallen hatte. Die über fünfzehn Jahre hinweg fest gewickelten Spulen seiner Energie, seines Willens und seiner Beweggründe begannen sich aufzulösen.

Während der Wind über die kahlen Felder pfiff, saß Paul mit seiner Mutter auf dem Sofa des Salons von Krupoderniza und öffnete mehr als 3 000 Briefe und Telegramme, die auf dem Gut eintrafen, als seine Entlassung bekanntgegeben wurde. Die *semstwo*-Bewegung schrieb ihm, seine Arbeit werde nicht vergessen, und Lehrergewerkschaften von Smolensk bis Wladiwostok sandten ihm Solidaritätsadressen.

Der Kirchenchor hatte eine Aufführung mit Ausschnitten aus Glinkas »Das Leben für den Zaren« vorbereitet, und Paul wurde gebeten, eine Solopartie zu übernehmen. Das Konzert fand im Salon des großen Hauses statt. Seine Mutter, die Matriarchin des Dorfes, saß in weiße Schals gehüllt neben Pauls Schwester Mika am Feuer. Um sie herum scharten sich die Dorfältesten, der Feuerwehrhauptmann und der Priester, und an den Wänden standen die Diener, die Paul das Reiten, das Jagen und Fischen beigebracht hatten – Mitro, Sessujew, Rudnizki und Wassiljew –, und ihre Frauen und Kinder. Weitere Dorfbewohner warteten draußen, die Gesichter an die Verandafenster gedrückt. Alle sangen die patriotischen Chöre und hörten dann ihrem Gutsherrn bei seinem Solo zu. Sie applaudierten und verlangten eine Wiederholung. Es hieß »Im Sturm«.

Paul blieb sechs Wochen lang bei seiner Mutter und kehrte Mitte Februar 1917 in die Hauptstadt zurück. Auf seinem Rückweg vom Bahnhof in Petrograd aus überholte er verschiedene Detachements sibirischer Kosaken auf kleinen, zottigen Pferden, die ihr Zaumgebiß kauten und in den privaten Höfen der Straßen in der Nähe seines Hauses auf dem gefrorenen Boden scharrten. Auf den Dächern der öffentlichen Gebäude wurden versteckt Maschinengewehre aufgestellt.

Die Familie war damals schon in ein großes Haus in der Forschtatskaja-Straße gezogen, einen Häuserblock vom Taurischen Palais entfernt, in dem die Duma tagte. Es war ein baumbestandenes und gediegenes Viertel, in dem die vornehmen Regimenter ihre Kasernen und die vornehmen Leute ihre Häuser hatten. Ihres war ein dreistöckiges Gebäude mit korinthischen Säulen an den Fenstern und großen eisernen Toren, die die Auffahrt schützten. Es war in den 1890ern für die Spanische Botschaft errichtet worden und im überladenen Stil des spanischen Barock gehalten. Nachdem Paul es 1915 erworben hatte, wurden Handwerker damit beauftragt, die Überspanntheit des spanischen Stils ein wenig zu mildern und den Springbrunnen aus dem Salon zu entfernen. Im Dezember 1916 zog die Familie in einer chaotischen Prozession von Autos und Lastwagen aus der gemieteten *datscha* von Zarskoje Selo hierher. Paul, der damals schon am Ende seiner Kräfte war, überließ die Aufsicht über den Umzug Natascha, die selbst von der Geburt und dem Tod ihres Kindes erschöpft war.

Das Haus war eine kühle, offizielle Residenz, die Nataschas Bemühungen vereitelte, sie zu einem Heim ihrer Familie zu machen. Ein Pförtner stand vor den Mahagonitüren, und zwei kleine Laufburschen in blauen Mänteln warteten in der marmornen Eingangshalle vor dem Arbeitszimmer ihres Herrn, einem düsteren, mit Leder eingerichteten Heiligtum, zu dem die Kinder keinen Zutritt hatten. Die mit schwarzen und weißen Marmorquadraten ausgelegte Eingangshalle führte zwischen zwei Marmorsäulen hindurch zu der von Kerzen beleuchteten Doppeltreppe, die sich bogenförmig zum Ballsaal, dem Salon, den Speisezimmern und den Schlafräumen hinaufwand. Diese bedrückenden, repräsentativen Räume mit ihren *trompe l'oeil*-Cherubinen und den grauen und weißen Stukkaturen waren kein Ort für Spielzeuge, für Versteckspiele oder Kartenspiele auf dem Teppich. Das Familienleben beschränkte sich bald auf die vielen kleinen, weißgestrichenen Räume im oberen Stockwerk, in denen die Kinder schliefen und die Dienerschaft untergebracht war.

Achtundzwanzig Menschen schliefen im Februar 1917 unter jenem Dach: Paul und Natascha und ihre fünf Jungen; zwei

Kindermädchen; Roman, der polnische Lakai; drei Hausmädchen; Kulakow, der kosakische Butler; Demian, Pauls Kammerdiener; Nataschas Zofe Katia; der Gärtner oder *dwornik* und der Heizer; die beiden Laufburschen und der Pförtner; Basil, der Chauffeur; eine Bedienerin; zwei ukrainische Küchenmädchen und ein schwergewichtiger und gutmütiger Koch; und, in ihren eigenen, nach hinten hinaus gelegenen Räumen, Peggy Meadowcroft und der französische Lehrer der Jungen, Monsieur Darier.

Der Lebensrhythmus des Haushalts war gemessen und ruhig und bestimmt von Wärme und Behaglichkeit. Im Keller schürte der Heizer den Kessel; Basil holte jeden Morgen die Milchkannen am Bahnhof ab, und der Gärtner rollte sie an die Tür der Vorratskammer; die Dienstmädchen der Damen brachten auf Tabletts das Frühstück hinauf; Kulakow weckte die älteren der Jungen und überwachte sie beim Gesicht- und Händewaschen; Demian reichte seinem Herrn die Kleider; Darier ging im unten gelegenen Schulzimmer auf und ab; und die älteren der Jungen schrieben Diktate aus den Texten von Anatole France oder Sainte-Beuve, während die jüngeren in Pelze gewickelt in ihren Kinderwagen ausgefahren wurden; Roman zog seine weißen Handschuhe an und servierte das Mittagessen; die Küchenmädchen schälten die Kartoffeln; der Pförtner öffnete die Tür, um die Jungen hereinzulassen, die mit ihren Schlitten aus dem Taurischen Park zurückkehrten; die kleinen Laufburschen warteten vor dem Arbeitszimmer ihres Herrn auf seine Botschaften; und nachts scharrten die Hufe der Kosakenpferde auf dem festgestampften Schnee des Hofes auf der anderen Straßenseite. Natascha warf sich in ihrem Bett hin und her und versuchte zu schlafen; und oben saß Nicholas, ihr ältester Sohn, an seinem Schlafzimmerfenster und betrachtete die Nordlichter am Himmel.

Eines schönen Morgens Ende Februar saßen die Jungen gerade im Unterricht, als sie einen Lastwagen am Haus vorbeibrausen hörten, dem ein zweiter und ein dritter folgten. Als sie durch die Vorhänge spähten, sahen sie Soldaten und Frauen hinten auf den Lastwagen, die schrien und mit Gewehren winkten. Monsieur Darier hielt in seinem Diktat inne und ging zu den Jungen am Fenster. Die Winterluft trug ihm den Fetzen eines Liedes zu: »Die Marseillaise!« rief er. »Die Marseillaise. Hurra!« schrie er, aufgeregter, als sie ihn je gesehen hatten. Er dachte, die Truppe auf den Lastwagen feierte einen Sieg an der Westfront.

Als in den umliegenden Straßen die ersten Schüsse fielen, glaubten sie, es sei lediglich die Polizei, die einen Streik niederschlage. Doch dann füllte sich die Straße wie ein Flußbett unter einer Sturmflut mit einem grauen Strom von Soldaten, die sich aus den Kasernen in die umliegenden Straßen wälzten und sangen und rote Fahnen schwenkten. Pauls Kammerdiener Demian war Reserveoffizier im Preobrashenski-Regiment, und er stürmte in seine Kaserne um die Ecke, um festzustellen, was passiert war. Ganz aufgeregt kam er zurück. Das Wolinski-Regiment war auf den Preobrashenski-Exerzierplatz gestürmt, hatte einen Offizier getötet, der sie aufhalten wollte, und Waffen beschlagnahmt. Vom Fenster seines Arbeitszimmers aus konnte Paul inmitten der Wogen von Soldaten in ihren sand- und aschefarbenen Mänteln die Schulterstücke des Preobrashenski-Regiments erkennen. Jenes mächtige Regiment, dessen Farben sein Großvater 1815 die Champs-Elysées hinaufgetragen hatte, dessen Lieder er auswendig konnte und in dessen Dienst seine Familie bis zu jenem Augenblick gestanden hatte, in dem er vom Fenster aus zusah, brach nun vor seinen Augen auseinander. Er sah sie vorbeiströmen und hörte nur mit halbem Ohr hin, als ehemalige Kabinettskollegen anriefen, nach deren Voraussagen die Unruhen ganz sicher niedergeschlagen würden. Am Ende des Nachmittags riefen sie an, um ein Versteck für sich zu finden. Er selbst versteckte sich nicht. Er blieb, wo er war, und sah die Sturmflut der Revolution an seinem Fenster vorbeitosen.

Nun kam das andere Petrograd auf sie zu, die frierenden Menschen, die die Ignatieffs immer durch die Wagenfenster sahen, wenn sie sich heimwärts in ihre Mietshäuser schleppten. Sie stiegen über die Eisschollen der Newa, riefen »Brot! Brot!« und sangen die Marseillaise. In ihren Händen hielten sie Eisbrocken, Bolzen, Muttern und Schraubenschlüssel, hier eine Pistole und dort einen Eisenstab. Als sie bei Einbruch der Dunkelheit über die Ufer heraufkletterten, geschah schließlich das Undenkbare: Die Kosaken steckten ihre Säbel in die Scheide und ließen sie passieren. Sie wogten über den Liteini-Prospekt und stießen auf die vorandrängende Flut führerloser Soldaten. In der Winternacht strömten Arbeiter und Soldaten gemeinsam die Forschtatskaja und die anderen Straßen zur Duma hinab. Bajonette wurden in die Luft gestoßen, und Streifen roter Fahnen tanzten über den Köpfen. Die Ignatieffs sahen ihnen hinterher, zu erstaunt, um sich zu fürchten.

Plötzlich standen überall mit Flaggen geschmückte Barrikaden, die von Soldaten und von bis zu den Augen vermummten Frauen besetzt waren. Plötzlich sah man an den Straßenecken Schaufensterglas und Blutspuren im Schnee. Plötzlich war der alte, bärtige Polizist an der Ecke, der immer seine Mütze abnahm und ihnen Gesundheit wünschte, verschwunden. In den Vorhöfen der Duma, am Ende der Forschtatskaja, trieben sich Tausende von Soldaten herum. In den Korridoren des Gebäudes lagen Gewehre, Gerste-

und Mehlsäcke, ein totes Schwein und die Leiche eines Soldaten mit einer Kugel in der Schläfe. Soldaten, Studenten und Arbeiter riefen: »Wo ist die neue Staatsmacht? Wo ist die neue Regierung?« An einem Fenster im oberen Stockwerk des Hauses in der Forschtatskaja zog Natascha voller Verachtung die Vorhänge auseinander. Die Szene da unten war »abscheulich, unwürdig, schändlich, unvergeßlich«. Wer waren diese ehrlosen Frauen, diese tierischen Männer? Die Jungen sollten nicht zusehen. Dies war kein Schauspiel, kein Theater.

Die Spitzenvorhänge wurden zugezogen, die Lichter gelöscht, Kindermädchen und Lehrer wurden beauftragt, die Kinder von den Fenstern fernzuhalten. Gegen die Weisung ihrer Eltern schlichen sie durch die dunklen Hallen, standen im Schatten und beobachteten die Straße unten. Den ganzen Abend über wälzte sich der trübe Strom von Soldaten in Uniform, mit roten Leinenstreifen auf den Bajonetten, von Studenten mit grünen und hellblauen Mützen, Arbeitern mit blauen Schirmmützen und Frauen in Schals und schweren Mänteln auf dem Weg in die Duma vorbei. In jener ersten Nacht der Revolution saßen die Jungen in ihren Schlafzimmern im Obergeschoß und sahen mit an, wie zwei Häuserblöcke weiter das Gerichtsgebäude abbrannte. Asche flog durch den nächtlichen Himmel, sank auf das Pflaster herab, verfärbte und verschmutzte den Schnee. In den bläulichen Scheiben der Fenster des gegenüberliegenden Obergeschosses sahen sie den Scheiterhaufen des Gerichtsgebäudes leuchten und eine schwarze Rauchfahne aufwärts in der Dunkelheit verschwinden.

An den darauffolgenden Tagen wurden Paul in aufgeregten Telefonanrufen der provisorischen Regierung der Gouverneursposten in Finnland und andere, nicht näher bestimmte

Karrieremöglichkeiten im neuen Staatsapparat angeboten. Er lehnte alles bis auf den Vorsitz beim Russischen Roten Kreuz ab. Die provisorische Regierung schickte eine Untersuchungskommission zu einer Unterredung mit ihm und ließ ihm ausrichten, seine Arbeit im Ministerium sei in einem Meer der Reaktion eine Insel der Reform gewesen. Der neue Erziehungsminister stattete ihm einen Besuch ab und sagte ihm, als er im Ministerium die Revolution habe ausrufen wollen, habe er festgestellt, daß sie dort schon begonnen hatte. Als es für das Bürgertum auf den Straßen wieder sicherer wurde, besuchten ihn Freunde und besprachen voller Hoffnung, wie sie das Schiff der konstitutionellen Demokratie durch das Meer eines Arbeiter- und Soldatenaufstands lotsen würden. Paul wollte nichts davon wissen. Seine Verzweiflung verlieh ihm eine Hellsicht, die ihn vor der optimistischen Selbsttäuschung seiner liberalen Freunde bewahrte. Es sei alles zu Ende, murmelte er wieder und wieder, biß sich auf die Lippen und fuhr sich mit den Händen zerstreut durchs Haar.

Ich habe das Tagebuch meines Großvaters aus dem Jahr 1917. Es ist ein in Leder gebundener Band in Taschenbuchformat, der sämtliche gedruckten Informationen enthält, die ein Herr aus Petrograd benötigen könnte: die Feiertage der orthodoxen Kirche, die Mondphasen und die Tiden der Newa, die Zugfahrpläne nach Moskau, Paris und Berlin und die vierstelligen Telefonnummern von Restaurants, Hotels, Ministerien und Geschäftsstellen des Gerichts. Ende Februar notierte Paul an einigen Tagen seine Termine. Anfang März findet sich eine ziemlich wirre Kalkulation der Familienfinanzen, hingekritzelt mit einem hellen, purpurfarbenen Stift. Die nachfolgenden feinen cremefarbenen Seiten des Tagebuchs sind völlig leer.

Die Depression, die Paul nach seiner Entlassung durch den Zaren befallen hatte, verwandelte sich nun in einen schweren Nervenzusammenbruch, der begleitet war von einem erneuten Ausbruch heftiger Asthmaanfälle und von Schmerzen in der Leber und in der Brust. Es war, als hätten die Symptome einer Neurose, die in Charcots Sanatorium zwanzig Jahre zuvor unterdrückt, aber nicht verarbeitet worden war, den Zeitpunkt der Revolution gewählt, um aus dem Schatten seines Lebens herauszutreten.

Zugleich beschleunigte die Revolution eine Umkehr der Beziehungen zwischen Paul und Natascha. Natascha hatte zunächst im Schatten ihrer Mutter und dann in Pauls Schatten gestanden. Nun fand sie zu sich selbst. Als Paul in den Schlafzimmern im oberen Stock dahinsiechte, war es Natascha, die die Familie zusammenhielt und ihn gegen die Soldaten- und Arbeiterdelegationen abschirmte, die an die Tore zu pochen begannen. Sie ließ sie herein und wies ein Dienstmädchen an, Gurkenbrote zu servieren. Die meisten waren nur hungrig und durchgefroren und gingen ganz zahm wieder weg. Vor anderen Abordnungen konnte Natascha ihn nicht beschützen. Arbeiter aus Pauls Baumwoll- und Glasfabriken kamen und standen in der Halle. Sie nahmen ihre Mützen ab, wärmten sich an den Heizkörpern und hörten ihr höflich zu, als sie sagte, ihr Herr sei krank; doch sie weigerten sich zu gehen, bis Natascha sie in das abgedunkelte Schlafzimmer hinaufführte, wo er bleich und schmerzgepeinigt im Bett lag. Er war hilflos und nicht in der Lage, ihnen etwas abzuschlagen; doch ihre Forderungen waren bescheiden, und es dauerte nicht lange, bis sie hintereinander wieder hinausgingen und ihm ein langes Leben wünschten.

Die Revolution war bald nicht mehr so höflich. Ende März kam ein Detachement von Soldaten, um die Wagen zu requirieren. Sie hämmerten an die Tore, während Basil, der Chauffeur, sich unter der Motorhaube des Mercedes bemühte, die Verteilerkappe zu entfernen. Als die Soldaten feststellten, daß man den Wagen fahruntüchtig gemacht hatte, beschlagnahmten sie statt dessen den Renault. Die älteren Jungen sahen von den Fenstern im unten gelegenen Schulzimmer aus zu, wie einer der Soldaten ein rotes Taschentuch herauszog, sich schneuzte und dann das Taschentuch auf das Bajonett spießte, das er aus dem Autofenster heraushielt, als sie in Schlangenlinien die Auffahrt hinunterfuhren. Demian gelang es ein paar Wochen später, den verlassenen und völlig heruntergekommenen Renault wieder aufzustöbern.

Natascha war während der ganzen Revolution durch ihre Überzeugungen geschützt: Mitglieder der provisorischen Regierung waren nichtswürdige Schwächlinge; die Frauen, die in den Demonstrationen Brot forderten, waren irregeführt, denn es gab nur einen eingebildeten und keinen wirklichen Mangel; die tapferen Polizisten waren von dummen und in ihrer Entscheidungsfähigkeit gelähmten Offizieren verraten worden; die Revolution war ein Verbrechen und Stümperei. Was sie vom Fenster aus beobachtete, machte sie blind vor Zorn. Jahre später schrieb sie: »Bis zu meinem Todestag werde ich der festen Überzeugung sein, daß es nur schäbige Schwäche und eine grundlegende Unkenntnis des Wesens der russischen Massen waren, die diesen ersten Tumult entfachten. Wäre nur ein starker Mann mit einer ordentlichen Knute aufgestanden oder unsere wunderbare Zarin Katharina die Große ins Leben zurückgekehrt (meine Verehrung für sie war immer so viel tiefer als die für Peter den Großen, der immer nur alles nachäffte, so wie der Affe seinen Herrn nachmacht, und der damit viel vom wahrhaft russischen Wesen zerstörte). Unsere Zarin Katharina, die unser Land liebte und verstand und zugleich züchtigte, hätte alles gleich zu Anfang wieder in Ordnung gebracht, nicht erst, wenn sich die Dinge einen Tag um den anderen dahinschleppen und wegen der fehlenden Stärke und Autorität immer schlimmer werden.«

Wenn sie so sprach, sagte Paul immer halb besänftigend, halb ungeduldig: »Natascha, beruhige dich, beruhige dich!« Er hielt die Wahrheit für komplizierter, als es ihr heiliger Zorn zuließ. Er war im Zentrum der Macht gewesen und hatte der Korruption ins Gesicht geblickt. Seine Enttäuschung war tiefer als ihre, und wo in ihr ein Zorn aufstieg, der sie ihre Brut verteidigen ließ, empfand er eine Verzweiflung, die ihm seinen Kampfeswillen nahm.

Für die Kinder war die Revolution ein wilder Straßenkarneval, zu dem sie ungeduldig hinausdrängten. Die ältesten waren bald auf der Straße, um die Ruinen des Gerichtsgebäudes zu sehen und die Reden auf den Stufen der Duma zu hören, wo sich eine führerlose Armee versammelt hatte, um einen Anführer und Absolution von ihren Verbrechen zu finden. Bürgerliche Jungen wie sie fanden an den Rändern der revolutionären Menge immer noch einen Platz. Alec war elf und pinkelte in der Nähe der Duma an eine Mauer, als ein gleichaltriger Junge drohend auf ihn zukam und ausrief: »Was treibst du da, *Bürgersöhnchen*?« Ein älterer Arbeiter rief zurück: »Laß ihn in Frieden, er ist ein Kind wie du.« Die Jungen mischten sich am Rande in die Menge und hörten den sich sämtlich widersprechenden Parolen zu, die über dem Getöse im Vorhof der Duma widerhallten:

»Kampf dem imperialistischen Deutschland!«

»Die Arbeiter haben den Zaren nicht gestürzt, um für kapitalistische Ausbeuter zu sterben!«

»Bewahrt die Errungenschaften der Großen Unblutigen Revolution!«
»Nieder mit dem Imperialistischen Krieg!«
Einige Redner wollten die Soldaten nach Hause in ihre Dörfer schicken, andere wollten sie wieder an der Front haben. Die Soldaten zogen von einem Redner zum andern und murmelten hier und da: »Wahrhaftig! Wahrhaftig!« Die Revolution stritt über ihre Zukunft und steuerte bald hierhin, bald dorthin.
Im Haushalt in der Forschtatskaja begann die Dienerschaft, Position zu ergreifen. Demian, Kulakow und Roman unterstützten die Revolution aktiv. Sie behielten ihre Stellungen, doch ihre Beziehungen zu ihrem Dienstherrn gewannen einen neuen, scharfen Unterton. Wenn Demian einen neuen Anzug brauchte, zeigte er auf einen Anzug in Pauls Schrank und stellte fest, der sei doch schon ziemlich abgetragen und müsse ersetzt werden. Er selbst trug ihn dann an seinem halben freien Tag auf der Straße. Kulakow, der sanfte und gutmütige Kosake, zeigte mehr Rückgrat. Als Monsieur Darier, der französische Lehrer, bemerkte, das Brot in dem Haus, in dem seine Frau Gouvernante sei, sei nicht schmutziggrau, ließ Kulakow ein weiteres Brötchen auf seinen Teller plumpsen und sagte ihm, was er damit anfangen könne, wenn es ihm nicht schmecke. Doch derselbe Kulakow weckte weiterhin jeden Morgen die Jungen und überwachte sie beim Waschen und Anziehen; der Heizer schichtete weiterhin die Holzklötze in den Kessel; die Hausmädchen deckten weiterhin den Tisch; und die Milchkannen vom Gut der Wassiltschikows in Wybiti kamen weiterhin am Bahnhof an und wurden dort jeden Morgen von Basil, dem Chauffeur, abgeholt. Selbst das Brot war schließlich wieder so weiß wie gewohnt. Im März und April muß es Augenblicke gegeben ha-

ben, in denen man glauben konnte, die Außenwelt werde bald den geordneten Rhythmus wiederaufnehmen, der im Haus in der Forschtatskaja nicht einmal aus dem Takt geraten war. Doch dem April folgten Mai und Juni. Lenin zog in die Stadt ein und begann, die Bolschewiken auf die Oktoberrevolution hinzuführen.

Im Frühjahr 1917 verschlechterte sich Pauls Gesundheitszustand, und am 7. Mai kam ein Telegramm aus Krupoderniza, in dem ihm der Tod seiner Mutter mitgeteilt wurde. Vater Nikolai wurde eilig herbeigerufen und sang mit gebrochener Stimme die *panichida*. Natascha und die Jungen ließen ihn allein in seinem Schlafzimmer, wo er immer noch krampfhaft das Telegramm festhielt, und eilten in die Kirche des Auf-dem-Wasser-wandelnden-Christus. Dort zündeten sie Kerzen an und beteten für den Seelenfrieden ihrer Großmutter. Wenige Wochen später wurde Paul von Natascha in eine gemietete *datscha* in Zarskoje Selo gebracht. Sie hoffte, die Landluft und der Abstand vom Sog der Revolution in Petrograd würden ihm guttun. Doch er lag weiter im Bett und starrte auf seinen inneren Schiffbruch.

An den Frontlinien verstärkte sich schlagartig die Auflösung der Armee. Im Mai und Juni kam es in der provisorischen Regierung in Petrograd zu einer Krise und einer Abdankung nach der andern. Lenin zog von einem Haus ins andere, um nicht festgenommen zu werden. Er verbrachte mehrere Nächte im Gebäude der Gewerkschaftszentrale, das sich zwölf Häuser von der Wohnung der Familie in der Forschtatskaja befand. Einer der Söhne ist überzeugt davon, daß er ihn auf der Straße sah oder von einer Plattform herab sprechen hörte. Wahrscheinlicher ist allerdings, daß Wochenschaubilder aus dem Exil in seine Erinnerung sickerten.

Die Familie hielt sich in sicherer Entfernung in Zarskoje Selo auf, als sich die Forschtatskaja in der Nacht vom 3. auf den 4. Juli wieder mit einem Strom bewaffneter Soldaten des 1. bolschewistischen Maschinengewehrregiments füllte, die gemeinsam mit Metallarbeitern aus den Putilow-Fabriken und mit Kronstädter Matrosen auf die Duma marschierten. Bis zum Abend hatten regierungstreue Truppen die Kontrolle über die Stadt zurückgewonnen und den Aufstand niedergeschlagen. Die provisorische Regierung konnte sich vorläufig noch halten, doch Paul und Natascha war bewußt, daß die Situation in Petrograd außer Kontrolle geriet. Einmal lauschte einer der Jungen spätabends an der Tür zum Schlafzimmer seines Vaters und hörte, wie er leise zu Onkel Boria Wassiltschikow sagte: »Ich muß sie hier herausbringen!« Doch als man die Kinder zusammengeholt hatte, um ihnen zu sagen, daß sie nach Kislowodsk, einem südlich im Kaukasus gelegenen Badeort, fünf Tagereisen per Zug entfernt, umziehen würden, nannte man ihnen als Grund, daß ihr Vater sich wegen seiner Leber einer Kur unterziehen müsse. Doch unabhängig davon, was Natascha ihren Kindern und sich selbst einredete, ging sie zur Bank, um einen Teil ihres Schmucks aus dem Safe zu holen, und sie packte die von ihrem Vorfahren Karamsin verfaßten Bücher über die Geschichte Rußlands und ihre Fotoalben aus Dugino in den Reisekoffer, den sie in Nizza für ihre Aussteuer gekauft hatte.

Die Familie kam zwei Stunden zu früh am Bahnhof an. Paul sah hager und abgehärmt aus; Natascha ging auf und ab. Sie war sicher, daß sie etwas vergessen hatte, und scherzte über die Umzüge ihrer Familie, die immer einer komischen Oper glichen. Kulakow lief wie ein Schäferhund mit flatterndem Schnurrbart über die Plattform und stapelte Kisten in die Abteile. Es handelte sich um eine großangelegte Expedition:

Kindermädchen, Lehrer, Köche, Dienstmädchen, zusammen mit den Jungen, ihrer Mutter und ihrem Vater insgesamt siebzehn Personen. Die Glocke läutete zum ersten Mal, dann zum zweiten Mal. Man überprüfte zum letzten Mal das Handgepäck. Die Familie stand an den geöffneten Wagenfenstern und sah auf den Bahnsteig hinunter. Dort standen ein trauernder Demian, dem die Schlüssel des Hauses in der Forschtatskaja-Straße übergeben worden waren, Vater Nikolai, der Priester der Familie, und ein paar Kollegen aus dem Erziehungsministerium, die gekommen waren, um ihren Dienstherrn zu verabschieden. Die Glocke läutete zum dritten Mal, und der Kaukasus-Express setzte sich in Bewegung. Durch die Menge brach plötzlich ein alter Mann – ein Balladensänger, der immer für die Familie gesungen hatte – und schwenkte eine Birkenrute, die er Paul hinaufreichte. Auf dieser Rute war ein Zettelchen aufgespießt, auf dem es hieß: »Seien Sie guten Mutes und der Ergebnisse ihrer Arbeit gewiß, da sie aus einer tiefen Wurzel sproß.« Es dämmerte, der Zug glitt hinaus, und sie winkten ein letztes Mal zum Abschied. Als der Zug schneller wurde, starrten sie hinaus auf die Felder im Sommerlicht. Das Land selbst schien sie mit der Botschaft zu trösten, daß Petrograd und die Revolution nicht Rußland waren: In der Ukraine brachten die Erntearbeiter von den goldenen Feldern eine überreiche Ernte ein; die weißen Klostergebäude von Orlow leuchteten still in den Sommerabend; und die Landstraßen waren gesprenkelt von den Sonnenstrahlen, die durch die Pappeln fielen. Sie fuhren durch Orjol, Charkow und Rostow, fünf Tage im Zug. Die Kleinen – George und Lionel – lehnten an jeder Bahnstation aus dem Fenster und imitierten den Singsang der Händler, die zwischen den Zügen auf- und abwanderten und Äpfel, Brezeln und *bubliki* genannte Kringel verkauften. Eingehüllt in die Ruhe der Landschaft, die an ihren Fenstern vorbeizog, kam die Familie nicht auf den Gedanken, daß sie Petrograd zum letzten Mal verlassen haben könnte.

VII
DER KAUKASUS

Der kleine Badeort Kislowodsk, der an den Ausläufern des südlichen Kaukasus zwischen dem Kaspischen und dem Schwarzen Meer gelegen war, besaß einen winzig kleinen, blau und weiß gestrichenen Bahnhof, eine runde Konzerthalle und ein paar vereinzelte Kurheime, Villen und Hotels. Sie gruppierten sich um die Narsan-Mineralquellen, die in ganz Rußland für ihre heilsame Wirkung bei Leber- und Verdauungsbeschwerden berühmt waren. Die Familie mietete eine bescheidene einstöckige Villa in den Hügeln am Rande der Stadt. Dazu gehörte ein separates Gebäude für die Dienerschaft und ein großer Obstgarten mit Apfel- und Pflaumenbäumen. Der Sommer 1917 schien zunächst ein Sommer wie jeder andere zu sein. Die Tage im Kaukasus waren heiß und trocken, die Nächte dufterfüllt und kühl. Die Jungen spielten im Garten oder unternahmen mit Peggy Radtouren durch die Hügel. In ihrem Fotoalbum sind verschiedene Bilder der drei älteren Jungen, wie sie mit Kosakenmützen auf dem Kopf in einer steilen Schlucht am Rand der Stadt auf Felsbrocken sitzen und Sandwiches essen. Zu Hause jedoch saß Paul, in seiner Depression gefangen, zusammengesunken in einem Liegestuhl auf der Veranda. Ein oder zwei Mal täglich nahm er eine Droschke in die Stadt, um in kleinen Schlucken sein Heilwasser zu trinken. Es zeigte kaum eine Wirkung.

Der Sommer 1917 war nicht wie jeder andere. Kislowodsk

fieberte und glühte wie ein Tuberkulosekranker. Ölbarone von den 300 Kilometer südöstlich gelegenen russischen Ölfeldern in Baku fuhren in ihren Kutschen über die pappelgesäumten Boulevards; ihre betrunkenen kaukasischen Wachen feuerten mit Revolvern in die Luft. Das Grand Hotel quoll über von verwundeten Offizieren, die das Wasser der Narsan-Quellen tranken und sich von Modeärzten mit Elektrotherapie behandeln ließen. Auf den von Spalieren gesäumten Gehwegen der Winogradnaja-Allee, der größten Promenade der Stadt, taten die hin- und herschlendernden Offiziere und ihre Damen so, als seien sie in den Ferien und nicht auf der Flucht. In den Arkaden der Narsan-Gallerie, wo Paul sein Heilwasser trank, drängten sich kaukasische Silberhändler und armenische Teppichhändler mit ihren Waren. In den Restaurants und Gartencafés hatten die Kellner mit dem Ansturm der Kundschaft zu kämpfen. Männer mit Monokeln und glatt nach hinten gekämmtem Haar schnippten mit den Fingern, um bedient zu werden; Damen winkten gereizt mit ihrem Fächer. Freitags war die Markthalle voller Petrograder Köche und Moskauer Dienstmädchen, die mit kaukasischen Bergbewohnern um Melonen und Gemüse, angebundene Schafe und dressierte Hühnchen feilschten. Die feine Gesellschaft wahrte den Schein, doch im stillen begann sie, ihr Silber zu verhökern.

Für den Augenblick gab es Nahrung in Hülle und Fülle. Die Obstgärten und Weizenfelder des südlichen Kaukasus waren fruchtbar und ertragreich. Nachrichten über Nahrungsengpässe, plündernde Banden von Deserteuren und aufgehaltene Züge im Norden erreichten Kislowodsk wie von einem fernen Planeten. An der Westfront war die Juni-Offensive gegen die Österreicher aufgerieben und in einen fluchtartigen Rückzug verkehrt worden; die deutsche Armee schloß

Graf Nicholas Ignatieff in einer Karrikatur
in *Vanity Fair*, 14. April 1874
»Ein geschickter Phrasendrescher«

Paul Ignatieff und seine Mutter, Constantinopel 1872

Dugino, der Familiensitz der Mestscherski, 1880

Krupoderniza, der Familiensitz der Ignatieffs
in der Ukraine, um 1900

Die Familie Ignatieff in Ferien in Misdroy an der Ostsee, mit Peggy Meadowcroft, Tonia und einem Kindermädchen, 1912

Baku im Süden und Riga im Norden ein; doch in Kislowodsk schien keiner der Offiziere der Weißen an die Front zu drängen.

Jeden Tag zwischen elf und zwölf spielte im Musikpavillon des Stadtparks ein Kosakenorchester Militärmusik für ein Publikum von Offizieren und ihren Damen. Eines Tages im September standen der dreizehnjährige Dima und der vierzehnjährige Nicholas am Rande der Menge, als die Musik mit einem Mißklang abbrach. Jemand war auf das Podium des Kapellmeisters gesprungen und hatte ihn beiseite geschoben. Von fern erkannten die Jungen eine schmale Gestalt in einer khakifarbenen Uniform auf dem Dirigentenpult; und als sie näherkamen, hörten sie eine entschlossene weibliche Stimme. Sie rief aus, sie sei gerade von der Front in Riga zurückgekehrt, wo die Deutschen den Durchbruch geschafft hätten und alles vor sich her trieben. Die Soldaten seien aus ihren Schützengräben gesprungen und hätten die Offiziere niedergeschossen, die sie aufhalten wollten. Dann wandte sie sich an die Menge und rief aus: »Kennt ihr keine Scham! Keine Vaterlandsliebe! Keinen Kameradschaftsgeist! Ihr liegt hier auf der faulen Haut, während eure Offizierskameraden von ihren eigenen Leuten erschossen werden und eure Frauen eure Plätze einnehmen! Rettet Rußland! Rettet jene Helden und Heldinnen! Stellt Todesbataillone auf!«

Als sie geendet hatte, durchbrach neben den Buben das Schluchzen eines Generals das Schweigen. Offiziere und ihre Damen drängten zu ihr hin und schoben sie aus dem Park hinaus. Sie war blond und zerbrechlich und hatte einen gequälten Blick. Einige Männer sagten: »Eine wahre Jeanne d'Arc! Wie sie spricht! Wir müssen aufbrechen! In wenigen Tagen schon kann die erste Einheit aufgestellt und abmarschbereit sein!«

Am nächsten Morgen berichteten die Kislowodsker Zeitungen über einen bedauerlichen Zwischenfall am Musikpavillon, über den hysterischen Ausbruch einer armen Frau, die Ruhe brauchte und sich besser nicht in Männerangelegenheiten eingemischt hätte. Am Mittag desselben Tages spielte das Orchester wieder, und die Offiziere und ihre Damen applaudierten, als wäre nichts geschehen.

Für Nicholas, den Ältesten, offenbarte die Szene am Musikpavillon den faulen Kern der Frucht. Von diesen Generalen, die nach dem Auftritt der Frau geschluchzt hatten, diesen Gardisten, deren Uniform er in seinen Träumen schon getragen hatte, würde keiner auch nur die Bügelfalte seiner enganliegenden Gamaschen riskieren, um sein eigenes Land vor den Deutschen zu retten. Am Frühstückstisch trank sein Vater in kleinen Schlucken seinen Tee. Er war in seine Depression versunken, sagte nichts und trug durch sein Schweigen noch zur Enttäuschung seines Sohnes bei. In der Nacht begann Nick, heimlich sein Schulheft mit inbrünstigen und holprigen Versen zu füllen, in denen der Ausbruch der Revolution gefeiert wurde:

Im Osten drängt das Tagesgestirn
die bleierne Nacht zurück
Über Rußland vertreibt das Licht
der Freiheit die Düsternis der Nacht.

Im Herbst 1917 fotografierte Peggy Meadowcroft den jungen Nicholas zu Füßen seines Vaters auf den Stufen der Veranda; er lächelt und hält seine nackten Knie umklammert. Schnee hängt in nassen Klumpen auf den Obstbäumen im Vordergrund; die Hügel im Hintergrund liegen unter einer weißen Schneedecke. Es ist ein schöner Tag Ende Oktober. Der abgemagerte, in einen Mantel gehüllte Paul lehnt in einem Liegestuhl, das Gesicht schlaff und aufgedunsen, die

Energiequellen in seinem Körper alle versiegt. Er entglitt seinen Söhnen immer mehr. Stellten sie ihm eine Frage, mußten sie minutenlang auf seine Antwort warten. Er konnte stundenlang schweigend dasitzen, die Kopien seiner offiziellen Berichte an den Zaren auf den Knien.

Ende Oktober 1917 berichtete die Kislowodsker Zeitung über den Sturm auf den Winterpalast, Kerenskis Flucht und die ersten Dekrete der neuen Sowjetmacht. Während der letzten schrecklichen Stunden hatte nur noch das Frauenbataillon die eiskalten Korridore des Palasts verteidigt, Frauen wie jene am Musikpavillon, deren tränenerstickter Aufschrei vergeblich gewesen war.

Im Winter 1918 stürzte sich Rußland in den Bürgerkrieg. Die weiße Armee kämpfte in Sibirien, auf der Krim und im Norden bei Petrograd. Doch im Augenblick waren die Schlachtfelder noch weit entfernt. Fast den ganzen Herbst und Winter lebte die Familie weiter, als sei die Welt außerhalb der grünen Tore ihres kleinen Hauses in Kislowodsk noch immer in Ordnung. Die Auswirkungen der Oktoberrevolution erreichten den südlichen Kaukasus erst, als im Frühjahr 1918 vom Balkon der Konzerthalle herab ein Sowjetkommissar namens Kirow die Ankunft der Sowjetmacht verkündete und der alte Stadtrat von einem aus Kislowodsker Arbeitern gebildeten Sowjet abgelöst wurde. Doch die entsetzlichen Befürchtungen, was die Roten wohl anstellen würden, wenn sie erst einmal an der Macht wären, bewahrheiteten sich nicht. Die Banken wurden verstaatlicht; doch bevor Pauls Bank zum letzten Mal ihre Türen schloß, gelang es ihm, sein Vermögen an eine örtliche Kooperative zu überweisen. Als die Kooperativen verstaatlicht wurden, konnte er sein Geld zurückziehen und es in einem irdenen Krug im Badezimmer verwahren. Das Leben war nicht viel anders als zuvor. Die Jungen begannen, mit ihren Lehrern die Prüfungen am Gymnasium vorzubereiten, die sie im Frühjahr bestanden. Paul trank weiterhin regelmäßig sein Heilwasser, auch wenn dies keine erkennbaren Auswirkungen auf seine Gesundheit oder seine Stimmungslage hatte. Natascha gab der kleinen Dienstbotenschar ihre Anweisungen. Die Bergbewohner brachten weiterhin ihre Erzeugnisse auf den Freitagsmarkt.

Im Frühsommer 1918 kämpften General Denikin und General Wrangels weiße Verbände mit Trotzkis roten Truppen im nördlichen Kaukasus, hundert Kilometer entfernt. Trotzdem kamen immer wieder Arbeiter aus Pauls in der Nähe von Moskau gelegenen Fabriken. Sie durchquerten die Bürgerkriegslinien mit Briefen von Pauls Geschäftsführer im Gepäck und mit Geld in ihren Stiefeln. Einige dieser Botschafter verflüchtigten sich mit dem Geld ihres Herrn im Bürgerkrieg; doch die meisten hielten durch. Sie aßen in der Küche und schliefen in den Unterkünften der Dienerschaft, und am nächsten Tag machten sie sich mit den Botschaften ihres Arbeitgebers wieder auf den Rückweg durch ein Land, das der Bürgerkrieg geteilt hatte.

Im Frühjahr 1918 erschien eines Tages an den grüngestrichenen Toren ein übellauniger alter Soldat, Unteroffizier Jankewitsch, mit vier St. Georgskreuzen an seiner Uniform und einigen verängstigt blickenden ukrainischen Dienstmädchen im Schlepptau. Pauls Schwester Mika hatte sie von Krupoderniza aus mit Kartoffeln und Getreide in ihren Säcken und Geld in ihren Stiefeln auf eine 1500 Kilometer lange Reise geschickt. Den ganzen Weg über murrend, hatte Unteroffizier Jankewitsch seinen Auftrag ausgeführt und wollte nun ein anständiges heißes Essen und ein Bett. Er war der letzte der Botschafter aus dem vergangenen Leben im Norden, der

letzte, der Nachricht von Krupoderniza und von Komtesse Mika brachte. Jetzt war sie allein auf dem Gut, das auf dem Weg der deutschen Armee in die Ukraine lag.
Paul klebte das Geld, das der alte Soldat aus Krupoderniza gebracht hatte, in das Klavier in Peggy Meadowcrofts Zimmer. In dem irdenen Krug unter den Dielen im Badezimmer versteckte er Nataschas Schmuck und seine Berichte an den Zaren. Bis jetzt war noch nichts geschehen, doch es ging das Gerücht, daß bald mit Durchsuchungen und Beschlagnahmungen begonnen werde.
Anfang Juni 1918 hörten sie Schüsse in den Hügeln hinter der Stadt, dann das Grollen der Artillerie und das Kreischen gepanzerter Züge der Roten auf den Eisenbahnschienen. Sie erfuhren, daß eine Gruppe marodierender Kosakenfreischärler unter dem Befehl eines zaristischen Obersten namens Andrej Schkuro die roten Verteidigungslinien am Rande der Stadt angriffen. Eines Morgens erwachte die Familie vom Knattern eines Maschinengewehrs. Nick sprang an sein Schlafzimmerfenster und sah einen Toten auf der Fahrbahn liegen und Soldaten in Khakiuniformen die Straße hinaufmarschieren. Als man sich wieder hinauswagen konnte, ging Nick hinaus in den Garten, wo er Patronenhülsen und ein blutiges Bajonett fand.
Schkuros Kavallerie ritt in die Stadt ein. Zaristische Offiziere zogen ihre alten Uniformen an, und Frauen reichten den Kosakenreitern Geld und Kleidung. Jeder dachte, dies sei nun endlich die Vorhut des weißen Sieges. Doch Schkuro hatte nicht die Truppen, um die Stadt zu halten. Er zog ein, um seine Frau aus einem Hospital der Roten zu befreien, und dann zog er wieder aus und ließ die Weißen mit der Reue über ihr Frohlocken zurück. Als die Roten wieder in die Stadt kamen, verrieten Diener ihre Herren, und Nach-

barn verrieten sich gegenseitig an die rote Administration. In den Bergen brannte die Kavallerie der Roten die Dörfer der Kosaken nieder.
Die Lebensmittel wurden knapper. Die Bergbewohner brachten ihre Erzeugnisse nicht mehr auf den Markt, und freitags kamen Tonja und Kulakow mit leeren Einkaufstaschen zurück. Paul erwachte aus seiner Betäubung; er machte sich an die Arbeit und grub hinter dem Haus einen Gemüsegarten um. Doch er war zu schwach, um durchzuhalten, und so übergab er Wazlaw, dem tschechischen Gärtner, den Spaten. Die Hände fest in den Rücken gestützt und mit blutleerem Gesicht wankte er zurück ins Bett.
Im August beschloß Natascha, daß Paul sich in Essentuki, einem anderen nahegelegenen Badeort, einer Kur mit Moorbädern unterziehen sollte. Nur sechzig Kilometer weiter tobte ein erbitterter Kampf zwischen den Truppen der Weißen und der Roten. Dennoch verbrachte Paul in Essentuki eine beschauliche Woche, bis zum Hals mit Schlamm bedeckt und in der Gesellschaft von zwei alten Generalen, die sich fragten, was wohl aus dem Zaren und seiner Familie geworden war. Zu diesem Zeitpunkt waren sie mit ziemlicher Sicherheit schon tot. Obwohl es ihm immer noch nicht besserging, kehrte Paul rechtzeitig zu Nataschas Geburtstag zurück. Fünf Tage später, am 30. August 1918, wurde der Chef der Petrograder Geheimpolizei ermordet, während in Moskau ein Sozialrevolutionär einen Anschlag auf Lenin verübte, der mißlang. Als Vergeltungsmaßnahme wurde Rußland mit Terror überzogen. Die Männer in Ledermänteln in ihren schwarz verhangenen Wagen nahmen ihre nächtlichen Razzien auf.
Zu Paul kamen sie am 6. September in den Stunden vor Sonnenaufgang. Sie schlugen mit ihren Fäusten an das grüne

Tor, rüttelten an den Türgriffen der rückwärtigen Veranda und hämmerten an die Eingangstür. Natascha rief Paul und den Jungen zu, sie sollten im Bett bleiben, und stand auf, um zu öffnen. Sie drängten hinter ihr ins Haus, fünfundzwanzig insgesamt, angeführt von einem Matrosen der Schwarzmeerflotte namens Turski, der einen dicken Diamantring am Finger trug und dessen Augen vom Rauschgift getrübt waren. Natascha spürte, daß sie von Kopf bis Fuß zitterte, doch sie brachte ihre Stimme unter Kontrolle und verlangte zu wissen, was sie wollten. Der Matrose fragte sie, wer alles im Haus wohne und ob die Jungen im wehrfähigen Alter seien. Sie versicherte ihm, daß Nick, ein großgewachsener Vierzehnjähriger, in Wirklichkeit erst zwölf sei.

Dann erschien Paul in der Diele, den Überzieher über den Schultern, hager und gefaßt. Der Matrose händigte ihm einen Durchsuchungsbefehl aus, der vom Bolschewistischen Sonderkomitee unterzeichnet war. Sie leerten seinen Schreibtisch, nahmen die Aktentasche des ehemaligen Ministers und durchsuchten die hohen holländischen Kachelöfen. Sie fanden Nataschas Haushaltsgeld; doch als sie sie anflehte, die Familie leide Not, wenn sie es nähmen, gaben sie es ihr zurück. Ein Mitglied des Durchsuchungskommandos war ein Student mit der Mütze der Moskauer Universität. Paul bemerkte ruhig: »Was für ein seltsames Zusammentreffen, Kollege«, und der Student wandte den Blick ab. Dann ordnete der Anführer des Kommandos an, daß seine Männer Paul zum Verhör in die Stadt bringen sollten. Paul küßte und segnete seine Kinder, und die Männer führten ihn auf die Straße hinaus. Natascha stürzte in den Garten und rief ihnen in der Dunkelheit nach: »Wann sehe ich ihn wieder?« Als sie ihn in ein Auto setzten, hörte sie jemand zurückrufen: »Morgen früh, am Bahnhof.«

Der Wagen war nur ein kleines Stück weit die Straße hinuntergefahren, als er anhielt und die Männer ein anderes Haus durchsuchten. Paul saß im Wagen und hörte das Rufen und Schreien und Türenschlagen, als das Durchsuchungskommando am Werk war. Nachdem er eine Stunde lang draußen gewartet hatte, kam ein Soldat zum Wagen geritten und befahl ihm auszusteigen. Durch einen jungen Soldaten von hinten gedeckt, ging Paul durch die stillen Straßen zum mehr als zwei Kilometer entfernten Bahnhof. Nach einer halben Stunde ließ ihn der Soldat anhalten und ausruhen. Er saß neben ihm auf dem Randstein und sagte, er sei Student an der Technischen Akademie von Petrograd gewesen und habe sich der Roten Armee angeschlossen, weil er nichts zu essen hatte. Dann fügte er flüsternd hinzu: »Diese Nummer kriegen sie nicht durch.«

Als Paul am Bahnhof von Kislowodsk ankam, halfen ihm die örtlichen Gewerkschaftsgarden freundlich in den Güterwagen hinauf. Als die Rotgardisten die Liste nahmen und auf seinen Namen stießen, murmelte der Unteroffizier, da müsse ein Irrtum vorliegen. Er war in Kislowodsk in die Grundschule gegangen und erinnerte sich, daß der Lehrer die Klasse einmal aufgefordert hatte, sich zu erheben und ein Lied zu Ehren von Graf Paul Ignatieff zu singen. Paul klammerte sich an diese Zeichen der Hoffnung, auch wenn er bei Tagesanbruch vor dem Waggon Schüsse hörte und sah, wie ein Soldat der Roten seinen Revolver wieder in die Tasche steckte und bellend den Befehl gab, die Leichen im Straßengraben hinter dem Waggon zu verscharren.

Beim ersten Tageslicht lief Natascha die Schienen am Bahnhof entlang. Schließlich fand sie Paul, der in seinen Überzieher gewickelt zusammen mit ein paar anderen Gefangenen in einem nach Motorenöl stinkenden Güterwaggon lag. Natascha drangsalierte den Wachhabenden so lange, bis er ihr erlaubte, sich ihrem Mann bis auf Armeslänge zu nähern. Paul sah schwach und erschöpft aus. Sie hatten nur Zeit für ein paar Worte, bevor die Wache Natascha wieder wegschickte.

Am Nachmittag kam Natascha mit ihrem Sohn Dima wieder zurück. Sie hatte Pauls Medizin gegen seine Angina, eine Spritze, einige Binden und Yoghurt in Gläsern mitgebracht. Der Wachposten stöberte in dem Verbandmaterial herum und brachte Natascha damit zur Weißglut. Sie schrie, er habe mit seinen dreckigen Fingern alles verseucht, riß Dima den Yoghurt aus den Händen und schleuderte ihn in den Straßengraben. Paul sah ihr von der offenen Tür des Güterwaggons aus zu. Er sagte: »Liebste, beruhige dich, beruhige dich.« Bei Einbruch der Dunkelheit kehrte Natascha zu dem Rangiergleis zurück, doch der Waggon war verschoben worden, und sie wanderte vergebens die Gleise entlang, um ihn zu finden. Erschöpft und verzweifelt kehrte sie wieder heim und teilte der Familie mit, sie werde zum Hauptquartier der Bolschewisten gehen und gegen die Einkerkerung ihres Mannes protestieren. Die Familie flehte sie an zu bleiben, wo sie war. Es herrschte Ausgangsverbot; sie riskierte, erschossen zu werden. Ein Freund der Familie mit Namen Netschajew – der mit dem bolschewistischen Sowjet in der Verwaltung der Kislowodsker Schulen zusammenarbeitete – hatte eine Delegation zusammengestellt, die vor dem Stadtsowjet für Pauls Leben plädieren sollte. Natascha wollte nicht auf ihn hören. Sie sagte ihren Kindern gute Nacht und nahm eine Droschke hinunter ins bolschewistische Hauptquartier im Grand Hotel.

Während der langen Stunden jenes Abends wartete sie allein in der Hotelhalle darauf, daß Mitglieder des Bolschewistischen Sonderkomitees vorbeikämen. Gegen Mitternacht durchquerte ein Kommissar namens Atarbekow, ein stämmiger und bulliger Mann in einer Kosakenuniform mit roter Armbinde, die Hotelhalle auf seinem Weg ins Bett. Sie sprang auf und verlangte zu wissen, was er mit ihrem Mann gemacht habe. Mit einer Handbewegung wies er sie ab. Gerade hatte er ein schweres Essen zu sich genommen, und nun brauchte er seinen Schlaf. Als nächster erschien der mit Drogen vollgepumpte Matrose Turski, der Anführer des Durchsuchungskommandos, das Paul festgenommen hatte. Er schrie sie an, man könne sie dafür erschießen, daß sie während des Ausgehverbots noch unterwegs sei, und Natascha gab zurück, es sei ihr egal, ob man sie erschieße, solange sie nicht herausfinde, was mit ihrem Mann passiert sei. Turski schien sich erweichen zu lassen. Er deutete an, daß er am nächsten Tag vielleicht etwas tun könne. Der frühere Bürgermeister der Stadt war in der Hotelhalle und bat Turski, sie nach Hause gehen zu lassen. Einer von Turskis Leibwächtern begleitete sie auf dem Nachhauseweg und erzählte ihr betrunken von seiner »Arbeit für die Große Unblutige Revolution«.

Natascha erfuhr, daß die Gefangenen mit dem Zug zu den bolschewistischen Hauptquartieren in Piatigorsk, einem etwa achtzehn Kilometer entfernten Badeort im südlichen Kaukasus, gebracht wurden. Am nächsten Morgen beschaffte sie sich bei ihrem Freund, Professor Netschajew, einen Passierschein für Piatigorsk, demzufolge sie als Lehrerin damit beauftragt war, Noten für die Schulen zu kaufen. Nach einem weiteren fruchtlosen Austausch von Beleidigungen mit den Bolschewisten im Grand Hotel ging sie zum Bahnhof, wo Freunde und Bekannte herumstanden und das Gerücht ging, daß alle Gefangenen zum Bahnhof gebracht würden, um dort freigelassen zu werden. In diesem Augenblick sah sie, wie ihr Mann aus einem Waggon herausgeholt wurde. Sie wandte sich an Turski, der mit seiner Wache über die Plattform stolzierte, und fragte ihn, ob ihr Mann freigelassen werde. »Er wird nicht freigelassen«, antwortete Turski lächelnd.

Sie schrie ihn an: »Wie können Sie es wagen, mich zu täuschen! Sie haben mir versprochen, daß Sie ihn freilassen.«

»Ich habe gar nichts versprochen.«

»Dann werde ich mit ihm gehen.«

»Sie haben keinen Passierschein.«

»Und ob!« rief sie. Sie griff in ihre Tasche, schnappte ein Blatt Papier und schwenkte es vor seinem Gesicht. Er nahm es, überprüfte es und gab es mit einem Lächeln zurück. Sie riß es an sich. Es war eine Einkaufsliste. Entgeistert wühlte sie in ihrer Tasche, fand den echten Passierschein und reichte ihm das Papier. Turski sah sich die Komödie ungerührt mit an. »Sie werden nicht gehen«, sagte er und wandte sich ab.

In diesem Augenblick öffneten sich die Türen des Bahnhofs, und die bewachten Gefangenen wurden zum Zug geführt. Paul war unter ihnen. Sie erkannte zwei zaristische Provinzgouverneure und eine Gruppe von Sozialrevolutionären, Gegner der Bolschewiken, die ihr Bettzeug bei sich trugen und revolutionäre Lieder sangen. Bevor Paul und Natascha auch nur ein Wort wechseln konnten, fuhr der Zug aus dem Bahnhof hinaus in Richtung Piatigorsk, das, wie sie wußte, zu einem Ort geworden war, an dem weiße Geiseln getötet wurden. Sie fühlte sich wie ein Stein, den man in einen Brunnen geworfen hat.

Frauen auf dem Bahnsteig trösteten sie, sagten ihr, sie solle ruhig sein, kein Aufhebens machen, zu ihren Kindern nach Hause gehen. Sie ging nicht zu ihren Kindern nach Hause. Den ganzen Tag über saß sie in der Halle des Grand Hotel, wie gelähmt und teilnahmslos. Sie hörte und sah nur halb, wie die Kellner in der Halle hin- und hergingen, wie die Sowjetkomitees hinter den verschlossenen Türen der Teesalons und Palmenhöfe stritten. Allein in ihrem schwarzen Kleid und ihrem schwarzen Schal, Stunde um Stunde jenes langen Tages in der Halle sitzend, von den Vorübergehenden unbemerkt, fragte sie sich im unverwundeten Teil ihrer selbst, wie sie nun ihre Söhne am Leben halten sollte. Sie sah zu, wie die Septembersonne unterging, und hörte wie von fern das Geschrei und die schweren Tritte von Armeestiefeln in der marmornen Eingangshalle. Als es dunkel wurde, erhob sie sich. Sie fand eine wartende Droschke und sagte dem Fahrer, er solle sie nach Hause bringen.

Ihre Kinder saßen alle im Dunkeln; der Strom war abgestellt worden. In der Stille der Nacht saßen sie betäubt und regungslos. Für sie war das Unglück eine Karte, die immer an andere ausgegeben worden war. Alles, was bis dahin ihr Leben gewesen war, hatte ihnen dieselbe beruhigende Botschaft vermittelt: Ihr seid immun. Es wird andere treffen, aber nicht euch. Und nun hatte es sie getroffen.

Im Zug nach Piatigorsk wurde Paul in die Waggons mit den Sozialrevolutionären gepackt. Als der verdunkelte Zug am Rande des Geschützfeuers an der Front über die Gleise kroch, saß er in seinen Mantel gewickelt und hörte den Sozialrevolutionären zu. Sie sangen die Hymne »Wir sind Opfer des todbringenden Kampfes«, die er als Gouverneur vom Fenster seines Amtszimmers aus gehört hatte und die er nun als Mitgefangener der neuen Staatsmacht hörte. Er dachte, der Augenblick seines Todes sei nah. Auch die Sozialrevolutionäre glaubten an seinen nahen Tod. Dagegen waren sie sicher, daß sie als Revolutionskameraden von den Bolschewisten verschont würden. Der Bahnsteig auf dem Bahnhof von Piatigorsk war voller Soldaten der roten Armee, die drohend auf die Geiseln zudrängten. Die ukrainischen Gewerkschaftsgarden umringten Paul, und ihr Anführer schrie: »Der erste, der uns zu nah kommt, ist ein toter Mann.« Ein alter Soldat aus der Ukraine führte Paul über die Plattform zu einem von Pferden gezogenen Karren. Zu diesem Zeitpunkt war Paul kaum mehr in der Lage zu gehen. Er lehnte schwer auf dem Arm des Soldaten. In dem Karren, der sie ins Stadtgefängnis brachte, fragte ihn der alte Soldat flüsternd, ob er irgend etwas tun könne, um zu helfen. Paul hatte gerade noch Zeit zu sagen: »Informieren Sie die Schulen.«

Paul und die anderen Gefangenen wurden in einen Raum am Eingang des Gefängnisses geführt. Der Vorsitzende des Bolschewistischen Komitees von Piatigorsk, Gueh, ein höflicher kleiner Mann mit hellen, intelligenten Augen und einem Spitzbart, trat herein und fragte in perfektem Französisch, ob er Graf Ignatieff sprechen könne. »Sie meinen Bürger Ignatieff«, sagte Paul auf russisch. Gueh schien amüsiert. Das Telefon klingelte, und Gueh ging hin, um abzunehmen. Paul hörte eine Frauenstimme, die Gueh zum Tee einlud, und Gueh antwortete, er nehme mit Vergnügen an. Er entschuldigte sich und ging wieder zu der Versammlung, auf der über das Schicksal seiner Gefangenen entschieden wurde.

Nachdem Paul sich an der Gefängnispumpe im Hof gewaschen hatte, wurde er in einen großen Raum geführt. Provinzgouverneure, jüdische Händler, Richter, Armeeoffiziere, Serben, Polen, Zaristen und Sozialrevolutionäre lehnten alle wartend an der weißgekalkten Wand. In der Mitte des Raumes stand ein alter Sessel. Die Gefangenen führten Paul zu ihm hin und setzten ihn behutsam hinein.

Kurz vor acht hörten die Gefangenen Schritte auf dem Korridor. Die Tür ging auf und Atarbekow, der bullige Bolschewik, den Natascha am Abend zuvor in der Hotelhalle in Kislowodsk angesprochen hatte, erschien mit dem Gefängnisdirektor und einer Wache. Sie zeigten auf Bürger Ignatieff.

»Sie sind frei. Verlassen Sie augenblicklich das Gefängnis.«

Paul sagte, er gehe nicht ohne die anderen. Atarbekow deutete auf zwei ehemalige zaristische Gouverneure, mit denen Paul sich im Zug angefreundet hatte, und sagte: »Rasch, nehmen Sie sie mit.«

»Geben Sie uns einen Entlassungsschein?« fragte Paul.

»Ich habe hier kein Büro und keinen Stempel und kann ihnen also auch keine Bescheinigung geben«, erwiderte Atarbekow.

»Dann werde ich das Gefängnis nicht verlassen. Die Stadt steht unter Kriegsrecht, und lieber will ich ordnungsgemäß als wie ein Hund an einer dunklen Straßenecke erschossen werden.«

Einer der Gefangenen zerrte an Pauls Ellbogen und drängte ihn, sich aus dem Staub zu machen. Doch Paul blieb fest. Warum, so fragte er, war er überhaupt festgenommen worden, und warum forderte man ihn jetzt auf zu gehen?

Atarbekow antwortete barsch: »Wir wußten nicht, daß Sie sich in der Volksbildung als nützlich erwiesen hatten.« Einer der Wärter mischte sich ein: »Sie vielleicht nicht, aber wir schon.« In einem Russisch, das von einem starken Akzent geprägt war, erklärte der Wärter, er sei Schüler einer Textilfachschule in Lodz in Polen gewesen, die zu Pauls Zeit als Minister gegründet und finanziert worden war. Paul sagte, er sei bereit, mit diesem Mann zusammen das Gefängnis zu verlassen. Dann verlangte er noch, daß Atarbekow den Kislowodsker Sowjet telefonisch von seiner Freilassung unterrichtete und daß er seine Familie informierte.

Die ukrainischen Gewerkschaftler hatten getan, worum Paul sie gebeten hatte. Sie waren in die Schulen gegangen und hatten vor einem gerade tagenden Lehrerrat gesprochen. Ein Lehrer aus der Stadt namens Udarjuk, der sich den Bolschewisten angeschlossen und ihnen im Kaukasus beim Lesen der Karten geholfen hatte, beauftragte die Gewerkschaftler in den örtlichen Schulen, die Nachricht von der Festnahme Graf Ignatieffs zu verbreiten. Bald versammelten sich Lehrer und Schüler aus der ganzen Stadt unter den Fenstern des bolschewistischen Hauptquartiers und standen schweigend im herbstlichen Zwielicht. Der bolschewistische Lehrer ging in die Versammlung hinein und forderte Pauls Freilassung. Als Gueh protestieren wollte, zeigte der Lehrer auf die Menge unten und sagte ihm, sie würde den Gefangenen auch mit Gewalt befreien. Die bolschewistische Herrschaft über die Stadt war noch nicht gefestigt. Die Weißen standen in den Hügeln, und alle verfügbaren Detachements befanden sich an der Front. Ein Aufstand der Bürger in der Stadt war gerade erst unterdrückt worden. Die einzigen Wachen, die Gueh zur Verfügung standen, waren Angehörige der Polnischen Legion, und die hatten sich geweigert, etwas anderes als den Wachdienst zu übernehmen. Gegen die Menge wollten sie nicht einschreiten. Gueh waren die Hände gebunden. Er ordnete die sofortige Freilassung des Gefangenen an. Paul verdankte sein Leben einer Laune des Bürgerkriegs, einigen ukrainischen Gewerkschaftlern und einem jungen bolschewistischen Geographielehrer, den er niemals kennengelernt hatte.

Zu Hause in der Villa in Kislowodsk lagen die Jungen im

Dunkeln wach, als im Flur das Telefon klingelte. Sie hörten die aufgeregte Stimme ihrer Mutter, und noch bevor sie aus dem Bett klettern konnten, stürzte sie in ihr Zimmer: »Er ist frei! Er ist frei!« Es schien ein Ding der Unmöglichkeit zu sein – keiner konnte in jener Nacht schlafen; alle fragten sich, ob sie die Nachricht glauben konnten.

In jener Nacht lag Paul auf dem Gefängnisboden und lauschte auf das schwindsüchtige Husten eines anderen Gefangenen. Er fragte sich, ob er glauben konnte, daß er am folgenden Tag frei sein würde. Am nächsten Morgen legte ihm Atarbekow eine Bescheinigung vor, nach der die Ignatieffs weiterhin unbehelligt in Kislowodsk leben konnten. Zusammen mit den Gefangenen, deren Freilassung Paul zur Vorbedingung für seine eigene gemacht hatte, wurde er entlassen und nahm den Zug zurück nach Kislowodsk. Am späten Nachmittag, nach achtundvierzig Stunden Gefangenschaft, kehrte Paul in die Villa der Familie zurück. Peggy Meadowcroft gab ihm eine Zigarette, um ihn »wiederaufzurichten«. Es war die erste Zigarette seines Lebens. Seine Söhne sehen heute noch ihren hageren und übernächtigten Vater vor sich, wie er im Flur der verdunkelten Villa in der Bajasezkaja-Straße, noch im Mantel, diese Zigarette rauchte. Es war – so sagte Dima – der wichtigste Augenblick in seinem Leben.

Als Natascha am Morgen danach in der Winogradnaja-Allee einkaufte, sah sie einen Mann, der mit dem Ausdruck des Entsetzens auf dem Gesicht seine Zeitung las. Sie ging zu ihm hin, und er deutete auf eine Spalte mit 140 Namen, die Liste der weißen Gefangenen, die an den Hängen des Maschuk, am Stadtrand von Piatigorsk, von den roten Erschießungskommandos exekutiert worden waren. Unter ihnen waren die beiden Generale, mit denen Paul zwei Wochen zuvor seine Moorbäder in Essentuki genommen hatte, die Sozialrevolutionäre, die in Pauls Zug »Wir sind Opfer des todbringenden Kampfes« gesungen hatten, und fast alle die verängstigten Männer, die ihm den einzigen Stuhl in der Gefängniszelle von Piatigorsk angeboten hatten. Zaristen und Sozialrevolutionäre wurden gemeinsam in ein flaches Grab geworfen. Mitten auf der Liste stieß Natascha auf Pauls Namen.

Zwei Tage nach seiner Freilassung ging Kislowodsk in andere Hände über. Oberst Schkuros Kosaken kamen aus den Hügeln zurück. Nick hackte Holz im Vorgarten, als ein übel aussehender Kosake in einer zerfetzten Uniform mit der Faust an das Tor hämmerte und fragte, ob sie irgendwelche Hemden oder Hosen übrig hätten. Tatsächlich hatte Nick ein paar neue Hosen aus Khakistoff aus einer Fabrik der Familie geschickt bekommen. Er hatte sie dem Kosaken schon gegeben, als ihm einfiel, daß er jetzt nur noch die kurzen Hosen besaß, die er anhatte. Während der Kosake am Tor die Hosen über seine zerfetzten Hosenbeine hielt, fragte ihn Nick, was für eine Regierung sie einsetzen wollten, wenn die weißen Truppen Moskau eingenommen hätten. Würden sie die Monarchie wieder errichten?

»Monarchie, nichts da! Wenn wir mit den bolschewistischen Teufeln fertig sind, schneiden wir den Aristokraten die Hälse ab, diesen Blutsaugern!« Er nahm die Hosen und ritt davon.

Einige Wochen später wanderten die älteren Jungen mit Peggy Meadowcroft durch die ausgedörrten Hügel am Rande der Stadt, als sie auf eine Gruppe kaukasischer Bergbewohner stießen, die ihnen sagten, die Roten seien wieder auf dem Weg nach Kislowodsk. »Was passiert dann?« fragten die Jungen. Die Männer mit den bärtigen Gesichtern und den derben Hüten lächelten und fuhren sich mit den Spitzen ihrer Dolche über den Hals. Als Peggy und die Jungen nach Hause kamen, waren alle unversehrt, aber auf dem Sargberg lag schon eine Batterie Roter und beschoß die Außenbezirke der Stadt, und eine Batterie Weißer gab das Feuer zurück und jagte ganze Erdfontänen aus den Bergflanken. Am Nachmittag kletterte Nick über die Gartenmauer und stahl sich die Hügel hinauf, um mehr zu sehen. Er lag auf dem dürren Gras, spürte die letzte Wärme des Herbstes in der Erde und beobachtete die wirbelnde Frontlinie auf dem Grasland oberhalb der Stadt, neun Kilometer entfernt. Weiße Rauchwolken stiegen aus Kanonenmündungen auf, Gestalten liefen, fielen und blieben liegen. Es war wie auf einem Gemälde in einem Museum.

Das Knattern von Maschinengewehren ganz in seiner Nähe trieb ihn über die Gartenmauer in die Sicherheit der Villa zurück. Schrapnelle explodierten in den Straßen unweit des Hauses. Die Roten bombardierten den Bahnhof. Bald drängten sich in der Gludowski-Straße, die unten am Garten vorbeiführte, verängstigte Familien, die in die Hügel flohen. Nataschas Bruder war auch dabei. Er ließ seine Familie zurück, um sich Oberst Schkuros weißem Kosakenheer anzuschließen.

Paul war zu krank, um sich zu rühren. Außerdem vertraute er weder Schkuro noch einem anderen Weißen. So sah die Familie den ganzen Nachmittag vom Fenster aus zu, wie die schweigende, verzweifelte Kolonne am Fenster vorbeizog und in einer Staubwolke in der Ferne verschwand. Bei Einbruch der Dunkelheit zog sich die Kosakenkavallerie der Weißen die Straße hinauf vor den vorrückenden Streitkräften der Roten zurück. Von der Veranda aus konnten die Jungen den blutroten Rauch der Schrapnelle sehen, die über der fliehenden weißen Zivilbevölkerung explodierten. Paul, Natascha und ihre Kinder setzten sich im Dunkeln zu Tisch, in einer Stadt, die die Invasion erwartete. Als die Nacht hereingebrochen war, hörten sie das Rumpeln eines am Bahnhof eintreffenden gepanzerten Zuges der Roten, und aus der Stadt drangen leise die Klänge einer Kapelle herauf, die die *Internationale* spielte.

Die folgenden Monate der Besetzung durch die Roten, von Oktober 1918 bis Januar 1919, waren ein wirrer Alptraum voller Durchsuchungen, Gerüchte, Hunger und Kälte. Siebzehn Mal durchstöberten bewaffnete Kommandos das Haus nach Waffen, Schmuggelware, Schmuck, Nahrung und Heizmaterial. Es gelang der Familie, ein paar Dinge in Peggy Meadowcrofts Klavier zu verstecken. Sie befestigte einen *Union Jack* an ihrer Tür, und wenn sie zur Durchsuchung anrückten, stellte sie sich vor die Tür und erklärte in ihrem Putney-Russisch, ihr Raum sei britisches Gebiet und sie seien nicht befugt, es zu betreten. Dann setzte sie sich ans Klavier und hämmerte *»It's a long way to Tipperary«*, um die Moral der Familie zu heben. Alles, was sonst noch wertvoll war, der Schmuck, das letzte Geld und die Berichte an den Zaren, war sicher in dem irdenen Krug unter den Dielen des Badezimmers verborgen; doch nach der sechzehnten Durchsuchung war von den Büchern, den Ikonen, dem Silber und dem Leinen nichts mehr da. Immer wenn es so aussah, als sei nun alles vorbei, kamen sie wieder, schlossen jeden in sein Zimmer ein und begannen von vorn.

Als sie schon alles andere mitgenommen hatten, kamen die abgerissenen und hungrigen Männer zum siebzehnten Mal und kippten den Inhalt aus den Schubladen und Schränken der Kinder auf Bettücher, verknoteten sie und trugen sie davon. Natascha bedrängte sie, sie sollten wenigstens Schuhe

für die Kinder zurücklassen. Einer der Durchsucher sah sie an und sagte, die Bürgerin verstehe wohl nicht: Seine eigenen Kinder hatten niemals Schuhe besessen.
Ganz allmählich schmolz das alte Fundament aus Köchen und Dienstmädchen, Lakaien und Butlern dahin. Kulakow, der Butler, zeigte allzu offen seine Sympathien für die Bolschewisten; er wurde entlassen. Der Koch verhielt sich, wie Natascha sagte, »unanständig« gegenüber Katia, der Zofe der Damen, und schwängerte sie. Beide wurden entlassen. Sie blieben dann allerdings in der Stadt, und Natascha besuchte sie weiterhin, wenn sie Rat und Hilfe brauchte. Als einer der Lehrer von einer Reise nach Nordrußland zurückkehrte und, wie Natascha sagte, »ein richtiggehender Wilder aus den Wäldern, verdreckt, überall mit Haaren bedeckt, alles in allem äußerlich und innerlich ein Bolschewik« geworden war, mußte auch er die Koffer packen. Bald blieb nur noch eine Handvoll der Bediensteten, die aus Petrograd mit ihnen gekommen waren.
George, der Jüngste, überstand die ganze Revolution wie ein Vogel unter den Fittichen seines Kindermädchens Manja. Sie hatte ihn aufgezogen, hatte ihn bei seinen ersten Schritten im dunklen Garten der Villa von Zarskoje Selo gehalten, hatte im Zugabteil die weißen Leintücher ausgelegt, um ihn auf der Bahnfahrt von Petrograd vor dem Ruß zu schützen, hatte ihn für eine Fotografie mit einem Kosakenanzug herausgeputzt und hatte, als sie seinen Vater geholt hatten, die ganze Nacht bei ihm gewacht. Sie war ein schmächtiges, braunäugiges sibirisches Bauernmädchen von einer unerbittlichen Anhänglichkeit, das schließlich glaubte, George sei in Wirklichkeit ihr eigenes Kind.
An einem Winterabend Ende 1918, als George schon schlief, wurde Manja entlassen und aufgefordert, die Villa zu verlas-

sen. Der damals gerade sechsjährige George erwachte am andern Morgen und sah anstelle von Manja den Hauslehrer vor sich, der nach ihm griff, um ihn aus dem Bett zu ziehen. George klammerte sich angstvoll an seinen Bettpfosten, und als er gewaltsam losgezerrt wurde, stieß er sich den Kopf und wurde ohnmächtig. In Peggy Meadowcrofts Zimmer kam er wieder zu sich. Von panischer Angst und Schmerzen geplagt, hörte er, wie sie sagte, er sei jetzt ein großer Junge und müsse von nun an ohne seine Manja auskommen.

Aus der Welt des Kinderzimmers vertrieben, begann er, die Welt jenseits der Gartentore ihrer Villa wahrzunehmen. Erst nachdem Manja gegangen war, prägte sich seinem Gedächtnis die erste Schreckensszene ein. Von den Fenstern der Villa aus sah er, wie ein schreiender Mann unmittelbar vor dem grünen Tor über die staubige Straße geschleift wurde. Seine Füße waren auf dem Rücken eines Pferdes festgebunden, und sein Peiniger ritt voran, ohne auch nur einen Blick zurückzuwerfen.

In jenem Herbst des Jahres 1918 wurde den Jungen zum ersten Mal bewußt, wie sehr die Zeiten ihre Mutter verändert hatten. Sie war nicht mehr der zerbrechliche, unschlüssige, witzige und zurückhaltende Mensch ihrer Kindheit in Petrograd. Die Not hatte sie abgehärtet. Während der Haft ihres Mannes war sie wie eine Tigerin gewesen, wütend, hartnäkkig und furchtlos. Jetzt, wo die meisten Bediensteten gegangen waren, übernahm sie den Haushalt. Zuvor hatte sie niemals in ihrem ganzen Leben auch nur Wasser gekocht. Jetzt sahen sie ihre Mutter morgens in einem schäbigen schwarzen Mantel aus dem Haus gehen, das Haar mit dem Schal einer Bäuerin bedeckt, um beim Bäcker für das krümelige Brot anzustehen, das aus Korn, Kartoffelmehl und Kleie gebakken wurde. Einer der Jungen begleitete sie, wenn sie auf die

Dörfer hinausfuhr, um Hammelfleisch, Kochfett und Honig einzutauschen. Sie war gewitzt und gerissen geworden, und nichts konnte sie unterkriegen. Und sie verfluchte niemals ihr Schicksal.

Sie empfand nichts als Verachtung für Verwandte in der Stadt, die mit den roten Kommissaren Karten spielten und den Durchsuchungskommandos, die ihre Häuser durchwühlten, Tee und belegte Brote anboten. Nataschas Zorn und das Gefühl, vergewaltigt zu werden, machten sie furchtlos. Als die Durchsuchungskommandos versuchten, die Kleidung der Kinder mitzunehmen, schrie sie sie an. Als sie das Familiensiegel ihres Mannes und Karamsins Geschichte des russischen Staates mitnahmen, stürmte sie hinunter in das bolschewistische Hauptquartier und forderte ihre Rückgabe. Als die Kommissare drohten, sie würden sie einsperren, wenn sie nicht verschwinde, wagte sie, es darauf ankommen zu lassen. Sie erstaunte sich selbst und ihre Kinder. Sie wußten, daß sie sich vor Mäusen und Gewittern fürchtete, aber alles andere fürchtete sie nicht.

Als im November 1918 der Winter einbrach, halfen die Jungen Wazlaw, dem Gärtner, die Pappeln im Garten zu Brennholz zu verarbeiten. Sie schoben das frische Holz in die Öfen, um sich zu wärmen. Rauch füllte das Haus, und an den Rissen der Wände bildete sich Eis. Die Jungen trugen alle ihre Kleider übereinander, an den Füßen hatten sie alte Armeestiefel und Kartoffelsäcke. Die Brotlaibe auf dem Markt wurden kleiner und schimmeliger und rochen immer schlechter. Sie hatten kein Geld mehr und lebten vom Obst aus dem Garten der Villa, von schimmeligem Brot und Hammelsuppe. Wazlaw sah, daß die Jungen allmählich Hunger litten. Er ging in seinen Holzschuppen, zog seinen heimlichen Geldvorrat heraus, kam zum Grafen und bot ihm eine Rolle Kerenski-Rubel an. Paul nahm unter Tränen an.

Die Weißen belagerten die Badeorte, und Tag für Tag klirrten die Fensterscheiben unter den dumpfen Schlägen der Artillerieduelle in den Bergen. Zwei der Jungen, Alec und Dima, begannen, eine kleine Zeitung zu schreiben und herauszugeben, die sie an die Familien in der Nachbarschaft verkauften. Nach wenigen Wochen, als Alec einen Leitartikel schrieb, der mit den Worten »Letzte Nacht hörte man Schüsse« begann, sagte Dima zu ihm, er werde nie ein guter Journalist. Was für eine Geschichte war das denn? Schüsse hörte man doch jede Nacht.

Weit weg von der Westfront ging der Erste Weltkrieg zu Ende. Paul und Natascha dachten zunächst, durch den Waffenstillstand hätten die Alliierten nun die Möglichkeit, die Weißen stärker zu unterstützen. Sie erwarteten stündlich ihre Befreiung, wie Bittsteller, die auf Gedeih und Verderb auf die Gnade der Weißen angewiesen waren. Doch als Weihnachten kam, saßen Paul und Peggy mit Kerzen in der rauchgeschwängerten Dunkelheit und versuchten, einen Fluchtweg abzustecken, der sie über die Berge nach Persien führen sollte. Weihnachten 1918 war ein Trauerspiel. Sie versammelten sich alle im Eßzimmer zu einem Abendgottesdienst. Ihr Kislowodsker Priester, Vater Naum, führte sie im Gebet, und Paul sang mit schwacher und brüchiger Stimme die Antwortstrophen.

An einem winterlichen Abend im Januar 1919 sangen sie wieder die Vesper, als ein Nachbar mit der Nachricht hereinstürmte, General Wrangels Weiße Armee habe die Stadt wieder eingenommen. Diesmal war die Rachsucht der Befreier ekelerregend. Die Weißen schlachteten Männer, Frauen und Kinder ab, die sich im Gefolge der Roten Armee über die schneebedeckten Straßen nach Stawropol zurückzogen. Sie errichteten einen Galgen in der Gladowski-Straße, in Sichtweite der Villa, und erhängten Xenia Gueh, die Frau des Französisch sprechenden bolschewistischen Kommissars von Piatigorsk, zusammen mit ihrem zu den Weißen zählenden Liebhaber, der ihr zur Flucht verhelfen wollte, als die Weißen das Hotel National einkreisten. Am Tag der Hinrichtung kam Paul ins Zimmer der Jungen und schloß die Fensterläden, damit sie nicht zusehen sollten. Sie sahen trotzdem zu und erblickten die mit Kapuzen bekleideten Leichen, die mit dem Schild »Verräter« um den Hals im Wind baumelten.

Weil Paul das Massaker von Piatigorsk überlebt hatte, weil er sich geweigert hatte, mit Schkuro zu fliehen, und weil er unter dem roten Regime überlebt hatte, waren die Ignatieffs den Behörden der Weißen verdächtig. Sie nahmen den unschuldigen Professor Netschajew wegen Kooperation mit den Bolschewiken fest, und als Paul zum neuen Chef der weißen Geheimpolizei ging, um Netschajews Freilassung zu fordern, drohte der ihm, er werde ihn auch festnehmen lassen. »Versuchen Sie es nur«, war Pauls Antwort.

Gräfin Panin, der einzige weibliche Minister in der Regierung, die General Denikin eingesetzt hatte, um das unter Kontrolle der Weißen befindliche Gebiet im Kaukasus zu verwalten, kam zu Paul und bot ihm das Landwirtschaftsministerium in der Regierung an, die gebildet werden sollte, sobald Moskau im Frühjahr an die Weißen gefallen war. Paul fragte Gräfin Panin, welche Politik die Weißen der Bauernschaft gegenüber betreiben wollten. Sie antwortete, das beschlagnahmte Land der Grundbesitzer werde zurückgegeben. »Wir können diesen Zustand der Gesetzlosigkeit und den Triumph dieser ›Raffer‹ unmöglich tolerieren.« Paul gab kühl zurück: »Wir nehmen uns von der Revolution also nur, was uns gefällt?« Er weigerte sich, auch nur in irgendeiner Weise mit der Verwaltung der Weißen zusammenzuarbeiten. Ende Januar, Anfang Februar überzeugten die Feindseligkeiten der Weißen und die Furcht vor einer Rückkehr der Roten Paul davon, daß er seine Familie in Sicherheit bringen mußte. Die Krim schien zunächst ein sicherer Zufluchtsort, doch die Weißen hatten Odessa immer weniger unter Kontrolle. Als mit Denikins Truppen britische Geheimdienstoffiziere von dem am Schwarzen Meer, 150 Kilometer nordwestlich gelegenen Hafen Noworossisk eintrafen, ging Peggy Meadowcroft mit ihnen nach Noworossisk zurück, um ein Schiff ausfindig zu machen. Sie kehrte mit der Nachricht zurück, daß ein britischer Kreuzer und ein Versorgungsschiff im Hafen lägen, die sie vielleicht an Bord nehmen könnten.

Zunächst jedoch mußte die Familie den Fängen der Kislowodsker Weißen entkommen. Ein Eisenbahnwaggon, der der Familie vom Russischen Roten Kreuz zur Verfügung gestellt worden war, wurde von der örtlichen Polizei abgefangen; und ein Wagen, der sie im Auftrag der Regierung Denikin nach Noworossisk bringen sollte, kam niemals an. Ende Januar 1919 biwakierten die Roten in den Hügeln außerhalb der Stadt; die Eisenbahnschienen wurden an vielen Stellen mit Dynamit in die Luft gejagt. Das gesamte Gebiet zwischen den Badeorten und dem Schwarzen Meer wurde verwüstet, und Typhus und die Pocken wüteten. In diesem entscheidenden Augenblick blieb ihnen das Glück treu. General Wrangels Frau, die nach Kislowodsk gekommen war, um sich von einem Typhusanfall zu erholen, war bereit, ihnen General Wrangels privaten Eisenbahnwaggon zur Verfügung zu stellen.

An einem kalten Februarabend brachen sie auf. Sie hatten ihre ganze Habe hastig in die getreue Aussteuertruhe verpackt, den

Schmuck und das Geld aus dem irdenen Krug herausgeholt, die Jungen in alle Kleider gepackt, die ihnen geblieben waren. Sie verabschiedeten sich von Vater Naum, von Kulakow, Katia und Wazlaw, der das Geld festhielt, das Paul ihm hatte zurückzahlen können. Jeder wußte, daß er die anderen niemals wiedersehen würde. Der Eisenbahnwaggon war pechschwarz, der Wind pfiff durch zerbrochene Scheiben, Polster und Inneneinrichtung waren aufgeschlitzt, und der Waggon war zum Bersten voll mit anderen Flüchtlingen. Als der Zug beschleunigte, begann eine geisterhafte Baritonstimme im Dunkeln zu singen. Schattenhafte Gestalten stimmten ein, bis im ganzen verdunkelten Waggon ein Lied erschallte, als der Zug durch den nächtlichen Schneefall glitt. Für eine Reise, die einen halben Tag hätte dauern sollen, brauchten sie drei Tage. Der Zug kroch durch eine flache, zerstörte Landschaft, die durchsetzt war mit erfrorenen Körpern, liegengelassenen Wagen und im Tod erstarrten Pferden. Am Bahnhof von Mineralnyje Wody, wo bei einer früheren Durchreise die Kopftücher der Bäuerinnen und ihre vollen Obstkörbe geleuchtet hatten, drängten sich nun auf der Plattform hungernde und abgestumpfte Flüchtlinge, die auf die entgeisterten, bleichen Jungen der Ignatieffs in ihrem warmen Wagen starrten. Die Aussicht am gegenüberliegenden Abteilfenster war noch schlimmer. Auf dem Gleis neben ihnen stand ein offener Güterwagen, der mit schneebedeckten Typhusleichen beladen war.

Als sie in Noworossisk ankamen, mietete die Familie ein paar Räume im Haus eines Kaufmanns, von dem man den Hafen überblicken konnte. Peggy Meadowcroft machte sich auf, um Kontakt mit der Besatzung der *Grafton*, dem britischen Kreuzer, und der *Huanchaco*, einem alten britischen Dampfer, herzustellen, der als Truppentransporter requiriert worden war. Beide Schiffe lagen im Hafen, um den Streitkräften der Weißen Nachschub zu bringen und sie zu unterstützen. Während die Familie auf ihre Überfahrt wartete, sah sie weitere Beispiele weißer Willkür. Nick sah von den Fenstern ihrer gemieteten Zimmer aus zu, wie rote Gefangene, »bleiche Gespenster, wandelnde Skelette, kaum noch menschenähnlich«, die Straße hinuntergetrieben wurden, wo weiße Offiziere über das Pflaster ritten und jeden Vorübergehenden zwangen, den Hut vor dem kaiserlichen Adler zu ziehen. In solchen Augenblicken zog Paul angewidert die Vorhänge zu. Aus Odessa erreichten sie Gerüchte, die sich bald als wahr erwiesen, daß die auf dem Rückzug befindliche Führung der Weißen Soldaten der Roten Armee in Kähnen mitten auf das Schwarze Meer hinausschleppte und sie dort ertränkte. Gefangen zwischen den Roten und den Weißen, drängte die Familie immer verzweifelter auf ihre Abfahrt.

Draußen im Hafen von Noworossisk lag ihre Rettung: die *HMS Grafton* und die *Huanchaco*. Peggy Meadowcroft ging zum Kai hinunter und ließ bei der Schiffsbesatzung ihren Charme spielen. Britische Offiziere kamen vorbei, um Peggy den Hof zu machen, während die Familie hinter den geschlossenen Türen der engen Mietsräume bangte. Als man von Überfällen durch Banditen aus den Bergen hörte, richtete die *Grafton* nachts ihre Suchscheinwerfer auf ihr Haus, damit sie sicher waren. Wenn die Jungen schlafen gingen, zeichneten ihre Strahlen durch die Fensterläden hindurch ihr gebrochenes Licht an die Decke. Die Rettung war so nah wie die Lichtquelle der Suchscheinwerfer; doch bevor die Briten sie an Bord nehmen konnten, brauchte die Familie ein Ausreisevisum von den Weißen. Der Januar verging, es wurde Februar, es wurde März. Der Wind heulte über die Kais. Und sie hatten immer noch kein Visum. Die Krim fiel, und

Noworossisk wurde von der Roten Armee eingeschlossen. Panische Flüchtlinge und versprengte Einheiten der Weißen Armee drängten sich im Hafen und riefen immer lauter nach einem Platz auf den britischen Schiffen. Für mehrere hundert Pfund Sterling verkaufte Paul die Hälfte der Anteile an seinen Fabriken an vier Moskauer Kaufleute, die sich voller Schadenfreude die Hände rieben, weil ihn die Not zu einem solchen Handel gezwungen hatte. Diesmal übertrug sich Pauls erschöpfte Depression auch auf Natascha.

Peggy Meadowcroft ergriff die Initiative. Sie fand einen Platz auf einem schmutzigen Truppentransportzug nach Jekaterinodar, wo die Visa ausgegeben wurden. Zwölf Stunden lang wehrte sie die Zudringlichkeiten der weißen Soldaten im Zug ab und kam dann ziemlich wütend im Hauptquartier der Weißen an. Verblüfft über dieses rastlose englische Kindermädchen, das sie auf russisch herumkommandierte, kapitulierten die Weißen. Sie kehrte triumphierend und mit den nötigen Papieren versehen nach Noworossisk zurück. Es dauerte nicht lange, bis Mr. Hough, einer der Offiziere der *Huanchaco,* sich in sie verliebte. Insgeheim drängte er sie, die Familie zu verlassen, doch sie weigerte sich. Sie sagte, sie müsse ihre Jungen in England in guten Schulen unterbringen. Mr. Hough fand für die Familie einen Platz auf dem Schiff.

Eines Morgens im Mai kam ein Lastwagen von der *Huanchaco,* um den einzigen übriggebliebenen Koffer der Familie wegzufahren. Mr. Hough kam wenig später, um zu sagen, daß sie bald die Anker lichten würden. Er platzte in ein Tedeum hinein; im Wohnzimmer saß die Familie und sprach die Gebete vor einem großen Abschied. Mit der Mütze in den Händen saß er im Vorraum, bis er es nicht mehr aushielt. Er zischte Peggy ins Ohr, sie müßten jetzt gehen. Für

Paul wurde eine Trage gebracht – er war zu schwach, um zu gehen –, und alle fuhren hinunter zum Kai und gingen hintereinander den Landungssteg hinauf. Bei Einbruch der Dunkelheit hob das Schiff die Anker, und die Familie stand an der Heckreling und sah über den Kämmen der Wellen den letzten russischen Horizont entschwinden.

Die *Huanchaco* kreuzte drei Wochen lang über das Schwarze Meer. Sie segelten nach Batum, wo die Jungen zusahen, wie indische Sikhs der britischen Armee in der Türkei eine Ladung Maultiere mit Schlägen über die Landungsbrücke herauftrieben. Dann segelten sie nach Konstanza, einem Hafen in Rumänien, in dem die Maultiere wieder ausgeladen wurden. Die Jungen verbesserten ihr Englisch mit den Matrosen, und die Matrosen gaben ihnen Spitznamen, die ihnen ihr Leben lang blieben: Jim, Nick, Alec, Lino und Georgy. Die Jungen stellten fest, daß Peggy Meadowcroft ihre Eltern nicht mehr Graf und Gräfin nannte. Sie waren nun zum ersten Mal Paul und Natascha. Ihrem Vater schien das nichts auszumachen, doch ihre Mutter erstarrte jedesmal, wenn Peggy etwas sagte.

Von Konstanza aus nahm das Schiff seinen Weg nach Warna in Bulgarien. Auf der Seite der Deutschen hatten Bulgaren gegen die russischen Heere gekämpft. Aus diesem Grund wollte Paul die Jungen nicht an Land lassen, obwohl sie den Sandstrand und die spielenden Kinder sehen konnten und obwohl Paul wußte, daß eine Statue seines Vaters, des Gründers des modernen Bulgarien, auf dem Stadtplatz stand. Als die Nachricht durchsickerte, daß der Sohn des Grafen Nicholas Ignatieff, des Befreiers der Bulgaren vom Joch der Türken im Jahre 1877, an Bord war, kam der Bürgermeister mit einer Abordnung von Bürgern der Stadt, um ihn an Land zu bitten. »Sind eure Bajonette trocken?« wollte Paul wissen. Der Bürgermeister senkte den Blick auf seine Schuhe und bat, Bulgarien zu vergeben. Sie gingen also an Land, und der Flüchtling und seine Familie blickten zum letzten Mal auf seinen Vater, wie er, auf der Höhe seines imperialen Ruhms erstarrt, mit blinden Augen über den Platz blickte.

Als die *Huanchaco* sich Konstantinopel näherte und am letzten Morgen der Reise in den Bosporus einfuhr, kamen britische und französische Geheimagenten an Bord, die Paul fragten, wo er geboren sei. Er sah aus dem Fenster und sagte leise: »Konstantinopel.« Sie sagten, er solle ernst bleiben, und er antwortete, es sei ihm vollkommen ernst. In dem Augenblick, in dem er das sagte, fuhr das Schiff unter den leuchtend weißen Mauern der Sommerresidenz des russischen Botschafters auf den Klippen von Büyük Dere vorbei. In einer Reihe mit den anderen Flüchtlingen stehend, konnte Paul hinaufsehen und auf das Fenster im zweiten Stock zeigen, in dem er geboren war.

VIII
IN WILDEN FERNEN LANDEN

Während die Familie im Hafen von Konstantinopel an Bord der *Huanchaco* wartete, stieg Paul den Hügel zur russischen Botschaft hinauf. Er hoffte, die Botschaft würde ihm und seiner Familie die Papiere ausstellen, mit denen sie nach England weiterreisen könnten. Am Eingang stellte er fest, daß der Pförtner der Sohn des Pförtners aus seiner Kindheit war. Der Pförtner sagte, die Botschaft sei inzwischen von einem Haufen übler Kerle, den Vertretern von General Denikins weißer Regierung in Südrußland, besetzt. »Wenn ich Sie wäre«, sagte der Pförtner, »würde ich nicht dahineingehen. Der Generalkonsul ist ein Mann der alten Schule. Bringen Sie ihn dazu, daß er zuerst mit Denikins Leuten spricht.«

Paul ging also wieder, fand den Generalkonsul und kehrte mit ihm zur Botschaft zurück. Er saß in der großen Halle, während der Generalkonsul mit Denikins Vertreter in einem Raum verhandelte, der einst das Arbeitszimmer seines Vaters gewesen war. Der Generalkonsul kam bald wieder heraus. Zornig murmelte er, Denikins Vertreter habe jede Hilfe abgelehnt und ihm gesagt: »Ich weiß nicht, ob Ignatieffs Anwesenheit in Europa erwünscht ist.«

Erschöpft und verzweifelt eilte Paul zum Hafen zurück, wo die ganze Familie am Kai abgesetzt worden war und die *Huanchaco* in der Ferne verschwand. Paul setzte sich auf den Reisekoffer und schickte Natascha auf die Suche nach ein paar Zimmern für die Nacht. Während sie von einer schäbigen Pension zur anderen hastete, wanderten Peggy und die Jungen verloren auf dem Kai hin und her, auf dem sich levantinische Händler und türkische Stauer drängten, die Koffer, Fässer und Kisten ein- und ausluden. Die drei Wochen auf der *Huanchaco* hatten den Schock des Exils hinausgeschoben. Jetzt traf er sie alle mit voller Wucht. Natascha kam mit der Nachricht zurück, daß ein Franzose, den sie auf der Straße kennengelernt hatte, ihr ein Zimmer versprochen habe. Als sie in der Pension ankamen, warf die französische Pensionswirtin einen Blick auf die staubbedeckte Familie und schickte sie wieder fort. Sie zogen von einem heruntergekommenen Hotel zum andern, bis sie bei Einbruch der Dunkelheit ein paar Räume in einer armseligen und von Ungeziefer verseuchten Pension fanden, deren Wirtin, eine gutmütige armenische Frau, im Gesicht von den Schlägen ihres Mannes gezeichnet war. Sie aßen eine fette Brühe und Johannisbrot von den Karobenbäumen vor dem Fenster. Dann legten sie sich zu acht in zwei Räumen zum Schlafen nieder. George schlief in einer Kommodenschublade. So verbrachten sie die ersten Nächte des Exils.

Als der russische Konsul erfuhr, wo sie wohnten, nahm er sie aus Mitleid zu sich in seine Wohnung. Durch Kontakte mit der provisorischen Exilregierung in Paris konnte Paul bald darauf den Repräsentanten Denikins zur Herausgabe von Ausreisepapieren zwingen. Die Briten weigerten sich immer noch, die Familie aufzunehmen; doch es gelang Paul, ein Visum für Frankreich zu beschaffen. Allerdings dauerte es Wochen, bis sie ein Schiff fanden. Als Paul versuchte, seine verbleibenden Rubel auf dem Schwarzmarkt zu tauschen, wurde seine Brieftasche gestohlen, und die Familie hätte Hunger leiden müssen, wenn ihr nicht ein großzügiger befreundeter Flüchtling ein Darlehen gewährt hätte. Erst Ende Juni 1919 gelang es der Familie, ihren unglückseligen Aufenthalt in Konstantinopel zu beenden. Sie gingen an Bord des von seinen Einsätzen als Truppentransporter noch verdreckten Passagierschiffs *La Flandre* und fuhren Richtung Frankreich. In Marseille gingen sie an Land, suchten den Bahnhof und bestiegen einen Zug nach Paris, in dem sich entlassene französische Soldaten drängten, die auf ihrem Heimweg lachten und scherzten. In ihrer Mitte saßen ohne einen roten Heller die Ignatieffs mit Peggy Meadowcroft.

An der Gare de Lyon in Paris trafen sie sich mit Pauls Cousin, Oberst Aleksei Ignatieff, der während des Krieges russischer Militärattaché in Paris gewesen war und dessen Vater, Pauls Onkel, während seiner Amtszeit als Gouverneur der Provinz Twer 1906 von einem Attentäter erschossen worden war. Aleksei brachte sie eilends in sein elegantes Appartement in St. Cloud, das er mit seiner Geliebten, einer Ballerina, teilte, und ließ die Jungen auf ein richtiges russisches Festmahl los. Nach einem Jahr, in dem sie fast verhungert wären, schienen ihnen *kulebiaka*, *kulitsch*, *blini* und *kissehl* die Erlösung zu verheißen. Onkel Aljoscha, wie ihn die Jungen nannten, ergötzte sie mit Geschichten aus der Zeit, in der er eine Meuterei unter den russischen Truppen niedergeworfen hatte, die 1916 zur Unterstützung der französischen Streitkräfte an die Westfront geschickt worden waren. Er erzählte ihnen von seinen Zusammenkünften mit Clemenceau, Joffre und Foch, mit all den großen Männern des Krieges. Erst nach einigen Tagen wurde der Familie klar, daß ihr Cousin der meistgehaßte Mann in der russischen Emigrantengemeinde war. Als russischem Militärattaché waren ihm riesige Summen anvertraut worden, mit denen er die militärische Versorgung durch französische Waffenfabriken sicherstellen sollte. Im November 1917 wechselte er in Lenins Lager über und beteiligte sich fortan bei der Beschaffung von Waffen für die Rote Armee. Aljoscha beglich nur eine alte Rechnung. Er war der Überzeugung, daß sein Vater nicht von Sozialrevolutionären, sondern von der Geheimpolizei des Zaren selbst erschossen worden war, weil sie ihn wegen seiner Opposition gegen die Zugeständnisse des Zaren nach der Revolution des Jahres 1905 beseitigen wollte. Aljoscha nahm sich die Freiheit, ein Regime zu verraten, das ihn zuerst verraten hatte. Gemieden von der gesamten Emigrantengemeinde und beargwöhnt von den Kommissaren, die die Pariser Botschaft übernahmen, mußte Onkel Aljoscha sich glücklich schätzen, daß er seinen Cousin Paul wiedersah, und dies ganz besonders, weil Paul selbst seine Gründe hatte, den verschiedenen weißen Exilregierungen zu mißtrauen. Aljoscha brachte die Familie in einer bescheidenen Pension unter, in der sie auf ihre Visa für England warteten.

Natascha beschloß, sie müsse einen Kochkurs absolvieren, um sich die Grundlagen für die Versorgung ihrer Familie anzueignen. Sie ging zum *Cordon Bleu,* der einzigen Kochschule, von der sie jemals gehört hatte, und fragte nicht lange, was der Kurs kosten sollte. In ihrer ersten Unterrichtsstunde lernte sie, ein *risotto* zu kochen, in der zweiten, wie man *marrons glacés,* kandierte Maronen, zubereitet. Es waren die beiden einzigen Kochstunden, die sie sich leisten konnte, und so bestimmten die beiden Gerichte den eintönigen Speisezettel der Familie.

Natürlich hätte die Familie in Paris, der Hauptstadt der russischen Emigrantengemeinde, bleiben können. Das Hauptquartier des Russischen Roten Kreuzes im Exil, dessen Vorsitz Paul innehatte, war hier aufgeschlagen worden. Französisch war Pauls zweite Sprache. Doch er war entschlossen, nach England zu gehen. Er wußte, daß ein Zwischenhändler aus Liverpool ihm Geld für eine Transaktion schuldete, bei der Baumwolle an Pauls Fabriken in der Nähe von Moskau hätte geliefert werden sollen. Wenn er den Händler finden und ihn dazu bringen könnte, seine Schulden zu begleichen, dann wäre die Not der Familie behoben. Außerdem bewunderte Paul das englische Erziehungssystem, und er und Peggy waren entschlossen, die Jungen in einer guten Schule anzumelden. Zwei Jahre hatten viel mehr als nur ihre Erziehung unterbrochen; Paul befürchtete, daß sie seinen ältesten Sohn Nick zu einem bolschewistischen Mitläufer gemacht hatten. Eine strenge englische Erziehung würde die Jungen in richtige englische Gentlemen verwandeln und sie ein für allemal gegen sämtliche wirren politischen Vorstellungen immunisieren. Was Natascha von seinem Plan und seiner zunehmenden Abhängigkeit von Peggy hielt, behielt sie für sich.

Ende Juli 1919 kamen sie in London an. Sie zogen zu Peggy Meadowcrofts Mutter in eine Wohnung, die sich in einem am Hang gelegenen, dreistöckigen spätviktorianischen Reihenhaus in der Oxford Road 10 A von Putney, etwa eineinhalb Kilometer von Putney Bridge entfernt, befand. Peggy zog mit ihrer Mutter zusammen und überließ ihr Schlafzimmer Paul und Natascha, während die Jungen sich unter dem Dach zusammendrängten. Für die Jungen muß es ein freudloser Sommer gewesen sein. Sie erkundeten die Straßen von Putney, spürten, wie sich hinter Spitzengardinen unfreundliche Blicke auf sie richteten, kämpften um die Beherrschung von ein paar englischen Sätzen, um sie im Süßwarengeschäft und im Café anzuwenden. Die Oxford Road 10 A war eng und deprimierend, mit einem kläglichen, von Zäunen eingezwängten englischen Garten, in dem Peggy sie vor ihrer

Brownie-Kamera posieren ließ. Auf den Bildern stehen die älteren Jungen in ihren neuen englischen Anzügen stramm, unbehaglich in die beinharten Eton-Krägen gezwängt, die schmächtigen Arme fest an die Nähte gelegt, mit Hosenaufschlägen, die auf ihren Knopfstiefeln aufsitzen. Die jüngeren tragen Matrosenanzüge mit kurzen Hosen und Seglermützen mit den Namen von Kriegsschiffen der Royal Navy auf dem Hutband. Peggy hatte ihnen damals schon ihr erstes englisches Lied beigebracht: »Rule Britannia«.

George, der Jüngste, wurde in jenem einsamen Sommer sechs Jahre alt. Bald nach der Ankunft der Familie, so erinnerte er sich, gingen sie in eine russisch-orthodoxe Kirche irgendwo hinter der Victoria Station und nahmen stundenlang im Stehen an einem nicht enden wollenden Sonntagsgottesdienst teil, bei dem auch die Kaiserinwitwe, die Mutter des Zaren, zugegen war. Es war heiß und stickig, und bald war George schwindlig. Alte Damen gingen herum, kürzten behende die Dochte der vor den Ikonen heruntergebrannten Kerzen, zerquetschten Leben zwischen ihren Fingern. Der Priester schwang das Faß mit dem Weihrauch, der in Wolken vor dem Altar aufstieg, der Chor summte eintönig, und George spürte, wie seine Beine unter ihm nachgaben. Jemand nahm ihn hoch und trug ihn hinaus. In einem prachtvollen Wagen mit Mahagonibeschlägen, grauen Polstern und Lederbezügen kam er wieder zu sich. Ein Chauffeur in Livree fächelte mit seiner Mütze vor seinem Gesicht. Zuerst dachte er, er sei im Himmel, dann, er sei in Petrograd, und die ganze schreckliche Zeit in Kislowodsk und Konstantinopel habe es in Wirklichkeit nie gegeben. Er hörte, wie seine Mutter sagte, er sei von der Unterernährung noch geschwächt; da wußte er, daß er doch in London war. Während seine Brüder durch die Wagenfenster sahen, erklärte seine Mutter, er sei im Rolls-Royce der Kaiserinwitwe. Sie selbst stand immer noch in der Kirche, steif und aufrecht, wie früher schon in jenem Sommer auf dem Achterdeck der *HMS Marlborough*, wo sie mit einem Kopftuch in der Hand zugesehen hatte, wie die Ufer der Krim aus ihrem Blick entschwanden.

Später in jenem Sommer des Jahres 1919 standen George und seine Brüder mit ihrem Vater in der Menge, als General Haig an der Spitze einer triumphalen Siegesparade der Alliierten über die Pall Mall am Buckingham-Palast vorbeimarschierte. Französische und belgische Truppenkontingente waren dabei, aber keine russischen, trotz der Millionen, die an der Ostfront ihr Leben verloren hatten. Der Sonderfrieden von Brest-Litowsk, der im Winter 1918 zwischen den Bolschewisten und den Deutschen geschlossen worden war, hatte dafür gesorgt. Nun war das alte Rußland ein in Ungnade gefallener und vergessener Alliierter, und das neue Sowjetregime kämpfte an verschiedenen Fronten des Bürgerkriegs gegen alliierte Truppenkontingente. Im Geschrei der Menge und inmitten der wehenden Union Jacks fühlte sich die Familie allein und ausgeschlossen. »Du darfst nie vergessen, Paul, daß Rußland eine besiegte Nation ist«, hörten die Jungen Peggy sagen. Sie waren eine besiegte Familie, und Peggy hielt sich für ihren Erretter. Sie sorgte auch dafür, daß sie das nicht vergaßen. Paul hatte ihr gesagt, sie solle die Jungen in englische Gentlemen verwandeln, und Peggy ging mit aller Entschiedenheit zu Werk. In den winzigen Räumen der Wohnung in der Oxford Road standen die Jungen pünktlich um sieben auf, nahmen ein ordentliches englisches Frühstück zu sich, nach dem Frühstück folgte sofort und unter Androhung von Strafe der Gang zur Toilette, und dann kamen endlose Unterrichtsstunden. Sie sollten nicht mit den

Jungen auf der Straße fraternisieren, und Spiele jeglicher Art waren verboten. Nach dem Abendessen um sechs hatten sie auf ihren Musikinstrumenten zu üben, bis um sieben die Lichter gelöscht wurden.

Damit George sich von der Unterernährung erholte, die der Grund für seine Ohnmacht in der Kirche gewesen war, ordnete Dr. Batteshaw, ein Kinderarzt aus der Harley Street, eine tägliche Mahlzeit mit fettem Speck an. Peggy stand neben ihm, um sicherzugehen, daß er auch wirklich jeden Bissen aß. »Was hat Dr. Batteshaw gesagt?« bellte sie jedesmal, wenn er zu kauen aufhörte. »Fett, Peggy«, antwortete er und würgte am Speck und an seinen Tränen. Lionel, der zwei Jahre älter war als George, lief wegen Peggys Strafaktionen für jede falsche Note auf der Geige ständig mit schreckgeweiteten Augen umher. Sie schlug die Jungen mit einem Lineal auf die Fingerknöchel und ließ sie fünfzig Mal »Ich bin ein ungezogener Junge« in ihr Übungsheft schreiben. Schlimmer als ihr finsteres Regiment war das Wissen, daß ihre Eltern es zu billigen schienen. Paul zumindest war einverstanden. Seine Anweisungen an Peggy waren deutlich genug, und Natascha schwieg, abgelenkt von ihrer fortdauernden Sorge um Pauls Gesundheit und weil ihr ebenso wie den anderen bewußt war, daß ihre Notlage sie vollkommen von ihrem Kindermädchen abhängig gemacht hatte.

Sie hatten keinen Pfennig, als sie in England ankamen; doch da war immer noch die Sache mit dem Liverpooler Baumwollhändler, der Paul rund 25 000 Pfund Sterling für ägyptische Baumwolle schuldete, die Paul bezahlt hatte und die dann wegen des Krieges nicht an seine Fabriken hatte geliefert werden können. Das Geld, das Paul für diese Baumwolle gezahlt hatte, lag auf einer englischen Bank. Etwa einen Monat nach ihrer Ankunft sah Paul in der *Times* eine

Bekanntmachung, nach der Graf Ignatieff mit der Midland Bank Verbindung aufnehmen sollte, wo eine Nachricht zu seinen Gunsten hinterlegt war. Paul hatte keine Papiere, keinen Nachweis seiner Identität; doch wie das Glück es wollte, lief er vor der Bank seinem Moskauer Anwalt über den Weg, und gemeinsam gelang ihnen der Nachweis, daß es sich um sein Geld handelte.

Den Herbst und den Winter verbrachte Paul wegen seiner angegriffenen Gesundheit in einem Erholungsheim, und Natascha begann, auf der Suche nach einem Haus die Immobilienmakler abzuklappern. Die älteren Jungen wurden auf eine Schule in East Grinstead geschickt, um sich für die Aufnahmeprüfung an der St. Paul's School vorzubereiten. Die Themen der Prüfungsaufsätze lauteten: »Was Elefanten im Zoo machen«, »Englische Eisenbahnbegriffe« und »Wuchergeschäfte«. Dima, der damals vierzehn war, schrieb einen Aufsatz über die Propheten Elias und Moses, Ezechiel und Jeremias. Trotz solcher Demütigungen und des Spotts der englischen Jungen, die sie als kleine Bolschies bezeichneten, beherrschten die Jungen bald die englische Sprache, und im Frühjahr wurden sie in der St. Paul's School aufgenommen.

Im Sommer 1920 zog die Familie auf den Hof, den Natascha zwischen Hastings und Battle an der Küste von Sussex ausfindig gemacht hatte. Dort gab es eine Herde Milchvieh, achtzig Morgen Ackerland, 170 Morgen Wald, ein Gutshaus und auf einem Hügel, von dem man den gesamten Besitz überblicken konnte, ein weiträumiges, viktorianisches, aus Ziegelstein errichtetes Haus namens Beauchamps. Es hatte herrliche, von Bogen überspannte Eingänge, bunte Glasfenster am Treppenaufgang, hohe Decken im Speisezimmer und im Wohnzimmer und viele kleine Schlafzimmer unter dem

Dach, wo die Jungen schliefen. Vom hochgiebligen Dachfirst aus, auf den die Jungen bald hinaufkletterten, wenn ihre Mutter nicht zusah, konnten sie über die Bäume hinweg bis auf den Ärmelkanal hinaussehen. Natascha nannte das Gut Beechums, und Paul nannte es Krupoderniza. Inzwischen war er wieder gesund. Gerade fünfzig, plante er, zu seinen Anfängen zurückzukehren, zu den Tagen, an denen er das Gut seines Vaters geführt hatte. Nur würde diesmal alles modern und auf dem neuesten Stand sein. Er würde die erste auf Tuberkulose untersuchte Milchviehherde an der Südküste besitzen, und sein Traktor würde der größte sein. Er selbst würde das Gut mit der Hilfe von Verwandten bewirtschaften. Er kaufte dicke Cordhosen, Stiefel und eine Mütze und begann, sich als Landwirt einzurichten. Peggy fotografierte ihn, wie er glücklich mit einem Spaten den Garten umgrub und wie er in jenem Sommer des Jahres 1920, seine Landarbeiter aus Sussex um sich geschart, vor einem Heuschober stand. Die Bilder vermitteln das eigenartige Gefühl des *déjà vu*, ganz so, als hätte Paul wirklich gemeint, er sei noch auf den Feldern der Ukraine und die sonnenverbrannten Landarbeiter aus Sussex seien in Wirklichkeit ukrainische Bauern. Die beiden Ältesten, Nick und Dima, schrieben sich in der St. Paul's School als Interne ein, und Alec, Lionel und George meldeten sich als Externe an, die während der Schulzeit bei Peggy Meadowcroft wohnten und in den Ferien nach Beauchamps hinunterkamen.

Bald mußten aus ganz Europa einfallende heimatlose russische Verwandte aufgenommen werden: Tante Sonia Wassiltschikow und ihr Mann Boria, der langsam an einer Tuberkulose dahinsiechte, die er sich in einem bolschewistischen Gefängnis zugezogen hatte; Onkel Kolia, der untersetzte, rotbärtige General des Preobrashenski-Regiments, der seine

Familie in der Ukraine zurückgelassen hatte; sein Schwiegersohn, der alerte und schmucke Oberst Malewski; und ein Richter Misezki, dessen Vater in Kislowodsk der Priester der Familie gewesen war. Mit nur zwei *Cordon-Bleu*-Stunden, die sie absolviert hatte, kochte Natascha bald für zwölf Russen am Tisch. Wenn die Jungen aus der Schule nach Hause kamen, schickte sie sie auf die Suche nach Kastanien, die sie zu *marrons glacés* verarbeitete, deren bleiharte Konsistenz die falschen Zähne des Richters übel zurichtete.

Vier Jahre lang war Beauchamps ein verrückter russischer Zirkus. Onkel Kolia wurde die Verantwortung für den Wald übertragen. Jeden Morgen marschierte er hinaus, die Axt nach Art der Militärs wie ein Gewehr geschultert, gefolgt von Pug, seinem treuen Gefolgsmann aus Sussex, der einen dunkelblauen Schirm trug. Pug und Kolia verbrachten den ganzen Tag im Wald, schlugen Holzvorräte für den Winter und kehrten in der Abenddämmerung zurück, um sich an der Pumpe zu waschen. Wenn die Jungen in den Ferien von der St. Paul's School kamen, ließ er sie die Feldwege nach Hastings hinuntermarschieren und die Marschlieder des Preobrashenski-Regiments singen. Einmal begleiteten ihn die Jungen an den Strand von Hastings, als Jack, der Apportierhund der Familie, neben einer Lady im Liegestuhl das Bein hob. Onkel Kolia konnte nur zwei Sätze Englisch, und als die Dame sich aus ihrem Liegestuhl erhob und ihren Schirm schwang, tippte er an seinen Hut, trat den Rückzug an und setzte beide ein: *»Jack good dog«* und *»I love you«*.

Oberst Malewski übernahm einen Traktor, der im Verhältnis zu den Feldern so groß war, daß er ihn am Ende der Furchen kaum wenden konnte. Er war fasziniert von dem Traktor, aber sein Fahrstil war unberechenbar, besonders, wenn er ein Mädchen aus der Umgebung an Bord hatte. Die

Nachbarn gewöhnten sich daran, einen verdreckten Russen aus dem Graben zu ziehen, unter dem oft auch noch ein Mädchen lag.

Richter Misezki sollte sich um die dreißig Kühe kümmern. Er und die Kühe kamen nicht miteinander zurecht. Sie ließen sich nicht von ihm melken, und er stürmte zum Haus zurück und verfluchte die englischen Kühe wegen ihrer Dickschädel. Sie rissen ihm aus, und er mußte sie mit Onkel Kolia durch die Straßen von Battle verfolgen, einmal sogar mitten durch die offene Eingangstür eines Süßwarengeschäfts und hinten wieder hinaus.

Jeden Morgen lud Paul die Milchkannen auf das Kabriolett der Familie und drehte seine Runde in den Randgebieten von Hastings. Während der Schulferien begleiteten ihn seine Söhne. Sie waren in diesen Augenblicken einander am nächsten, wenn sie gemeinsam ukrainische Lieder sangen, während das alte Automobil über die von Blütenduft erfüllten englischen Feldwege ratterte. An jeder Haustür stieg Paul aus, nahm den Hut ab und fragte mit seinem schweren russischen Akzent auf englisch: »*How much milk, madam?*«

Jeden Sonntag gingen sie in eine kleine Kirche, die an der Grenze ihres Guts im Wald gelegen war, und dort sangen sie mit den anderen Gemeindegliedern die wackeren Lieder der anglikanischen Kirche.

In wilden fernen Landen
Herrschet heidnische Finsternis
Geh auf, o Morgenstern
Geh auf und niemals unter.

Während der Schulzeit erlernten die Jungen die englische Kunst, Aggressionen in Ordentlichkeit, Höflichkeit und Spiele umzusetzen. Der große Dima, der sanft, schmächtig und freundlich war, wurde zum Boxchampion der St. Paul's

School. Für seine jüngeren Brüder war das Leben härter. Tagsüber standen sie unter dem Regiment der Schule und abends unter Peggys unbeugsamer Herrschaft. Immer wenn George die Geduld mit den Jungen verlor, die sich über sein Englisch lustig machten und ihn – ausgerechnet – einen »Bolschie« nannten, nahmen die Lehrer die streitenden Parteien hinunter in die Turnhalle und ließen sie die Sache mit Boxhandschuhen austragen. In seiner Not entwickelte George einen überdauernden Haß auf die englischen Privatschulen, der nur wenig von seiner Auffassung gemildert wurde, daß sich die Engländer ausgesprochen lächerlich machen konnten. Er hatte einen Lehrer, der sie, wenn sie in den hintersten Bänken kicherten, barsch anschrie: »Hams Sünde, Junge! Hams Sünde!« Und was war Hams Sünde? Ham war Noahs Sohn, der einmal seinen Vater nackt auf dem Feld schlafen sah und lachte. »Und die Moral, Junge?« bellte der Lehrer: Lache nie über die Blöße deines Vaters.

Neben den Ferien in Beauchamps bot der Sonntagstee bei Onkel Sascha und Tante Mara Mestscherski in einer Wohnung, die in einer Seitenstraße der Earl's Court Road lag, den Jungen eine weitere Zufluchtsmöglichkeit vor der Schule und vor Peggy. Onkel Sascha, Nataschas ältester Bruder, war ein fast zwei Meter großer Buckliger, der in einem grünen Anzug und einem Jägerhut herumlief. Tante Mara war eine kleine, zwiebelförmige Frau aus dem ukrainischen Adel. Sascha und Mara konnten 1920 fliehen und kamen nach London, wo es ein wenig Geld der Mestscherskis auf der Bank, ein Konto der Mestscherskis bei Harrods und in der Lebensmittelabteilung von Harrods eine Teemischung mit dem Namen Fürstin Mestscherski gab. Sie hatten keine Kinder und überhäuften beide den sonntäglichen Teetisch mit russischen Speisen, um dann zuzusehen, wie Nataschas von der englischen Schulverpflegung ausgehungerte Jungen alles gierig verschlangen. Sascha und Mara lebten in einem seltsamen *ménage à trois* mit einem alten General namens Halter, der seinen Lebensunterhalt mit dem Fälschen antiker Möbel verdiente. Nach dem Tee zeigte er den Jungen die kleinen Bohrer, mit denen er die Wurmlöcher nachmachte. Die Jungen fragten sich, ob General Halter und Mara etwas miteinander hatten. Erst sehr viel später nahm einer von ihnen seinen Mut zusammen und fragte, worauf Mara sagte, um Himmels willen, nein, sie werde als Jungfrau sterben. Ihre Vorurteile nahm sie mit sich ins Grab, wie zum Beispiel jenes, daß Schornsteinfeger Spione der jüdischen Weltverschwörung seien.

Nach der Hälfte des Trimesters entflohen George und seine Brüder St. Paul's und Peggy und nahmen den Zug hinunter aufs Land. Ihre Mutter erwartete sie zur Begrüßung am Bahnhof, küßte sie, nannte sie bei ihren Kosenamen und hüllte sie in ihre russische Muttersprache ein. Sie hatte nähen gelernt, so daß sie ihre Knöpfe befestigen und ihre Hosenaufschläge ausbessern konnte, und in der Vorratskammer bewahrte sie immer einen Leckerbissen für sie auf. Als die älteren die Universität besuchten und an den Wochenenden nach Hause kamen, hatte sie türkische Zigaretten und ein Glas Sherry für sie. In einer alten Wolljacke und einem am Hals zugeknöpften verschossenen gestreiften Kleid servierte Natascha eine Mahlzeit um die andere, brachte das Essen aus der Küche, ging hin und her, aß nie richtig, sondern knabberte nur an einem Keks oder nahm einen Schluck Portwein und hörte ihren Jungen beim Plaudern und Onkel Kolia und Oberst Malewski bei der endlosen Diskussion der verheerenden Schlachten des August 1914 zu. Ludendorffs zweifache Umklammerung von Samsonow in Tannenberg und das Blutbad unter den großen Regimentern ließen sie immer noch nicht aus ihrem Bann, und Kolia und Malewski kämpften immer wieder dieselben Schlachten, mit Löffeln als Divisionen, Gabeln als Artilleriebataillonen und Tassen als Befehlsständen. Nach der x-ten Wiederholung der Schlachten eines verlorenen Krieges wurde Kolia von Alec, dem Spötter der Familie, gefragt, welche Aufgaben das Preobrashenski-Regiment denn gehabt habe.

»Das Leben des Zaren zu schützen.«

»Und warum habt ihr das dann nicht gemacht?«

Der arme Onkel Kolia – heute tut er mir leid –, der Frau und Söhne in Bulgarien zurückgelassen hatte und vollkommen von seinem Bruder abhängig war, einst Generaladjutant im Generalstab des Zaren und inzwischen nur noch ein Waldarbeiter in Sussex mit Pug als einzigem Gesellschafter, packte sein Messer so fest, daß seine Knöchel weiß hervortraten, erhob sich in dem plötzlich eintretenden Schweigen und schrie: »Wärst du ein Offizier und Gentleman und nicht nur ein kleiner Schuljunge, dann würde ich Satisfaktion von dir verlangen!« Er verschwand mit rasselnden Infanteristenstiefeln über den Gang, schlug die Haustür hinter sich zu und stürmte den Kiesweg zum Wald hinunter, wo er wild auf das Holz einschlug und über die Grausamkeit von Kindern brütete.

Dies kann nicht die einzige Schlacht gewesen sein, die an den schulfreien Wochenenden der Jahre 1923 und 1924 an jenem Tisch zwischen Jungen und Alten ausgetragen wurde. Die ersten Scharmützel der hinsichtlich der Revolution lebenslangen Uneinigkeit zwischen Nick und seinem Vater müssen hier stattgefunden haben, müßige Auseinandersetzungen über das, was hätte sein können, während zugleich in den oberen Räumen Onkel Boria im Sterben lag und Natascha sich mühte, ihre fünf Söhne satt zu bekommen, wo doch die Komödiantentruppe der alten Russen sie langsam um Haus und Hof aß, weil niemand das Herz hatte, sie wegzuschikken.

Zu dieser Zeit war eine Miss Isobel Adams Brown im Nachbarhaus eingezogen. Sie war Mitglied der Christian Scientists und Verkäuferin bei der Spirella Corset Company. In ihrer Jugend hatte sie eine Zeitlang als Gast von Pauls Schwester Katia auf dem Gut der Ignatieffs in Krupoderniza gelebt. Als sie hörte, daß die Ignatieffs in der Gegend wohnten, zog sie ins Nachbarhaus und verliebte sich in Paul. Um der Menagerie in Beauchamps zu entfliehen, ging Paul abends die Straße zu Miss Adams Brown hinauf, wo er den Abend mit dem verbrachte, was er die »Buchführung« nannte. Um ein wenig Gesellschaft zu haben, war Natascha immer häufiger mit ihrem Gynäkologen zusammen, einem stämmigen kleinen Mann namens Belilowski, der sich in seiner Londoner Klinik mit Hitzebehandlungen für russische Emigrantinnen ein Vermögen schuf. Er kam mit dem Zug herunter und hörte stundenlang zu, wenn ihm seine »kleine Gräfin« ihr Herz ausschüttete. Das Geld schien sich einfach in Luft aufzulösen, die Milchausfuhr brachte nie genug Gewinn, Paul und Miss Adams Brown schienen jeden Abend über der Buchführung zu sitzen, und die Jungen erzählten bei ihrer Heimkehr mit Tränen in den Augen, wie es ihnen in der Schule und bei Peggy ergangen war.

In der Oxford Road 10 A – irgendwann im Lauf des Jahres 1924 - schlug Peggy eines Abends mit dem Lineal auf Alecs Fingerknöchel, weil er auf dem Klavier über seine Tonleitern gestolpert war, woraufhin Alec den Klavierdeckel zuknallte und aus dem Haus rannte. Er fragte sich bis zu Belilowski durch, der nach Beauchamps hinunterfuhr, um Paul zu sagen, daß Peggys Regiment in der Oxford Road 10 A ein Ende gesetzt werden müsse und daß außerdem die kleine Gräfin aus gutem Grund unter der Belastung zusammenbreche, auch noch für all die Russen kochen zu müssen.

Peggy war einundzwanzig gewesen, als sie 1911 in Petersburg an der Tür der Wohnung in der Galernaja-Straße erschienen war. Sie gab der Familie dreizehn Jahre ihres Lebens. Sie trieb das Schiff auf, das sie von Noworossisk aus in Sicherheit brachte, und in London beschaffte sie ihnen ein Dach über dem Kopf. Wie die ehrfürchtig mit »Graf Paul« betitelten Fotografien in ihrem Album bezeugen, liebte sie ihn mit einer verzweifelten und verbitterten Leidenschaft, die einen Teil der Frustration erklärt, aus der ihr grimmiges Regiment erwuchs. Paul selbst war den schmeichelhaften Schwärmereien von Frauen nie abgeneigt gewesen. In den Osterferien 1922 oder 1923 nahm er Peggy und zwei der Jungen mit auf die vor Land's End gelegenen Scilly Islands an der Westküste Cornwalls und ließ Natascha zu Hause zurück. Pauls verführerisches und unbestimmtes Lächeln strahlt Peggy aus den Fotografien entgegen, die sie in jenen Ferien aufnahm. An diese Bilder klammerte sie sich bis an ihr Lebensende. Wieder zurück in der überfüllten Wohnung ihrer Mutter in Putney, eingeschlossen im Alltagstrott der Erziehung von Jungen, die nicht ihre eigenen waren, vermißte sie die Ruhe und Zufriedenheit des Lebens in Rußland vielleicht ebensosehr wie all die anderen. Sie war immer noch ledig und lehnte immer noch die Anträge von Mr. Hough, dem Schiffsoffizier von der *Huanchaco* ab, der sie heiraten wollte und der einen Artikel voll des Lobes über ihre Tapferkeit im Magazin der Schiffahrtsgesellschaft geschrieben hatte, und so ließ sie ihre Frustration hauptsächlich an Lionel und George aus. Bis zum heutigen Tag sprechen die älteren Brüder voller Zuneigung von ihr, aber nur, weil sie früh genug von ihr wegkamen. Die jüngeren können ihr immer noch nicht verzeihen. Man nahm sie aus der Oxford Road 10 A heraus und schickte sie als Interne in die St. Paul's School. Peggy sahen sie niemals wieder.

Zu Hause in Beauchamps zeigte Dr. Belilowskis Ultimatum an Paul seine Wirkung. Die Familie ging auseinander. Tante Sonia nahm Onkel Boria nach Paris. Als er starb, gründete sie ein Mädchenpensionat, das sie bis zu ihrem eigenen Tod leitete. Onkel Kolia verabschiedete sich von Pug und seinen Wäldern und zog nach Bulgarien, um seine Frau und seine Söhne zu finden. Dort beschloß er seine Tage als stiller und schwermütiger Buchhändler in Sofia. Hin und wieder schrieb er einen traurigen Brief, in dem er Paul bat, seinen älteren Bruder nicht zu vergessen, und dem er eine Postkarte beilegte, auf der er neben der Statue seines Vaters auf dem öffentlichen Platz in Warna stand. Richter Misezki verließ seine Kühe und ging mit einer englischen Krankenschwester, die er in einem Hospital von Hastings kennengelernt hatte, nach Polen zurück. Oberst Malewski ging nach Paris, um Paul bei seiner Arbeit für das Russische Rote Kreuz zu helfen.

Paul selbst war immer seltener in Beauchamps. Da waren nicht nur die Abende mit Miss Adams Brown, sondern inzwischen auch viele Monate hintereinander seine Arbeit in Paris beim Russischen Roten Kreuz. Zunächst sammelte er Geld für die medizinische Versorgung der weißen Truppenverbände, die in Sibirien immer noch gegen die Rote Armee kämpften, und dann, als der Bürgerkrieg endete, für den Flüchtlingsstrom in die Hauptstädte Europas. Eine Zeitlang war den russischen Flüchtlingen die Gunst des Pubilikums gewiß, und er hatte viel Erfolg bei den wohltätigen Reichen.

Paul Ignatieff mit einer Gruppe von rekonvaleszenten
Soldaten, Krupoderniza, 1915

Natascha Ignatieff 1913

Peggy Meadowcroft und die Ignatieff-Söhne,
Putney 1920.
V. l. n. r.: George (sitzend) Nicholas, Alec, Dima und Lionel

Paul und Natascha Ignatieff, Upper Melbourne,
Quebec, 1944

Dann aber verlagerte sich die philanthropische Aufmerksamkeit, andere Fragen wurden interessanter, die Geldquellen begannen zu versiegen. Paul traf sich mit Herbert Hoover, der Geld für die sowjetische Hungerhilfe gesammelt hatte, und der große alte Mann sagte ihm, die Misere der russischen Anhänger der Weißen sei für das amerikanische Publikum »zu abgedroschen«. »Geben Sie mir ein Erdbeben oder ein Hochwasser oder eine andere große Katastrophe, und ich würde in kürzester Zeit Millionen von Spenden zusammenbringen.« Paul logierte nun Monate hintereinander im Hôtel Ramsès am Square des Batignolles, einem schmuddeligen Platz neben einem Handelshof im Nordwesten von Paris. In der Emigrantengemeinde von Paris galt er immer noch etwas. Natascha blieb allein in Beauchamps und wurde nur an den Wochenenden von ihren Jungen und Belilowski besucht.

Auf den Fotografien, die man von ihr aufnahm, sitzt sie auf den Stufen der alten hölzernen Veranda, die Knie hochgezogen unter einen alten, gestreiften Arbeitskittel, immer dieselbe, das Haar zu einem unordentlichen Knoten zusammengesteckt, mit einer Aureole abstehender grauer Haare, inmitten ihrer Jungen lautlos über einen Witz lachend oder stumm vor sich hinbrütend. Je mehr sie sich zurückzog, desto mehr beschützten sie ihre Kinder. Hörte sie das Knirschen der Schritte eines Händlers auf dem Kies oder Miss Adams Brown oder die neugierigen Hofnachbarn näher kommen, dann spähte sie durch die Vorhänge, stahl sich nach oben in ihr Schlafzimmer und beauftragte ihre Kinder mit scheuchenden Gesten, die Eindringlinge fortzuschicken. Sie ertrug ihre Wunden, ohne zu klagen – Pauls dringende Reisen nach Paris ebenso wie seine Abende über der Buchhaltung bei Miss Adams Brown. Wenn sie von allem genug hatte, schloß sie sich im Badezimmer ein, legte sich mit einem Glas Portwein in die Wanne und murmelte vor sich hin.

Paul schien sich mit dem Exil abgefunden zu haben, doch Natascha sehnte sich immer noch nach der Fülle Rußlands, nach den Pilzen im Herbst, dem Teppich aus wilden Blumen auf den Wiesen von Dugino, den Stapeln saftiger Dillsträuße an den Marktständen und den Kornfeldern. Das war es, was sie auf dem von Hecken begrenzten englischen Land am meisten vermißte, die üppige, animalische Fruchtbarkeit ihres Heimatlandes, das jetzt in den zwanziger Jahren hungerte und verseucht und zugrunde gerichtet war.

Ihre älteren Jungen wurden rasch groß. Die fünf Söhne ragten über sie hinaus, jeder dünn wie eine Bohnenstange, jeder größer als einen Meter achtzig, laut und übermütig, melancholisch und hochherzig wie ihr Vater. Sie nannte sie *duratschki* – ihre kleinen Narren. Als sie zu Männern wurden, tat sie ihr Bestes, um ihnen mit ihren Späßen den Ernst auszutreiben. Nick stellte sie in Gesellschaft vor als »mein Ältester, mit dem verglichen Napoleon eine glatte Null war«. Und Vladimir, mit seinen baumelnden Armen, dem großflächigen, weichen Gesicht und dem verhaltenen Grinsen nannte sie »mein kleines Waldveilchen«. Jeder hatte einen Kosenamen: Alec war Sejka, Lionel war Lino, und George, ihren Jüngsten, nannte sie Giesenka.

Durch das Exil näherte sie sich ihnen an. Im Kaukasus hatten sie gesehen, wie sie sich in ihre »Tigerin« verwandelt hatte. Nun, da sie grau wurde und die Fünfzig überschritten hatte, nähte sie ihre Knöpfe an und bewahrte besondere Leckerbissen für sie auf, bis sie aus der Schule, von der Universität, von ihrem ersten Arbeitsplatz heimkamen. Sie kochte und wusch für sie und wurde wie nie zuvor zum natürlichen Mittelpunkt ihrer Welt. Vor jeder Reise fragte sie: »Warst du schon auf der Toilette?«

Sie und Paul hatten den Jungen eingehämmert, daß die Vergangenheit vergangen war und daß sie nicht, wie so viele Emigranten, als Taxifahrer enden durften, die ihre Taschen für die Rückkehr nach Petersburg immer gepackt hatten. Alec, der Rebell und Spötter der Familie, der seiner Mutter am ähnlichsten sah, verließ das Haus als erster. In Kislowodsk war sein Interesse für die Geologie erwacht, und in England erwarb er ein Diplom an der Royal School of Mines. Wenig später fuhr er nach Sierra Leone, wo er als Ingenieur in einer Goldmine beschäftigt war. Nick, der Träumer und Philosoph der Familie, wollte Schriftsteller werden. Sein Vater bestand jedoch darauf, daß er etwas Solides lerne, und so biß sich Nick bis zu einem Abschluß als Elektroingenieur an der Universität von London durch. Der Gedanke, sich an ein Leben als Vorstadtbewohner gewöhnen zu müssen, ließ ihn bleich werden, und so antwortete er auf eine Zeitungsannonce, in der für jeden, der als Erntehelfer nach Kanada wollte, freie Fahrt, Kost und Logis angeboten wurden. 1924 machte er sich auf die Reise in den Norden von Alberta. Dima fuhr ihm bald hinterher, verführt von Nicks Verheißung eines Arbeitsplatzes in einem Holzfällercamp, in dem Eisenbahnschwellen hergestellt wurden. Nick war ein Phantast, und als Dima ankam, stellte er fest, daß es weder ein Holzfällercamp noch einen Arbeitsplatz gab. Doch dann kämpften sie sich als Erntehelfer und Siedler in den kalten nördlichen Ebenen von Alberta durch.

Im Herbst 1927 kehrte Dima nach England zurück, kräftig und sonnenverbrannt, mit Erzählungen von Fahrten im Güterwaggon und von der Arbeit auf den endlos weiten Feldern der Prärien, die ihn an die fruchtbaren Weiten des alten

Rußland erinnerten. Paul war den ganzen Winter 1927/28 abwesend, um für das Rote Kreuz zu sammeln, und Dima bewirtschaftete das Gut mit Natascha, während die jüngeren Brüder, Lionel und George, das Schuljahr in St. Paul's abschlossen. Im Frühjahr 1928 war Dima entschlossen, den Hof zu verkaufen. Die Milchpreise fielen, und das Gut war zu klein, um Ertrag abzuwerfen. Einige seiner früheren Lehrer vom Landwirtschafts-College kamen vorbei, um den Hof zu inspizieren, und sie sagten ihm, er sei ein wunderbarer Wohnsitz für die Familie, aber als landwirtschaftlicher Betrieb ein hoffnungsloser Fall. Der dreiundzwanzigjährige Dima schrieb die Farm also zum Verkauf aus und telegrafierte seinem Vater nach vollbrachter Tat. Außerdem teilte er ihm mit, er werde seine Mutter, George und Lionel mit nach Kanada nehmen. Wenn dem so sei, antwortete sein Vater, werde er in Paris bleiben und weiter für das Rote Kreuz arbeiten.

Bis zum heutigen Tag erhitzt Dimas Entschluß die Gemüter. Für Dima war die Sache ganz einfach. Der Hof erwirtschaftete Verluste, also mußte er verkauft werden. Für George und Lionel, die sich an Rußland nur vage als an einen Ort des Schreckens und der Entbehrung erinnerten, war Beauchamps die einzige Heimat, die sie je gekannt hatten. Hin- und hergerissen zwischen einem Sohn, der überzeugt war, daß die Familie untergehen würde, wenn ihr nicht der Sprung nach Kanada gelang, und einem Mann, der immer mehr Zeit in den Emigrantenzirkeln von Paris verbrachte, entschied sich Natascha für ihren Sohn. George und Lionel mußten zusehen, wie die Familie auseinandergerissen wurde.

Im Frühsommer 1928, nachdem Haus und Hof verkauft waren, ließ Dima die Versteigerer kommen, um die Einrichtung von Beauchamps zu verkaufen. Die Taxatoren gingen durch das Haus, erstellten einen Katalog, und dann versammelte sich die Menge auf dem Rasen und begann zu bieten. Als der Hammer herunterfiel, sahen George, Lionel und Natascha mit an, wie ihre Möbel weggefahren und die Tiere von anderen Männern an den Strick genommen und weggeführt wurden. Was von ihren Besitztümern übrigblieb, ein kleiner Haufen Kleidung und ein paar kostbare russische Erinnerungen, wurde wieder einmal in Nataschas Aussteuerkoffer gepackt und nach Southampton hinunter verschifft, wo es im September 1928 an Bord des Dampfers *Montrose* gebracht wurde, der nach Montreal fuhr. Als das Schiff ablegte, kroch der damals fünfzehnjährige George ins Bett und nahm seine Mutter fest in die Arme, damit sie nicht mehr weinte.

Sie reisten mit Nansenpässen, wie sie staatenlosen Flüchtlingen ausgestellt wurden. Lionels und Georges Pässe enthielten ein kanadisches Visum, das ihnen die Einreise als Landarbeiter gestattete. Als sie in Montreal einliefen, nahm Dima Georges Strohhut und schleuderte ihn in den Sankt-Lorenz-Strom. »Den brauchst du hier nicht!« rief er.

Dima mietete ihnen eine Wohnung mit fließend kaltem Wasser in den im Osten Montreals gelegenen Victoria Apartments. Natascha schlug sich im Winter 1928/29 schlecht und recht durch. In jener armseligen, von Ungeziefer verseuchten Wohnung in der eisigen, fremden Stadt rann ihr das Geld durch die Finger. Sie war gezwungen, mit der Straßenbahn zum Bonsecours-Markt hinunterzufahren und um billiges Gemüse zu handeln, wenn sie ihre Jungen satt bekommen wollte. Doch obwohl sie wenig Geld hatte, schickte sie sie auf eine exklusive Privatschule, das Lower Canada College. Um die Erziehung ihrer Söhne bezahlen zu können, sparte sie an sich selbst und begann, den Erlös aus dem Verkauf des Hofes in Bergbauaktien mit niedrigen Werten anzulegen. Sie ging auf die Sechzig zu, war hager und knochig, mit tiefen Ringen unter den Augen, immer im selben strengen, knöchellangen schwarzen Kleid, das sie am Hals mit einer Brosche ihrer Mutter schloß. Irgendwann in jenem Jahr kam Nick mit seiner Verlobten, der Tochter von Richter Woods aus Edmonton, aus Alberta zurück. Sie erinnerte sich, wie sie Natascha in jener dunklen, engen Wohnung im Eastend kennengelernt und gedacht hatte, dies sei das traurigste und einsamste Geschöpf, das sie je in ihrem Leben gesehen hatte.

Nach einem erbärmlichen Jahr in der Schule machte George sich im Frühjahr 1929 auf den Weg an die Westküste, um bei der Eisenbahn Arbeit für den Sommer zu finden. Am Hauptbahnhof von Montreal drückte Natascha ihm fünfundzwanzig Dollar in die Hand und warnte ihn in ihrer unnachahmlichen Art vor dem Umgang mit »lockeren Mädchen«, weil ihm sonst die Nase abfallen würde. Er war gerade sechzehn und arbeitete den ganzen Sommer über als Holzfäller an den Ufern des Kootenay Lake in Britisch-Kolumbien, wo er Bäume fällte und Pfähle schlug, mit denen das Wegerecht einer Schienenspur zwischen dem Crow's Nest-Paß und der Kettle Valley-Eisenbahnlinie nach Vancouver abgesteckt wurde. Die Schienenspur zog sich an den Klippen über dem See entlang, und die Holzfäller mußten ihr Handwerk verstehen; ein falscher Schritt, und sie wären zu Tode gestürzt. George legte sein in der St. Paul's School erlerntes Englisch ab und übernahm den Slang aus der Arbeiterbaracke. Als er mit einem Iren einen Wettkampf im Axtwerfen austrug, holte er sich eine beeindruckende Narbe am Knie, und er lernte, sich zu wehren, wenn er von seinen Kameraden mitsamt seinem Bettzeug in den Gebirgsfluß hinter dem Camp getaucht wurde.

Nataschas Album enthält ein Bild von George, das in jenem Sommer 1929 an der Eisenbahnlinie aufgenommen wurde, die am Kootenay Lake entlangführte. Er hat gegen die Hitze ein Taschentuch verknotet und es auf den Kopf gesetzt, und er trägt ein Arbeitshemd, Jeans und schwere Stiefel. Man sieht ihn Arm in Arm mit zwei Arbeitskameraden, und er scheint genauso kräftig und glücklich wie sie zu sein. Sie nannten ihn den Douk, weil die einzigen Russen, die sie jemals kennengelernt hatten, zu den Doukhobors gehörten, der zurückgezogen lebenden religiösen Gemeinschaft, die aus Rußland emigriert und in die abgeschiedenen Täler Britisch-Kolumbiens gezogen war. Sein Chef verbrachte die Abende mit der Lektüre der *Encyclopedia Britannica* und stieß eines Abends auf einen Artikel über Georges Großvater, Nicholas Ignatieff. Als er seinen jungen Holzfäller fragte, ob sie miteinander verwandt seien, wurde George bewußt, daß er lieber für einen anständigen Holzfäller als für einen Grafen gehalten werden wollte. Im Herbst kam er nach Montreal zurück, wie zuvor schon sein Bruder erfüllt vom Zauber des Westens und mit dem Gefühl, eine Bewährungsprobe bestanden zu haben.

Der Börsenkrach vom Oktober 1929 bewahrte ihn zu seinem Glück vor der Rückkehr in die säuerliche Vornehmheit des Lower Canada College. Natascha hatte versucht, ihr Geld durch den Kauf von Aktien zu strecken, und als der Markt zusammenbrach, war von dem Erlös aus dem Verkauf von Beauchamps nur noch die Hälfte übrig. In dieser Zeit war Nick als Elektroingenieur bei Ontario Hydro beschäftigt, und auf sein Drängen hin mietete die Familie ein Farmhaus in Thornhill, am nördlichen Rand von Toronto. Die Depression brachte die Familie wieder zusammen. Dima, der sich als Siedler am Peace River in Nordalberta niedergelassen hatte, verlor seine Farm durch ein Unwetter und kehrte nach Toronto zurück, um als Assistent an der Universität von Toronto Bodenchemie zu unterrichten. Von seinem Gehalt lebte die Familie 1930 und 1931.

1932 kam dann Paul nach vier Jahren Abwesenheit aus Paris zurück. Die Depression hatte die wohltätigen Quellen des Russischen Roten Kreuzes versiegen lassen, und seine Arbeit tröpfelte nur noch vor sich hin. Inzwischen war er zweiundsechzig, und nach vier Jahren in dem kleinen Zimmer des Hôtel Ramsès am Square des Batignolles war es Zeit heimzukehren. Welche Rolle er in der Emigrantenpolitik von Paris, in jenem Filz von weißen Intriganten und roten *agents provocateurs* gespielt hatte, behielt er für sich. Wie Paul sein Fernbleiben erklärte, wie Natascha ihn wieder aufnahm, verrieten sie beide nie. Sie schlossen eine Art Frieden miteinander und wohnten nacheinander in verschiedenen Häusern, die die Jungen ihnen in Toronto mieteten. Auf den Fotografien halten sie immer ein wenig Abstand: Er in seinem flotten Filzhut, sein Gesicht eine Maske kühlen Charmes mit der Andeutung eines Lächelns unter seinem geschwungenen Schnurrbart; sie gebeugt, blinzelnd, mit einem Lächeln zur Kamera hin, mit dem Halsband und immer mit demselben ärmlichen schwarzen Kleid.

1936 fand Dima für sie ein kleines Grundstück in Upper Melbourne, einer kleinen Stadt am St.-Francis-River in den östlichen Grafschaftsbezirken südlich von Montreal, in der vor allem Papier hergestellt wurde. Paul überwachte den Bau eines kleinen Backsteinhauses mit zwei Schlafzimmern, einer Veranda mit Fliegengittern und einem spitzgiebeligen Dach, damit der Schnee abrutschen konnte. Das Haus stand zwischen den dunklen Kiefern über dem Fluß, und sie zogen ein, um Gemüse zu pflanzen, einen Garten anzulegen und auf die Ankunft von Enkeln zu warten. Natascha spekulierte insgeheim weiter an der Börse, entschlossen, die Verluste von 1929 wettzumachen. Bald waren die Schubladen ihres Schreibtisches voller Prospekte von Unternehmen wie White Lake Gold und Porcupine Silver.

George ging 1936 mit einem Rhodes-Stipendium nach Oxford. Seine Eltern wollten ihn nicht gehen lassen. Sie fürchteten, er sei für sie verloren, wenn er nach England zöge. Trotzdem überreichte ihm sein Vater General Ignatieffs goldene Uhr und verabschiedete ihn, als sein Schiff ablegte. Lionel ging auf die Juristische Fakultät der McGill University.

In diesem neuen Land, dessen Winter sie an ihr eigenes erinnerten, dessen Weite ihnen die verlorene Weite ihres eigenen Landes zurückbrachte, beantragten Paul und Natascha die Staatsbürgerschaft und konnten endlich ihre Nansenpässe, Symbole der Heimatlosigkeit, auf den Speicher verbannen. Sie waren inzwischen zu alt, um ihren Akzent abzulegen oder ein neues Leben anzufangen. Doch sie unternahmen nie den Versuch, ihre Kinder an ein Emigrantengetto zu fesseln oder auf russischen Schwiegertöchtern zu bestehen. Bis auf einen heirateten alle Söhne außerhalb des russischen Zirkels. Als Marjorie Adams, Florence Hargreaves, Helen Fraser und Alison Grant in die Familie kamen, standen sie bei ihrer eigenen Trauung in der russischen Kirche da, ohne etwas zu verstehen. Von dem Kollier, das der türkische Sultan der Großmutter der Jungen geschenkt hatte, wurde ein Diamantenstern nach dem anderen abgelöst und über die Kettenglieder einer nun kanadischen Familie weitergegeben. Natascha und Paul hießen sie alle in der Familie willkommen, sie mit ihrer Garbo-Stimme, er mit der aufmerksamen Höflichkeit, mit der er die Weiblichkeit hofierte. Die kanadischen Töchter mußten sich an die russische Direktheit in allen Dingen gewöhnen, die anständige kanadische Protestanten niemals in Gesellschaft erwähnten: Verdauung, Geld und Sorgen. Die kanadischen Schwiegertöchter lernten russische Gerichte kochen und hörten Erzählungen von Kislowodsk und Krupoderniza als Schlüssel zum Verständnis der Stimmungen ihrer Männer – die abwechselnd melancholisch, hysterisch, leidenschaftlich und verschlossen waren. Alle Söhne suchten starke und lebenstüchtige Frauen, sie suchten und fanden in ihnen auch die spöttische Ironie ihrer eigenen Mutter.

Im September 1939 ließen Nick und Dima sich anwerben, 1940 waren sie als Soldaten der kanadischen Armee in England. Alec leitete dort Munitionsfabriken, und George war bereits Beamter des Auswärtigen Dienstes im Canada House von London. Nur Lionel blieb zurück, beendete sein Jurastudium an der McGill University und wohnte bei seinen Eltern in dem kleinen Bungalow in Upper Melbourne, Quebec.

Irgendwann im Sommer des Jahres 1940, als ihre Söhne in Übersee und ihre ersten Enkel gerade angekommen waren, begann Natascha, in dem kleinen holzgetäfelten Schlafzimmer auf der Rückseite des Hauses ihre Memoiren in die Schreibmaschine zu tippen. Paul hatte seine eigenen Memoiren schon Jahre zuvor in England geschrieben. Er schrieb für ein Publikum, sie für ihre Kinder und Enkelkinder. Meine Söhne, so schrieb sie, sagen mir, ich hätte »eine besonders anschauliche Art, mich auszudrücken. Ich habe keinerlei Ambitionen als Schriftstellerin, sondern ich schreibe nur, um meinen Jungen eine Freude zu machen.« Jener Sommer brachte ihr viel Freude. Die Erinnerung, sagte sie, »flog geradezu mit mir zurück in meine glückliche Vergangenheit«.

Sie nutzte jeden alten Fetzen Papier, den sie finden konnte – Schulhefte aus dem Rexall-Drugstore in der Stadt, Rezeptkarten, die Rückseite von Einkaufslisten. Sie tippte mit zwei Fingern, scherte sich nicht um die Interpunktion, schrieb, wie sie sprach, in dem Englisch, das sie von den Gouvernanten in Dugino gelernt hatte, dem Englisch, von dem sie wußte, daß ihre Enkel es als Muttersprache sprechen würden. Sie sprang zwischen den Jahren hin und her und stöberte, was sie nur konnte, in der Dunkelheit auf. Draußen häufte sich in den langen Kriegswintern der Schnee auf. Sie und Paul saßen im Wohnzimmer am Kamin und hörten Radio, um sich über die Kampfhandlungen zu informieren. Dima war 1943 als Offizier der kanadischen Armee in der Schlacht von Monte Cassino für die chemische Kriegführung zuständig, und Paul und Natascha verfolgten die Nachrichten über den Italienfeldzug mit quälender Aufmerksamkeit. Sie hörten möglichst alle Berichte aus Rußland, und es zerriß ihnen das Herz beim Namen einer jeden Stadt, die fiel.

Ich habe ein Bild von ihnen, das Lionel im Winter 1944 aufnahm. Sie stehen vor dem Landhaus in Upper Melbourne, Seite an Seite im Schnee an einem kalten Winternachmittag. Sie sind in lange Wintermäntel gewickelt, die sie in die Erde hineinzuziehen scheinen. Natascha lächelt auf ihre zwinkernde, spöttische Art. Ihr graues Haar ist zu einem unordentlichen Knoten zurückgesteckt, und ihr langer, gerader Hals ist von einem schwarzen Halsband umschlossen. Ihre Knie sind leicht gebeugt und einwärts gebogen, was ihre Haltung so unbeholfen wirken läßt wie die eines schüchternen Mädchens. Paul steht ein wenig abseits, elegant wie immer, mit einer Krimmermütze auf dem Kopf, einer sorgfältig gebundenen Krawatte und einem hochgezwirbelten Schnurrbart. Seine Augenhöhlen sind dunkel, und seine

Backenknochen treten scharf hervor. Er lächelt nicht. Beide tragen Hausschuhe und stehen auf den Platten des Weges wie auf kleinen trockenen Inseln in der weißen Weite des Schnees. Bis zum Frühling ist es noch Monate hin. Bald senkt sich die Dunkelheit über das Haus. Dies ist das letzte Bild des Albums.

IX
DIE KLEINEN NARREN

Nataschas *duratschki,* ihre kleinen Narren, sind inzwischen alte Männer.
Letzten Sommer fuhr ich nach Hause nach Kanada, um sie alle zu besuchen. Lionel lebt in einem Pflegeheim nördlich von Toronto. Er ist jetzt in den Siebzigern und sieht aus wie ein in seine Gedanken versunkener Heiliger auf einer orthodoxen Ikone. Ich treffe mich mit ihm viele Ampeln nördlich vom Highway 401 in einem chinesischen Café auf einer Geschäftsstraße in den gesichtslosen Ausläufern des nördlichen Toronto. Das Café befindet sich – wie die ganze Straße – in der Hand von Hongkongchinesen. Vor fünf Jahren gab es hier nichts als Ackerland.
»Tag, Onkel«, sagt der Chinese, als Lino und ich hineinkommen. »Ihre Familie aus Rußland?« »Er ist aus London«, antwortet Lino bedächtig. »Was für ein Glück, Mann, daß er Sie besucht.« »Ich bin glücklich«, sagt Lino. Mit gebeugten Knien schlurft er zu einem Tisch und setzt sich langsam. Er trägt einen Tropenhelm. Auf dem Hutband zeigt er mir die Initialen und sagt, danach richte er sich, wenn er wissen wolle, wie herum er ihn aufsetzen müsse. Einmal im Monat nimmt er den Bus in diese Einkaufsstraße, um zum Friseur zu gehen. »Viel ist nicht zu schneiden«, sagt er und streicht über seinen kahlen Kopf. Anschließend geht er in dieses Café und bestellt sich Tee und Mandelplätzchen. Das ist sein größter Ausflug.

Als kleiner Junge, auf den Fotografien, die ihn im Arm seines Vaters vor der Weidenhütte am Strand von Misdroy zeigen, grinste er übermütig. Er ist ein Mestscherski, wie seine Mutter, nur schlanker, mit feineren Gesichtszügen als seine Brüder. Ein leises Lächeln ist an die Stelle des übermütigen Grinsens aus der Kindheit getreten. Er scheint sich nicht für die Vergangenheit zu interessieren.

Ich erzähle ihm, daß ich in Beauchamps war. »Es muß inzwischen ganz zugewachsen sein.« Er lächelt, knabbert an den Mandelplätzchen. Ich frage ihn, ob er sich an den Blick auf das Meer von seinem Schlafzimmerfenster aus erinnert. Verwirrt sieht er mich an. »Das Meer?«

Er sagt: »Ich habe etwas, das man die Parkinsonsche Krankheit nennt. Weißt du etwas darüber? Deshalb zittern meine Hände.« Er streckt seine spinnenartigen Hände aus. Die Hände seiner Mutter. Sie summen mit einem kaum wahrnehmbaren Zittern, wie eine Stromleitung. »Und dann habe ich noch, was sie Depressionen nennen. Hier«, und er zeigt auf eine Stelle auf seinem Kopf: »Man hat mich behandelt.«

Mein Vater mußte die Formulare unterschreiben. Sie legten den Keil zwischen Lionels Zähne, schnallten ihn fest, jagten den Strom durch seine Glieder. Sein Zustand wurde stabilisiert.

»Im Krankenhaus traf ich ein paar äußerst interessante Menschen, wie ich sie in der Welt draußen niemals kennengelernt hätte. Sie waren auch depressiv.« Dieser klapperdürre Reisende, der sanfteste und freundlichste der Brüder, war in der geschlossenen Anstalt gewesen. Er war es, der den Preis zu zahlen hatte.

»Ich frage mich oft. Was ist diese Depression? Ich glaube, ich weiß es.« Er hält seine Kaffeetasse zwischen Daumen und Zeigefinger und führt sie elegant, mit einer Geste aus einer anderen Zeit, an die Lippen. Im Radio singt Tina Turner. Er ist weit weg von Petersburg. Er sagt: »Depression ist, wenn das Leben keinen Sinn hat.«

Seine Brüder sagen, er habe am meisten unter dem Exil, dem Auseinanderbrechen der Familie in England, dem Aufbruch nach Kanada gelitten. Er hätte in der russischen Gemeinde in London bleiben, weiterhin als Amateur in der Schauspielgruppe spielen können. Irgend etwas lief falsch. Doch wenn seine Krankheit zäh ist, dann ist er es auch. Nach vielen Fehlstarts in jungen Jahren – eine Heirat und eine Scheidung – promovierte er und lehrte bis zu seiner Pensionierung russische Literatur an der Western University in London, Ontario. Ich sage ihm, daß ich die russische Dichterin Anna Achmatowa gelesen habe. Er breitet seine Hände auf dem Tisch aus, um ihr Zittern zu beobachten. »In der Übersetzung. Schade.«

Er sieht mich an. »Kennst du *The Plain Truth*?« Ein evangelikales Magazin des amerikanischen Fernsehens. Lino sieht sich evangelikale Fernsehgottesdienste aus Pasadena, Kalifornien, an, jeden Sonntag. Mein Vater nimmt ihn immer noch mit in die orthodoxen Gottesdienste, doch die elektronische Religion aus Kalifornien bewegt ihn am meisten.

»Warum werden wir geboren?« fragt er mich. »Weißt du, warum?«

Er hätte Mönch werden sollen. Er hat seine Berufung verfehlt, nie einen Ort der Zuflucht gefunden. »Wir sind ein Fleisch. Wir haben vom Baum der Erkenntnis gegessen. Wir wurden aus dem Garten Eden verbannt.« Im Radio singt Neil Young: *»I've been searching for a heart of gold.«* Der chinesische Besitzer klopft mit den Fingern auf die Theke und wartet, daß die Fritten fertig werden.

»Und warum sind wir hier?« fragt mich Lino. Er sieht hinaus auf ein Auto, das auf dem Parkplatz herumkurvt. »Wir sind hier, um vom Heiligen Geist erfüllt, um ›erleuchtet‹ zu werden.« Er spricht das Wort aus, als fasse er es mit der Zange an. »Um teilzuhaben am Heiligen Geist.«

Das Exil hat seinem Leben den Sinn genommen, doch nun hat er ihn wiedergefunden. Er sieht auf seine Uhr. Es ist Zeit, zum Essen in das Pflegeheim zurückzukehren. Das Heim sieht aus wie andere mit getöntem Glas verkleidete Firmensitze, die das Band des Highways säumen. In der Halle wird jemand ausgerufen, und eine Glocke ruft zu Tisch. Lino beginnt zu singen.

In wilden fernen Landen
Herrschet heidnische Finsternis
Geh auf, o Morgenstern
Geh auf und niemals unter.

»In wilden *fernen* Landen?« sagt er und blickt in der Halle um sich. »*Hier* in wilden Landen.« Er läßt sich zum Abschied küssen, schlurft entschlossen zum Aufzug und ist verschwunden.

*

Alec und Marjorie Ignatieffs Haus in der Reid Avenue hinter dem Städtischen Krankenhaus von Ottawa ist ein kleiner, von einem Lattenzaun umgebener Bungalow in einer Straße mit lauter ähnlichen Häusern. Das Fernsehgerät steht im Wohnzimmer. Alec sitzt auf dem Chintzsofa und sieht mit seinem gesunden Auge fern. Er ist furchtbar dünn, grau im Gesicht, sein blindes Auge ist trübe. Und doch ist er immer noch Nataschas hübschestes Kind. Die achtzig Jahre seines Lebens haben die Knochenstruktur der Mestscherskis bloßgelegt. In der stillen und nutzlosen Bewegungslosigkeit des

Alters ist er immer noch ihr Sohn im Matrosenanzug. Er läßt sich küssen und sagt flüsternd: »Mit mir geht es rapide bergab.« Man hat in der Familie immer darüber gelacht, daß es mit ihm sein ganzes Leben lang rapide bergab ging. Marjorie sagt, er habe einen ausgeprägten Sinn für das *Nunc dimittis.* Doch als ich hochblicke, zwinkert sie nicht mehr wie sonst.

Mit schwacher Stimme erzählt er mir von dem Haus in Petersburg, von den vielen Fluren, die nach hinten in den Küchentrakt führten, und er imitiert dabei die Stimmen aus dem Gedächtnis: *»Graftschik«* – kleiner Graf – »was hast du in der Küche verloren? Du bist adlig, du gehörst nicht hierher!« Ich sehe den schwitzenden Koch in der Forschtatskaja vor mir, wie er ihn die Gänge hinunterscheucht.

Als ich ihn über Kislowodsk ausfrage, erzählt er mir, wie er einmal einen abgerissenen Soldaten sah, der eine Zigeunerin prügelte und immer wieder fluchte: »Du Schlampe, die Zeiten des verdammten Zar Nick sind vorbei!« Er erinnert sich, wie er im Herbst 1918 mit seiner Mutter zu der Hütte von Dorfbewohnern außerhalb von Kislowodsk ging und wie sie von innen eine dünne Stimme hörten: »Komm nicht näher, Junge. Wir haben die Pest.« Es war Typhus.

Im nachlassenden Licht des Winternachmittags in Ottawa geht er zurück zu den Anfängen, zum Licht des Salons in Krupoderniza. Man schreibt das Jahr 1910. Er wurde von Tante Mika gerügt, weil er etwas falsch ausgesprochen hatte. Was war das? Er sucht, neigt den Kopf. Tante Mika hatte ihm eine Bibelstunde gegeben und ihn die Worte des Evangeliums an der Stelle wiederholen lassen, an der Christus vor Pilatus erscheint. Alec war vier und sprach das Wort Pontius immer wie *pontschik* aus, das Wort für Krapfen. Er wurde an den Schultern umgedreht und in die Ecke gestellt. Sein klares

Auge blickt über die Zeiten hinweg: »Ich sehe durch das Fenster, wie zur Linken das Licht verblaßt. Ein Himmel, der sich verdunkelt.« Seine Worte kommen verschwommen, wie ein beschriebenes Blatt, das man im Regen liegenließ. Dann herrscht Schweigen, unterbrochen von den Fernsehnachrichten um sechs und dem Klappern der Teetassen. Seine Erinnerungen lassen mich an einen Film über ein gesunkenes Wrack denken – hier und da, inmitten von Schlick und Dunkelheit, eine zerbrochene Flasche, eine Scherbe, eine Dublone.

Er war der Rebell unter den Söhnen. »Man konnte sie nicht küssen«, sagt er von Natascha. »Manchmal küßte sie uns auf die Stirn. Lionel und George ließ sie auf ihren Knien sitzen. Ich bin mir verdammt sicher, daß ich nie auf ihren Knien saß.«

Er war es, der als erster die Oxford Road 10 A verließ, der mit den Fäusten auf das Klavier einschlug und sich weigerte, noch eine von Peggy Meadowcrofts teuflischen Fingerübungen zu spielen. Er ging zur Royal School of Mines, in die Zinnminen von Cornwall, die Goldminen von Sierra Leone. Die Minen waren genau das richtige für ihn, als Einzelgänger der Familie, tief unten in der Erde, den Rücken gebeugt in jenen dunklen Schächten. Nach dem Krieg kam er nach Kanada und übernahm die Leitung der Bergbauabteilung im Energieministerium.

Alec schweigt, und so sagt seine Frau: »Er war immer ein Außenseiter in dieser Familie.« »Warum heiraten Sie einen so schlechten Kerl?« waren Pauls erste Worte an Marjorie, als Alec seine Braut bei seinem Vater vorstellte. »Er war zu streng mit seinen Söhnen«, sagt sie mit einem schmerzlichen Ausdruck im Gesicht. Alec lacht, ein trockenes, rauhes Lachen. Wir schweigen. Ich stehe auf, um zu gehen. Mühevoll stemmt er sich hoch. Früher war er ein paar Zentimeter größer, ein schlanker Riese von ein Meter neunzig. Inzwischen bin ich größer als er. Ich küsse ihn auf die Stirn. Auf der Straße drückt Marjorie meine Hand und sagt: »Du bist zu spät gekommen.«

*

Ich habe ein Bild von Nick – dem Ältesten –, auf dem er in den dreißiger Jahren irgendwo draußen im Westen auf dem Rücken eines Pferdes sitzt. Er hält sich hoch aufgerichtet und mühelos im Sattel, elegant in seinen Reithosen und einem Wildlederjackett, die Sonne scheint ihm auf die hohe Stirn und beschattet die tiefliegenden Augen, er scheint irritiert, als störe ihn die Einmischung der Kamera. Nick wäre gern Schriftsteller geworden, wurde dann aber Elektroingenieur, um seinem Vater einen Gefallen zu tun. Als er während der Depression seinen Arbeitsplatz verlor, war er geradezu erlöst. Er machte sich mit einem Rucksack auf den Weg durch das Buschland im Norden Ontarios, zog durch kleine Bergarbeiterstädte wie Timmins und Cochrane und weiter auf den Güterzügen, zusammen mit den Männern, die per Bahn auf der Suche nach Arbeit waren. Er schrieb Artikel, in denen er darauf drängte, den Norden für eingewanderte Siedler zu erschließen. Er schrieb über die Wanderarbeiter, die er auf den Schienen kennenlernte, und die Monate auf der Straße galten ihm als die glücklichsten seines Lebens. Er schlief unter dem Sternenhimmel der Seen im Norden, in Güterwaggons, auf dem Wohnzimmersofa von Missionaren, die die Lagerhäuser durchkämmten, um Obdachlose und Streuner zu bekehren. Sein Speisezettel bestand aus Trauben und Brot, Obst und Kaffee. Groß, sonnenverbrannt, athletisch, das Haar schon ein wenig schütter, ausgestattet mit einer natürlichen Autorität, die ihn älter erscheinen ließ, als er war, besaß er das Geschick, sich einflußreiche Freunde zu schaffen und letzten Endes doch in der ersten Klasse zu reisen. Seine Brüder in Toronto lachten, als sie von ihrem umherziehenden Bruder ein Telegramm erhielten, in dem er sie bat, seine Smokingjacke mit dem nächsten Zug in nördlicher Richtung nach Cochrane zu schicken. Er hatte an einem der kleinen Bahnhöfe im Norden den Präsidenten der Eisenbahngesellschaft kennengelernt, und der hatte ihn eingeladen, ihn in seinem privaten Wagen zu begleiten. Auf der ganzen Strecke um den Lake Superior herum rauchte der einflußreiche Mann seine Zigarren und hörte dem jungen Russen zu, der ihm seine Pläne für die Erschließung des Nordens durch eingewanderte Siedler darlegte. Nick war ein Mann der Pläne und Träume, der Reden und Projekte, und er trat immer auf, als befinde er sich auf einer größeren Bühne als der, auf der er in Wirklichkeit stand.

Sein ganzes Leben war eine lange Abrechnung mit dem sowjetischen Experiment und mit dem Versagen der Überzeugungen und Hoffnungen seines Vaters. 1936 schrieb er für die *Saturday Night* aus Toronto einen Artikel, der voll des Lobes für Stalins neue Sowjetverfassung war. Er bemühte sich, Terror, Zwangskollektivierung und Säuberungsaktionen als Geburtswehen einer neuen Gesellschaft zu rechtfertigen. Im herannahenden Krieg gegen Hitler, so schrieb er, werde Rußland wieder unser Verbündeter sein. Er sah immer nur das ewige und immer gleiche Rußland unter dem Schild des Sowjetregimes. Sein Vater hielt ihn für sentimental und naiv und verfaßte eine Antwort auf den Artikel mit folgendem Wortlaut:

»›Das Land den Bauern! Friede! Soldaten zurück in die Heimat!‹ Was ist aus diesen Versprechungen geworden?« wollte Paul wissen. »Das Land gehört dem Staat; die Landwirtschaftskollektive werden von Außenstehenden geleitet, die der neuen Bürokratie angehören; der Bauer ist stärker versklavt als je zuvor, während zugleich mehr Soldaten als je zuvor rekrutiert werden und die ganze Nation militarisiert ist.« Paul unterzeichnete seinen Leserbrief, der von der *Saturday Night* veröffentlicht wurde, mit »Dein dich liebender Vater und Freund«. Nick erwiderte: »Nichts ist aussichtsloser, als einer Klasse anzugehören, die nichts lernt und nichts vergißt.« Und er unterzeichnete seine Erwiderung mit »Dein im übrigen ehrerbietiger Sohn Nicholas«.

Als der Zweite Weltkrieg begann, diente Nick in der russischen Abteilung des britischen Geheimdiensts in London. Einmal wurde er zum Buckingham-Palast geschickt, um König Georg VI. über den neuen sowjetischen Verbündeten zu informieren. Je länger der Krieg andauerte, desto mehr enttäuschte ihn die Art, in der die Geheimdienste der Alliierten den Sowjets militärische Informationen vorenthielten, und er stritt heftig mit seinem Bruder George über die Notwendigkeit, ihren russischen Waffenbrüdern zu vertrauen und zu helfen. Was die Sowjets anging, war George immer weitsichtiger als sein Bruder.

Nach dem Krieg kehrte Nick zu einer Frau zurück, die er kaum kannte, und zu einem Sohn, den er nie gesehen hatte. Er war ein in sich zurückgezogener, schwermütiger Mann, mit dem das Leben nicht einfach war und den man nicht vergessen konnte. Er wurde Direktor am Hart House der Universität von Toronto, wo er ehemalige Soldaten, wie er selbst einer war, bei der Wiedereingliederung in den Universitätsbetrieb unterstützte. Gleichzeitig unterrichtete und schrieb er fortlaufend über die Sowjetunion, um so gut es ging gegen die Flutwelle antisowjetischer Hysterie in der McCarthy-Ära anzukämpfen. Im März 1952 las er am Defense Staff College von Kingston über die strategischen Absichten der Sowjetunion und betonte – man hatte gerade erfahren, daß die Sowjets nun die Wasserstoffbombe besaßen –, daß eine vom Krieg ausgeblutete Nation kein Interesse an einer militärischen Aggression gegen den Westen haben könne. Er kam immer wieder auf das Thema der elementaren Kontinuität zwischen der Autokratie des alten und des neuen Rußland zurück. Die gegen den Westen gerichtete Slawophilie seines Großvaters hatte ihren Nachhall, wie er meinte, in der kommunistischen Ideologie von der kapitalistischen Umklammerung. Er schrieb bereits an einem Buch, das den Titel *Die immerwährende Krise – Rußland und der Westen* tragen sollte.

Am 27. März 1952 hielt er in der Aula von Hart House seine alljährliche Rede an die Studenten. Alle seine Gedanken galten inzwischen Rußlands Vergangenheit und Gegenwart. Er begann seine Rede damit, daß er sich an einen Herbstnachmittag des Jahres 1918 erinnerte, an dem er im Kaukasus von einem Hügel aus den roten und den weißen Truppen unten im Tal zugesehen hatte, wie sie einander umbrachten, um Kislowodsk in Besitz zu nehmen:

»Damals war ich vierzehn... Ich weiß noch, wie mir zum ersten Mal völlig klar wurde, was für erbärmliche Narren diese erwachsenen Männer doch waren, daß sie sich so etwas an einem solchen Tag und an einem solchen Ort antaten. Was für eine Blasphemie. Während der ganzen Monate und Jahre voller Anspannung, Gefahr und Not regte ich mich darüber auf und wollte die Erklärungen der Älteren und Erfahreneren einfach nicht annehmen... Als mein Vater und alle unsere Freunde und Verwandten sagten, die Kommunisten könne man nur mit Gewalt bekämpfen, und selbst sie zu hängen, sei ein Dienst am Volk, begriff ich sie nicht. Ich wurde verfolgt vom Anblick einer jungen Mutter, die zufällig aktive Kommunistin und mit einem ihrer gefangenen Anführer verheiratet war, und die drei Tage lang an einem Galgen hing, den man auf einem Hügel mitten in der Stadt errichtet hatte.«

Ich frage mich oft, warum er sich an jenem Abend an den Galgen auf dem Hügel erinnerte, warum dies sein Gefühl verstärkte, angesichts des McCarthyismus in seiner Umgebung, der Engstirnigkeit der studentischen Politik und der lähmenden Jovialität des Lebens in Toronto langsam zu ersticken. Am nächsten Nachmittag wechselte er auf dem Parkplatz vor dem Turm von Hart House einen Reifen. Er erlitt einen Herzanfall und war auf der Stelle tot. Er war achtundvierzig, ein verträumter Romantiker, verfolgt von einem Land, das er in seinem Leben nie mehr wiedersehen sollte.

*

Aus einer Telefonzelle inmitten des lärmenden Gedränges im Hauptbahnhof von Montreal rufe ich Dima an und sage ihm, daß mein Zug in eineinhalb Stunden in Richmond ankommt.

»Alle vorschriftsmäßig zur Stelle, Junge!« Seine Stimme dröhnt, ich halte den Hörer weiter vom Ohr weg. Die anderen Brüder nennen ihn den Präfekten.

Der Zug von Montreal nach Richmond schlängelt sich in südwestlicher Richtung über den Sankt-Lorenz-Strom, durch sonnige kleine Backsteinstädte mit Namen wie St. Hyacinthe und Acton Vale, in denen jetzt, an einem August-

nachmittag, die Männer anfangen, das Bier auszuteilen und den Grill anzuzünden, und wo die Kinder in Sweatshirts von der Weltausstellung unter den Sprinklern auf den Rasenflächen spielen. Die Städte sind französischer als zu Nataschas Zeit. Auf allen Schildern, auf denen früher *Hardware* stand, heißt es jetzt *Dépanneur,* und der Zugbegleiter ruft die Namen der Haltestellen in Französisch aus. Familien, die einen Tag lang unten in Montreal ihre Einkäufe erledigt haben, knabbern im Waggon geräuschvoll ihre Kartoffelchips, und einige der Kinder schlafen auf dem Schoß ihrer Eltern. Die Väter arbeiten in der Bombardier Motorschlitten-Fabrik, in den Asbestminen von Thetford und auf den Milchfarmen, die verstreut in der sanften, hügeligen Landschaft liegen. Das Korn reift heran, die Kühe trotten in ihre Ställe.
Als ich den Schwefel von den Windsor Mills-Papierfabriken rieche und den ersten Blick auf den St.-Francis-River und die Eisenbahnbrücke werfe, weiß ich, daß wir fast am Ziel sind. 1936 brachte Dima Paul und Natascha hierher. An den Ufern des Flusses errichteten sie ein kleines, ebenerdiges Backsteinhaus auf einem Grundstück, das ihnen F. M. Robinson, der Farmer, bei dem Dima nach seiner ersten Ankunft in Kanada beschäftigt gewesen war, für einen Dollar verkauft hatte.
Vom Zugfenster aus sehe ich Dima, wie er die Plattform abschreitet, an den Fenstern nach meinem Gesicht Ausschau hält und mit seinem Stock an die Scheiben klopft. Sein Haar ist wie Stahlwolle und steht an seinem Scheitel steil nach oben. Er ist gebeugt wie ein großer Baum, und er trägt ein Paar ganz außergewöhnliche Cordsamtshorts. Er ist zweiundachtzig Jahre alt. Ich klopfe an die Scheiben, und er begrüßt mich mit einer Pantomime, bei der er mit dem Stock winkt und mir eine Kußhand zuwirft. Als ich auf die Platt-

form hinuntersteige, küßt er mich auf den Mund und bellt: »Tut gut, dich zu sehen, Junge!«
Jeder hier kennt ihn, die Taxifahrer, die auf ihre von einem Einkaufstag zurückkehrenden alten Damen warten, der pensionierte Lehrer, der auf seine Frau wartet; der Stationsvorsteher mit dem Packen Eilbriefe für Sherbrooke, ein Stück weiter an der Bahnlinie gelegen. In dieser Stadt ist er eine Art Grandseigneur, der in dem großen Haus am Stadtrand wohnt und alljährlich am Waffenstillstandstag bei der Parade der Canadian Legion die Ehrenbezeigungen entgegennimmt. Er winkt allen mit seinem Stock und dirigiert Florence mit dem Wagen nach Hause.
Florence trägt ihre Brille an einer Kette, beugt sich beim Fahren dicht über das Steuerrad, umklammert es fest und schielt nach der Straße. Sie sorgt für ihn, sieht zu, daß seine Lautstärke erträglich bleibt, raubt ihm mit ihrem Spott seine festen Überzeugungen und erinnert ihn daran, daß er dieselben Geschichten schon mal erzählt hat.
Der Wagen fährt vom Highway herunter auf die geschwungene Einfahrt von Beechmore, einem dreistöckigen, hochgiebligen viktorianischen Haus mit hohen Decken und zahllosen Räumen, einer großen Küche, in der Tag und Nacht der Holzofen brennt, und mit dicken Teppichen in den Räumen, in denen auf Kaminsimsen aus weißem Marmor die Uhren ticken. Das Haus wurde in den 1860ern gebaut. In der Eingangshalle hängt ein Mezzotinto von Sir Wilfred Laurier, und die Möbel des Hauses wurden vor einem Jahrhundert aus Quebecer Ahorn gefertigt. Größe und Baujahr des Hauses sind vergleichbar mit »Beechums«. Das Haus, in dem Paul und Natascha wohnten, lag genau gegenüber am anderen Ufer des Flusses. Inzwischen ist es längst verkauft. Die Familie kommt jetzt in Beechmore zusammen.

Nachdem er seinen Wodka mit heißem Wasser getrunken und es sich in dem riesigen Sessel bequem gemacht hat, der speziell seinen gigantischen Ausmaßen angepaßt wurde, nimmt mir Dima das Notizbuch aus der Hand, zeichnet den Grundriß des Hauses in Krupoderniza, jeden Raum, jeden Flur, und bezeichnet mit X das Loch in der Täfelung des Speisezimmers, in dem er und Alec die Topinamburknollen versteckten, die sie haßten, die zu essen aber ihre Großmutter von ihnen verlangte. Dima kehrt ohne jede Mühe in das Haus zurück, das er seit Ostern 1915 nicht mehr gesehen hat. Er erinnert sich an alles, als sei es erst gestern gewesen: an Mitro, den Kutscher, und die morgendlichen Ausritte mit seiner Großmutter über die Wege des Gutes; an die Dienstmädchen, wie sie die dampfenden Marmeladenkessel zum Abkühlen auf die Verandastufen trugen; an die Art, wie seine Großmutter Walnüsse zwischen den Zähnen knackte und ihren Enkeln die Stücke gab. Dima erscheint es als das Natürlichste von der Welt, daß ich durch die Weitergabe seiner Erinnerung an mich in die Zeit einer Frau zurückversetzt werde, die mit Disraeli speiste und die Diamantensterne des Sultans trug.

Ich frage ihn, warum er nie nach Petersburg zurückgekehrt ist. Mit den Bolschewiken will er nichts zu tun haben. »Bastarde«, sagt er genußvoll. Er hält an den Überzeugungen seiner Mutter fest.

Im Eßzimmer serviert uns Florence das Essen aus einem schweren Silbergeschirr, und sie lacht, als sie sich erinnert, wie Paul und Natascha immer aus Upper Melbourne nach Richmond hineinfuhren, um mit ihrem Buick, den sie *Sweet Mary* nannten, die Einkäufe zu erledigen. Natascha saß mit Hut, Handschuhen und Halsband aufrecht in der Mitte des Rücksitzes, und Paul fuhr ganz langsam, tippte an seine

Krimmermütze und verbeugte sich kaum merklich vor den alten Damen, an denen er auf der Straße vorbeifuhr. »*Bonjour, Madame*«, grüßte er zum Fenster hinaus.

Natascha handelte immer mit dem Metzger in Richmond, dem sanftmütigen Mr. Duluth. »Räuber! *Cochon!* Es reicht! Das bezahle ich nicht!« Niemals zuvor hatte einer seiner Kunden versucht, mit Mr. Duluth zu handeln, und es gefiel ihm nicht übel. Irgendwo in ihrem Kopf war sie immer noch in der Ochotny Rjad des alten Arbat von Moskau. Mr. Duluth gewann Spaß an dem Spiel, und als Florence einmal mit Paul hereinkam und anstandslos den geforderten Preis bezahlte, zwinkerte er Paul zu und sagte: »Die Junge ist nicht so wie die Alte, hab' ich recht?«

Natascha liebte es, im Rexall-Drugstore zu stöbern, vor allem auf den Ein-Cent-Wühltischen, und sie deckte sich mit Seife, Toilettenpapier und Abführmitteln ein, als gelte es, sich auf eine Belagerung einzurichten. Nie war genug Geld da: Jeden Monat etwas von Dima und Florence, eine alte amerikanische Versicherung, die fällig geworden war, und ein klein wenig darüber hinaus, das sie nutzte, um ihre Bergbauaktien aufzustocken. Ihre Jungen spotteten über ihre Spekulationen an der Börse, aber sie selbst nahm sie sehr ernst und schaffte es, jeden Cent wettzumachen, den sie im Börsenkrach von 1929 verloren hatte.

Sie war berühmt für die Gespräche, die sie über ihren Sammelanschluß mit den wenigen Freunden führte, die sie in der Stadt gefunden hatte, mit Mrs. Moray, der Frau des Schweizer Doktors, oder auch Mrs. Trigg, der Frau des Bankdirektors. Wann immer ihre Nachbarn am Sammelanschluß das verräterische Klicken hörten, das ankündigte, daß sie sich eingeschaltet hatte, nahmen sie den

Hörer ab und hörten sie sagen, ihre Putzfrau sei »so fett wie fünf Kühe«, oder aber sie nannte sich selbst »die alte Krähe«.
Ich will wissen, ob meine Großeltern in Kanada glücklich waren. Florence sagt: »Ich glaube, er war glücklich.« Paul arbeitete im Frühjahr und im Sommer jeden Tag im Garten, züchtete Kohlrabi und Rote Bete und grub die Erde mit einer Grabgabel um. Er trug Gummistiefel und eine alte Strickjacke, ein alter russischer Herr mit einem distinguierten Schnurrbart und einem verbeulten Hut für den Garten. Im Winter saß er mit Mr. Trigg, dem pensionierten Bankdirektor, zusammen und arbeitete mit ihm an einer Übersetzung jener glatten, sorgfältig gesichteten Memoiren, die er irgendwann in den Zwanzigern verfaßt hatte.
Und Natascha? Florence weiß, wie es hier im Winter ist, wenn der Schnee bis an das Fensterbrett reicht, jedes Buch schon zweimal gelesen ist und man, was die Gespräche angeht, auf Dima und die herzensgute, aber doch recht einfältige Haushälterin angewiesen ist. »Man kämpft ständig gegen die Resignation. Ich meine, warum sollte man nicht einfach aufgeben?«
Dann sagt Dima: »Kurz bevor ich 1940 nach Übersee ging, kam ich noch einmal an einem Wochenende zurück, um mich zu verabschieden. Meine Mutter nahm mich zur Seite und sagte: ›Wir müssen hier raus.‹« Die Winter waren zu hart und zu einsam, sie ging am Mangel an Anregung zugrunde. Alle ihre Söhne waren weit fort, und sie wollte nach Vancouver, wo das Wetter besser war und wo sie in der Nähe von Lionel gewesen wäre, der an einer Schule unterrichtete. Dima war wütend. »Ich hatte sie hierher gebracht, ihnen beim Bau des Hauses geholfen. Ich lehnte ihre Bitte ab und sagte ihr, sie müßten bleiben.« Er will mir

eine Erklärung geben, schweigt dann eine Weile. »Weißt du, es war das letzte Mal, daß ich sie sah.«

Sie sagen gute Nacht und lassen mich allein in den Familiendokumenten stöbern, die oben in den leeren Räumen unter dem Dach aufbewahrt sind. Alles liegt durcheinander, ist zu unordentlich, als daß man es sortieren könnte: Nataschas und Pauls Nansenpässe, auf deren Fotos sie beide furchtbar angespannt aussehen; Pauls Rechnungen aus dem Hotel am Square des Batignolles; in Russisch abgefaßte Schriftstücke von der Asow-Bank, in denen es um seinen verlorenen Industriebesitz geht; selbst der Katalog für den Verkauf der Einrichtung von Beauchamps, mitsamt den Preisen, die in der säuberlichen und erbarmungslosen Schrift irgendeines Auktionators jeden Posten auszeichneten. Als ich da auf dem Speicher des stillen Hauses sitze, die Hände schwarz vom Staub der Papiere, frage ich mich, welcher Teufel mich reitet, daß ich diese Spuren ihrer Sterblichkeit durchwühle, warum ich meine Hände mit dem Staub aus dem Grab ihrer Vertreibung bedecken muß.

Als ich am anderen Morgen zum Frühstück hinunterkomme, macht Tante Florence in der Küche den Toast. Sie spricht über die Zeiten, als sie Paul und Natascha während des Krieges besuchte. »Es hieß nie Stalin oder Hitler. Nein, nein. Sie nannte sie immer Stalin, die Bestie, und Hitler, der tollwütige Hund. Wenn sie zum Frühstück herunterkam und man sie fragte, was in den Nachrichten gesagt worden war, antwortete sie scharf: ›Sie haben Hitler, dem tollwütigen Hund, 189 von seinen gräßlichen Flugzeugen abgeschossen, Gott sei Dank.‹«

Während des ganzen Krieges ging Paul und Natascha der Kriegsverlauf in der Sowjetunion schmerzhaft nahe. Ein Neffe, Nicholas Mestscherski, gehörte zu denjenigen Mitgliedern der weißen Emigrantengemeinde in Paris, die nach der Kapitulation Frankreichs glaubten, sie könnten dann am ehesten auf eine Rückkehr an die Macht in Rußland hoffen, wenn sie sich der deutschen Armee anschlossen und an der Ostfront kämpften. Die Deutschen übernahmen ihn als Übersetzer. Er hatte damit gerechnet, daß man ihn auf russischem Boden als Befreier willkommen heißen würde, statt dessen verhörte er schmutzige und frierende Soldaten und Bauern, deren Haß ihm und der Armee gegenüber, in deren Diensten er stand, selbst durch ihre Angst noch durchschien. Anfang 1942 kamen Briefe aus der Gegend von Smolensk, die dann aber plötzlich abbrachen.

Seine Tante, Sonia Wassiltschikow, die krebskrank auf dem Sterbebett lag, wußte, was geschehen war. Sie träumte in ihrem Krankenhausbett, Nikita liege mit dem Gesicht zur Erde im vom Blut geröteten Schnee. Im Frühjahr kam einer von Nikitas Offizierskameraden auf Urlaub in die Wohnung der Familie und teilte mit, Nikita sei auf einem zerstörten Gut in der Nähe von Smolensk von Heckenschützen erschossen worden. Der Offizier entschuldigte sich, die Erde sei so fest gefroren gewesen, daß man Nikita nicht habe begraben können. Sie hatten ihn in einer verlassenen Scheune aufgebahrt und mit Stroh bedeckt. »Und wo genau war das?« fragte die Familie, die spürte, daß sie die Antwort schon kannte. Der Offizier versuchte, sich zu erinnern. Das Gut lag in der Nähe eines Ortes namens Sitschewka, und der Fluß Wasusa floß am unteren Ende des Parks vorbei. Nikita Mestscherski war nach Dugino, zwischen die zertrümmerten Säulen des Familiensitzes der Mestscherskis, in russische Erde heimgekehrt.

Pauls Cousin Aleksei Ignatieff war von Paris nach Moskau zurückgekehrt, unterrichtete an einer Stabshochschule der

Sowjetarmee und beriet die Schneider der Armee, als die von den alten zaristischen Regimentern getragenen Schulterklappen und Rangabzeichen wiedereingeführt wurden. In seiner Wohnung in Moskau meldete sich sein Bursche am Telefon mit den Worten: »General Graf Bürger Ignatieff zu ihren Diensten!« Der Renegat der Familie hatte genug vom Haß der Emigrantengemeinde, der ihm entgegenschlug, weil er Lenin 1917 unterstützt hatte, und irgendwann in den Dreißigern kehrte er in Stalins Rußland zurück. Der Kreml machte ihn zum General und setzte ihn ein, um Spucke und Glanz und den alten Drill wiedereinzuführen. Sie ließen ihn sogar seine Memoiren schreiben: *Fünfzig Jahre im Dienst.*

In diesem Buch erwähnt er voller Ironie seinen armen Cousin Paul, der einst Minister und Millionär gewesen war und »sich nun im Alter kümmerlich durchschlägt und sich von den Früchten seines Gartens ernährt, den er im fernen Kanada auch noch selbst bearbeitet.«

Als sich Deutsche und Russen vor den Toren Kiews abschlachteten, muß Paul unablässig an seine Schwester Mika gedacht haben. Zum letzten Mal hatte er im Sommer 1918 von ihr gehört, als sie allein auf dem Weg der deutschen Armee zurückgeblieben war, und nun – im Alter von über sechzig Jahren, wenn sie noch am Leben war – befand sie sich wieder im Durchmarschgebiet der Invasionstruppen. Dann erhielten sie, entgegen aller Wahrscheinlichkeit, mitten im Krieg ein Bild von ihr, wie sie neben einer Bäuerin einen Stapel Holz durch den Schnee trägt: Mika hat sich umgedreht und lächelt in die Kamera. Paul muß lange auf dieses Bild seiner Schwester gestarrt haben, die verloren war hinter dem Schleier des Krieges, das Haar jetzt so grau wie sein eigenes, die Haut so abgezehrt wie seine eigene, Fleisch von seinem Fleisch und doch unwiederbringlich verloren.

Trotzdem überbrachte sie ihm wie ein ferner Stern die Botschaft, von der sie wußte, daß sie ihm am meisten bedeutete. Mit Bleistift hatte sie auf die Rückseite der Postkarte gekritzelt: »Sie haben den Chorleiter des Dorfes nicht vergessen.« Inzwischen hatten sie Enkelkinder – Paul und Mika –, die von ihrer Mutter Florence zu Besuch mitgebracht wurden. Ihr Großvater zog sie im Schlitten, und ihre Großmutter bereitete ihnen russischen Yoghurt, den sie mit Ahornsirup süßte. Wenn sie nachts im Schlaf aufschrien, kam ihr Großvater zu ihnen, und sie hörten, wie er mit seiner alten und belegten russischen Stimme sagte: »Höre ich da einen kleinen Vogel?«
Nach dem Frühstück führt mich Dima die Treppen zum Speicher über der Garage hinauf. Die Dielen auf dem Fußboden und die Wände sind aus massiven, roh gehauenen Brettern – die selbstverständlich hingenommene Pracht der Natur, wie sie hier vor einem Jahrhundert gedieh. Wir bahnen uns einen Weg durch Schachteln mit Kinderkleidung, alte Koffer, Werkzeugkisten, Holzböcke und übriges Bauholz. Ganz hinten im Speicher, im von Spinnweben gefilterten Licht des Giebelfensters, steht ein schäbiger, wie ein länglicher Brotlaib geformter und mit Lederriemen verschnürter Schrankkoffer aus Segeltuch. Auf der Oberseite erkennt man die Initialen NM für Natascha Mestscherski, das Selbst der Kindheit, und NI für das erwachsene Selbst. Als ich den Staub wegpuste, kommen alle Stationen des Exils auf den Gepäckaufklebern zum Vorschein.
Ein Aufkleber der Canadian Pacific Line für die »*SS Montrose*: Gräfin Natascha Ignatieff, Montreal.(?) Wird während der Reise nicht benötigt«, dann in Bleistift auf einem Aufkleber »10 A Oxford Road, Putney«, dann in verblaßter, aber leserlicher blauer Kreide – wie Worte aus einem Traum –

»Kislowodsk via Mineralnyje Wody«. Wir öffnen den Deckel. Die Bespannung besteht aus weißem, auf Rohr gezogenem Segeltuch, und die Innenseite des Deckels zeigt den Stempel des Herstellers, E. Deraisme, 729 rue St. Honoré, Paris, 1902. Die Truhe ist vollkommen leer.

Mir ist, als hätte ich über einen schwierigen Aufstieg einen Flußlauf zurückverfolgt und endlich die gurgelnde Felsspalte gefunden, in der die Quelle entspringt. Dies ist der Ursprung all dessen, was wir in Kanada wurden. Alles aus jenem anderen Leben, was mich seit meiner Kindheit nicht ruhen ließ, befand sich in diesem Koffer, die Ikonen, die geprägten Bände von Karamsins Geschichte des russischen Staates, die viereckige silberne Waschschüssel und die Kanne, aus der meine Urgroßmutter in Dugino jeden Morgen ihre Hände wusch, die Fotoalben, die Sterne des Sultans. All dies floß aus der Truhe über die sich verzweigenden Kapillaren einer Familie, die heute von hier bis Australien, England und Neumexiko verstreut lebt und von der immer noch unbekannte Zweige auf russischem Boden leben. Dima erinnert sich, wie die Truhe im Juni 1919 im Hafen von Konstantinopel an Bord der *La Flandre* gebracht wurde, wie die Beine des türkischen Stauers zitterten, wie er schwitzte, als er den Landungssteg hinaufwankte – wie das ganze Gewicht der Vergangenheit schwankend vor der Schwelle zur Gegenwart stand. Doch die Vergangenheit nahm diese Schwelle; all die Reisen in achtzig Jahren beschreiben einen Kreis zu mir zurück: von Nizza über Krupoderniza, Petersburg, Kislowodsk, Noworossisk, Konstantinopel, London und Montreal zum Holzlager eines Speichers in Richmond, Quebec.

Nach dem Mittagessen steigen Dima und ich den Hügel zum Friedhof hinauf. Über dem wogenden Korn auf den Feldern

schimmert das Licht. Vom gefurchten Weg aus greift Dima nach einem Gerstenhalm, nimmt die Ähre und drückt mit seinen Fingernägeln die Körner heraus. Von seiner Ausbildung her war er Agronom, ein akademisch ausgebildeter Landwirt wie sein Vater. Dreißig Jahre lang war Dima als Bodenexperte bei der Food and Agricultural Organization beschäftigt gewesen und hatte sich bemüht, den Ertrag der Reisfelder und der Landwirtschaftsparzellen in ganz Afrika und Asien zu erhöhen. Er hatte umfangreiche Anweisungen für den Einsatz von Nitrogenen und Phosphaten und über die Risiken des Abtrittsdüngers in der Lebensmittelkette herausgegeben, hatte beim gemeinsamen Singen von »Alouette« den Chor angeführt und war für seine französischen Kollegen immer »Oncle Merde« gewesen.
»Wärst du lieber selbst Landwirt geworden?« frage ich ihn, als er die Gerste untersucht. Er schüttelt den Kopf. »Man muß Mechaniker sein, und man muß die Lohnkosten niedrig halten. Vor hundert Jahren wäre ich als Bauer glücklich gewesen.« Ich lache: »Mit den Leibeigenen.«
Er zeigt mit dem Finger auf mich und zieht die Augenbrauen hoch: »Sklaven waren sie nicht, Junge.«
»Nur Leute, mit denen man rechnen konnte.«
»Genau.«
Beim Weitergehen schreitet er fest und entschlossen aus, mit seinen riesigen Füßen und Händen und dem Spazierstock zieht er voran. »Nicht dieses verfluchte neumodische Zeug.«
»Gleichheit, meinst du.«
»Eben, nicht diese verfluchte Gleichheit.«
Er geht weiter vor mir her und ruft dabei über die Schulter zu mir zurück: »Ich wußte immer, daß ich ein Graf war. Ich wußte immer, daß ich Verantwortung übernehmen mußte.«
Und das tat er auch, der alte Mann, der sich die freimütige

Heiterkeit eines zwölfjährigen Jungen bewahrt hat. Der presbyterianische Friedhof von St. Andrew's liegt hoch über dem St.-Francis-River auf einem sanft geneigten Hügel. Dima ist Mitglied des Friedhof-Komitees und überprüft, ob der Rasen kurz gemäht, die Silhouette der Zypressen in Form geschnitten und die Bäume gedüngt sind. Kaum hundert Meter hinter dem rückwärtigen Zaun wurde ein Highway gebaut, und das gelegentliche Aufheulen eines vorbeifahrenden Autos erregt seinen Zorn. Auf mich wirkt alles ruhig und unverändert. Alle meine Erinnerungen fließen in einem Eindruck zusammen, in dem sich das Licht auf den gediegenen, in Marmor gemeißelten presbyterianischen Namen, die Zypressen am Ende des Weges, die warme, von den Feldern hochstreichende Brise und das Glitzern des Flußlaufs im Tal miteinander verbinden.

Ihre Namen sind die einzigen russischen Namen auf dem Friedhof: »In liebender Erinnerung, Graf Paul Ignatieff, 1870–1945; Gräfin Natascha Ignatieff, 1877–1944.« Sie liegen unter demselben Grabstein, in derselben Erde, um sie herum ein großer Rasen. Dima breitet seine Hände aus und zeigt mir, wo unsere Gräber sein werden. Es ist genug Platz für alle, auch für mich. Und dann wirkt er einen Augenblick lang alt und zerbrechlich. Er bekreuzigt sich und sagt: »Und hier, mein Junge, werde ich sie wiedersehen.«

*

Im August 1944 kam mein Vater aus London zurück. Er war neun Jahre lang fort gewesen. 1936 war er nach England gegangen, um in Oxford als Rhodes-Stipendiat zu studieren. Dann war er nach Bulgarien gereist, um für eine Doktorarbeit Nachforschungen über seinen Großvater und die zaristische Polizei auf dem Balkan zu betreiben. Er füllte ganze Ordner mit Notizen, sah die Statue seines Großvaters auf dem Hauptplatz von Warna und verbrachte viele Stunden mit Onkel Kolia, der seine Tage als Buchhändler in Sofia beschloß. Im Sommer 1938 war er in Nürnberg, München und Wien gewesen und hatte den Faschismus mit eigenen Augen gesehen. 1940 und 1941 war er als Luftschutzwart auf dem Dach des Canada House am Trafalgar Square eingesetzt und organisierte die Evakuierung von Londoner Kindern auf Frachtschiffe. 1942 besuchte er in den Lazaretten die kanadischen Soldaten, die dem Massaker in Dieppe entkommen waren. Er lernte meine Mutter kennen und verliebte sich in sie. Als Junge war er nach England gefahren; 1944 kehrte er als Mann zu seinen Eltern zurück.

Als er in Montreal ankam, bat ihn sein Vater, so schnell wie möglich zu ihnen nach Upper Melbourne hinunterzukommen. Die Stimme des alten Mannes klang verwirrt. Als George Nataschas Schlafzimmer betrat, den zedergetäfelten Zufluchtsort, von wo aus man die Kiefernreihe und die sonnenüberfluteten Augustfelder überblickte, sagte sie sofort: »Hier liege ich in meinem Bett und sterbe.«

Nicks Frau Helen war bei ihm, und sie setzten Natascha im Bett auf und wuschen sie. Die Rippen auf ihrer Brust standen unerträglich weit heraus, und unter ihren Backenknochen lagen tiefe Höhlen. Wenn man sie hochhob, war sie leicht wie ein Kind; ihre Augen glänzten, sie fieberte. In all den Jahren, in denen sie andere mit Nahrung versorgt hatte, schien sie niemals selbst etwas gegessen zu haben. Sie war zwischen Tisch und Küche hin- und hergewandert, hatte ihren Männern aufgetragen, an einem Keks oder einer Pflaume geknabbert, an einem Glas Portwein genippt und nie mit den anderen zusammen gegessen. Sie fürchtete, wie ihre Mutter

an Krebs zu sterben, und sie war überzeugt, daß er vom Essen verursacht wurde. Also aß sie so wenig wie möglich, und nun starb sie unter anderem an Unterernährung, an ihrer Furcht vor dem Krebs.
George wachte die ganze Nacht bei ihr. Sie schwebte am Rand des Bewußtseins, hielt seine Hand und erzählte ihm mit der ihr immer schon eigenen komischen und herzzerreißenden Direktheit die intimsten Geheimnisse ihrer Ehe: »Es war nicht seine Schuld. Ich konnte ihn nicht glücklich machen. Gib nie deinem Vater die Schuld. Es ist meine.«
Mamenka, mamenka.
Sie beichtete den sündigen Wunsch zu sterben, vor ihrem Mann zu sterben. Dieser Wunsch wurde ihr erfüllt.
Sie begruben sie an einem strahlenden Augustnachmittag auf dem Friedhof, der auf dem Hügel über dem Fluß lag. Dima und Nick waren immer noch im Krieg, und Lino war in Britisch-Kolumbien, aber George, Helen und Florence waren mit all den Menschen gekommen, die sie in Richmond und Upper Melbourne kennengelernt hatten. Selbst Mr. Duluth, ihr Metzger, kam und stand mit dem Hut in den Händen auf der anderen Seite des Friedhofstores.
Als Paul allein war, zog seine Schwiegertochter Helen zu ihm in das Landhaus und blieb dort im Herbst und Winter 1944/45. Sie nannte ihn Jedda. Er nannte Helen seine schwarze Schönheit, und es besteht kaum ein Zweifel daran, daß er in der Gegenwart dieser großen, dunkelhaarigen Schwiegertochter aufblühte, die, wenn das Landhaus eingeschneit war, auf Skiern in die Stadt fuhr und die mit ihm die strahlende Fröhlichkeit ihres Babys Nicholas teilte. Einmal erzählte ihr Paul von der Zeit, als er mit seinem Vater in die Kosakendörfer im Kaukasus gezogen war, um von den Stammesangehörigen wilde Pferde zu kaufen. Doch das war

alles, nur diese eine Geschichte. Er gehörte nicht zu denen, die in Erinnerungen schwelgen. Im Frühjahr setzte er seinen alten Filzhut auf, zog seine Wolljacke an und pflanzte Kohlrabi. Er jätete Nataschas Garten, und im August blühten ihr Phlox und ihr Rittersporn üppig.

Am Abend, bevor der Krieg mit Japan im August 1945 zu Ende ging, hörte mein Vater mit seinem Vater Radio. Die Bomben auf Hiroshima und Nagasaki waren abgeworfen worden. Ein Mann, der 1870 im Haus des russischen Botschafters über dem Bosporus geboren war, ein Mann, der von Charcot behandelt worden war und in den Diensten des letzten Zaren aller russischen Reiche gestanden hatte, war nun an der Mündung des neuen Zeitalters angelangt. Mein Vater sah zum Fenster hinaus auf das Dämmerlicht zwischen den Kiefern und hörte seinen Vater sagen, die Japaner würden sich niemals ergeben, solange man ihnen nicht garantiere, daß der Kaiser bleiben werde. Mit solchen Äußerungen waren sich Vater und Sohn am nächsten. Nie sprachen sie übereinander, sondern immer über die Nachrichten. Mein Vater drehte sich um, um zu sagen, er habe sicher recht. Sein Vater hatte aufgehört zu atmen.

*

Paul und Natascha starben zwei Jahre, bevor ich geboren wurde.

Irgend jemand hat einmal gesagt, die Hingabe an die Vergangenheit sei eine der verhängnisvollsten Formen der unerwiderten Liebe. Wie jede Liebe nährt sich und erwächst auch meine aus Unmöglichkeiten. Wenn ich ihre letzten Fotos im Familienalbum sehe, wo sie an einem schneeverhangenen Nachmittag vor dem Bungalow stehen, dann möchte ich dort sein, um mit ihnen den Weg zum Haus hinaufzugehen, ihnen aus dem Mantel zu helfen, ihnen eine Tasse Tee zu bereiten und mit ihnen am Feuer zu sitzen. Ich möchte sie sprechen hören, die Wärme ihrer Hände spüren.

Jede Liebe hat etwas Ambivalentes, kennt Gefühle des Erstickens. Als ich jünger war, wollte ich frei sein vom immerwährenden Blick ihrer Porträts. Doch sie sollten mir auch den Weg vorzeichnen, mir bei meinen Entscheidungen helfen, mich auf meiner Straße führen. Jetzt habe ich selbst Kinder und eine eigene Familie, und ich habe gelernt, daß man seine Zugehörigkeiten, seine Empörung, ein bestimmtes Temperament und die Linie der Backenknochen, nicht aber sein Selbst ererben kann. Man formt sein Selbst mit seinen eigenen Händen, hier und jetzt, allein oder mit anderen. Das Blut kennt keine Errettung und kein Gebot. Einen Lebenszweck kann man nicht erben. Ich weiß, was ich nicht von Paul und Natascha haben kann, und so sind wir versöhnt.

Ich glaube nicht an eine Rückkehr zu den Wurzeln. Als Natascha ein kleines Mädchen war, glaubte sie, sie sei ein grüner Sproß an einem großen Baum, der in die dunkle Erde hinabreichte. Ich aber bin der Enkel ihrer Entwurzelung, der Nachkomme ihrer Enteignung. Ich bin ein ausgebürgerter kanadischer Schriftsteller, der eine Engländerin heiratete und von seinem Zuhause aus die Platanen in einem Park im Norden Londons überblickt. Dies ist meine Geschichte, und ich erfinde sie von einem Augenblick zum nächsten. Allzuviel Zeit und allzu viele Zufälle stehen zwischen ihrer Geschichte und meiner, als daß ich glauben könnte, ich sei in der russischen Vergangenheit verwurzelt. Das will ich auch gar nicht. Ich will selbst meine Wurzeln lösen können, wenn ich festgefahren bin, ganz von neuem anfangen, wenn es so aussieht, als sei das nötig. Lieber will ich von meinem eigenen Urteilsvermögen als von meiner Vergangenheit leben. Ich lebe ironisch, mißtraue allem, was als Selbsterkenntnis gilt, hüte mich vor jeder Zugehörigkeit, die nicht selbstgewählt ist.

Ich war nicht auf einer Reise zu mir selbst, sondern habe nur ein Versprechen an zwei Menschen eingelöst, die ich nie kennengelernt habe. Diese Fremden sind mir teuer, nicht, weil ihr Leben das Geheimnis meines eigenen birgt, sondern weil sie um meinetwillen ihre Erinnerung bewahrten. Sie sandten ein Signal aus an eine Generation, die sie nicht mehr erleben würden. Sie hielten mir die Treue, und so muß auch ich ihnen und allen, die nach mir kommen, die Treue halten. Man kann nicht wissen, was meine Kinder mit Vorfahren aus der Zeit der staubigen Straßen und der langen Nachmittage auf der schattigen Veranda in der Weite der russischen Landschaft anfangen. Doch ich will den Weg beleuchten und Zeichen auf ihm setzen, so daß sie wie ich selbst in die Dunkelheit weiterreisen können, weil sie sich des Weges hinter sich gewiß sind.

JUBILÄUMSBAND
HEYNE VERLAG
HEYNE BÜCHER
Deutsche
Erzähler
des 20. Jahrhunderts
Mit Erzählungen von
Günter Grass
Heinrich Böll
Christa Wolf
Thomas Mann
Max Frisch
Martin Walser

HEYNE SACHBUCH

Frauen-Leben in Vergangenheit, Gegenwart und Zukunft

19/20

19/67

19/115

19/106

19/121

19/147

19/18

19/136

Wilhelm Heyne Verlag München